O PODER DOS OITO

Lynne McTaggart

O PODER DOS OITO

A FORÇA MILAGROSA DE PEQUENOS GRUPOS DE CURA

TRADUÇÃO

Marcello Borges

goya

O PODER DOS OITO

TÍTULO ORIGINAL:
The Power of Eight

CAPA:
Filipa Pinto

COPIDESQUE:
Pedro Silva

REVISÃO:
Tamara Sender
Liana do Amaral

**DADOS INTERNACIONAIS DE CATALOGAÇÃO NA PUBLICAÇÃO (CIP)
DE ACORDO COM ISBD**

M478p McTaggart, Lynne
O poder dos oito: a força milagrosa de pequenos grupos de cura / Lynne McTaggart ; traduzido por Marcello Borges. - São Paulo : Goya, 2025.
448 p. ; 14cm x 21cm.

Tradução de: The Power of Eight
ISBN: 978-85-7657-770-6

1. Não ficção. 2. Ciência. 3. Parapsicologia. 4. Intenção.
I. Borges, Marcello. II. Título.

2025-3462 CDD 133
CDU 159.961

ELABORADO POR VAGNER RODOLFO DA SILVA - CRB-8/9410

ÍNDICES PARA CATÁLOGO SISTEMÁTICO:
1. Parapsicologia 133
2. Parapsicologia 159.961

goya
é um selo da Editora Aleph Ltda.

Rua Bento Freitas, 306, cj. 71
01220-000 — São Paulo — SP — Brasil
Tel.: 11 3743-3202

WWW.EDITORAGOYA.COM.BR

@editoragoya

Para Caitlin e Kyle, e em memória de Stella,
que não precisou ver para crer.

Os milagres são, na verdade, uma narração em letras miúdas da mesma história que está escrita em letras grandes demais para que alguns de nós possam ver.

— C. S. Lewis, *Deus no banco dos réus*

SUMÁRIO

PRÓLOGO

Durante muitos anos, recusei-me a escrever este livro porque não acreditava, por um só instante, nas estranhas curas que aconteciam nos meus cursos. Isso revela como eu tinha dificuldade para lidar com milagres.

Quando falo em "milagres" e "curas", não estou sendo metafórica; estou me referindo a autênticos eventos milagrosos, no estilo da multiplicação de pães e peixes — situações extraordinárias e inesperadas nas quais pessoas foram curadas de todos os tipos de problemas físicos após serem reunidas num pequeno grupo e receberem um pensamento coletivo de cura. Estou falando do tipo de milagre que desafia todas as crenças que mantemos sobre a forma como nos dizem que o mundo deveria funcionar.

A ideia de reunir as pessoas em pequenos grupos de oito indivíduos, mais ou menos, surgiu como um capricho maluco que tive durante um workshop que apresentei em 2008, só para ver o que aconteceria se os membros do grupo tentassem curar um deles através de seus pensamentos. Dei o nome de "Poder dos Oito", mas poderia muito bem tê-los chamado de Poder dos Oito Milhões, já que se mostraram tão poderosos, abalando tudo o que eu pensava que conhecia sobre a natureza do ser humano.

Como escritora, sou atraída pelos grandes mistérios e pelas maiores questões da vida — o significado da consciência, a experiência extrassensorial, a vida após a morte —, particularmente aquelas anomalias que perturbam a sabedoria convencional. Gosto de descobrir, como disse o psicólogo William James, o único corvo branco necessário para provar que nem todos os corvos são pretos.

Apesar de todas as minhas incursões naquilo que não é convencional, ainda sou, no fundo, uma repórter obstinada, resultado de meu histórico como jornalista investigativa, e procuro sempre construir um edifício de evidências sólidas. Não sou dada a referências enigmáticas ao misticismo, a auras ou ao uso casual ou incipiente de expressões como "quântico" ou "energia". Na verdade, não há nada que eu odeie mais do que superstições sem fundamento, porque dão má reputação ao que faço.

Não sou ateia — nem mesmo agnóstica. Uma parte de mim, profundamente espiritual, continua a acreditar que os seres humanos são algo mais do que um simples amontoado de substâncias químicas e sinais elétricos. Mas a razão pela qual me mantenho próxima da Linha Maginot que separa o material do imaterial é que confio em curvas de Gauss e em métodos duplos-cegos para sustentar a minha fé. Minha própria visão, relativamente convencional, sobre a natureza da realidade levou um primeiro golpe depois que fiz as pesquisas para meu livro *O campo*.* Comecei a escrevê-lo

---

* *O campo: A força secreta que move o universo* foi publicado no Brasil em 2023, pela Goya, com tradução de Claudia Gerpe Duarte. [N. E.]

na tentativa de compreender cientificamente por que a homeopatia e a cura espiritual funcionam, mas não tardou para que minha pesquisa me levasse a um território novo e estranho, uma revolução na ciência que desafia muitas de nossas crenças mais estimadas sobre o Universo e como ele funciona. Os cientistas de ponta que conheci no decorrer da minha pesquisa — todos com credenciais impecáveis ligadas a instituições de renome — fizeram descobertas espantosas sobre o mundo subatômico que pareciam derrubar as leis atuais da bioquímica e da física. Encontraram evidências de que toda a realidade poderia estar conectada através do Campo de Ponto Zero, um campo subjacente de energia quântica e uma vasta rede de troca de energias. Alguns biólogos na vanguarda da pesquisa sugeriram que o principal sistema de comunicação no corpo não é a reação química, mas a frequência quântica e a carga energética subatômica. Fizeram estudos mostrando que a consciência humana é capaz de obter acesso a informações além dos limites convencionais do tempo e do espaço. Em incontáveis experimentos, demonstraram que talvez nossos pensamentos não fiquem trancados em nossa cabeça e podem ser invasores, capazes de atravessar outras pessoas e coisas e até mesmo influenciá-las. Cada um deles havia encontrado um pedacinho de algo que formava uma nova ciência, uma visão de mundo completamente nova.

Escrever *O campo* levou-me a me aprofundar na natureza dessa nova e estranha visão da realidade. Eu havia ficado particularmente curiosa com a implicação dessas descobertas: que os pensamentos são *alguma coisa* real, com a capacidade de alterar a matéria física.

Essa ideia continuou me incomodando. Vários livros de sucesso haviam sido publicados sobre a lei da atração e o poder da intenção — a ideia de que você poderia manifestar aquilo que mais desejasse caso pensasse nisso de maneira focada —, mas mantive certa incredulidade diante de tudo isso, tomada por diversas questões incômodas. Eu me perguntava se era um poder real ou quão abrangente podia ser. O que poderíamos fazer com ele? Estamos falando da cura do câncer ou do deslocamento de uma partícula quântica? Para a minha mente, a pergunta mais importante de todas era: O que acontece se muitas pessoas tiverem o mesmo pensamento ao mesmo tempo? Isso amplificaria o efeito?

Segundo os estudos que eu tinha feito para *O campo*, ficou claro que, de algum modo, a mente parecia estar intimamente conectada com a matéria e que, de fato, parecia capaz de alterá-la. Mas o que provocou muitas questões profundas sobre a natureza da consciência havia sido trivializado por esses tratamentos populares, sugerindo a ideia de que é possível gerar uma grande riqueza a partir do pensamento.

Eu queria oferecer algo além da possibilidade de se ter um carro ou um anel de diamantes, algo além de apenas *conseguir mais coisas*. Eu tinha em mente um empreendimento mais ousado. Esta nova ciência parecia alterar tudo que achávamos que sabíamos sobre nossas capacidades humanas inatas, e eu queria testá-la até o limite. Se tivéssemos esse tipo de potencial extraordinário e expandido, isso sugeria que precisávamos agir e viver de maneira diferente, de acordo com uma visão nova e radical de nós mesmos, como parte de algo maior. Eu queria examinar se essa capacidade era suficientemente poderosa para curar indivíduos ou até mesmo o mundo. Como um São Tomé do século 21, estava procurando uma forma de dissecar a magia.

Meu livro seguinte, *Experimento da intenção: Usando o pensamento para mudar sua vida e o mundo*, procurou fazer isso, compilando todas as pesquisas científicas a respeito do poder da mente sobre a matéria que fossem dignas de crédito, mas o meu propósito nele também foi um convite. Poucas pesquisas haviam sido realizadas sobre a intenção coletiva, e meu plano foi preencher essa lacuna, convidando os leitores a formar um corpo experimental de intenção coletiva num experimento científico contínuo. Após a publicação do livro, em 2007, reuni um consórcio de físicos, biólogos, psicólogos, estatísticos e neurocientistas muito experientes na pesquisa da consciência. Periodicamente, eu convidava meu público da internet, ou a plateia de uma apresentação ou workshop, a enviar um pensamento previamente designado e específico para afetar um alvo num laboratório, idealizado por um dos cientistas com quem eu estava trabalhando e que depois calcularia os resultados para ver se nossos pensamentos haviam alterado alguma coisa.

Por fim, o projeto evoluiu e se transformou no maior laboratório global do planeta, envolvendo centenas de milhares de leitores de mais de cem países, em alguns dos primeiros experimentos controlados sobre o poder da intenção coletiva de influenciar o mundo físico. Embora alguns desses experimentos tenham sido um pouco rudimentares, até o mais simples deles foi realizado sob rigorosas condições científicas, seguindo protocolos minuciosos. E todos, com a exceção de apenas um, foram realizados com um ou mais controles, além de terem sido "cegos", para que os cientistas envolvidos desconhecessem o alvo de nossas intenções até o término do experimento e o cálculo dos resultados. Fiquei longe de estar convencida de que obteríamos resultados positivos, mas estava disposta a tentar. Em *The Intention Experiment*, incluí muitos qualificadores sobre o fato de o resultado efetivo dos experimentos não interessar tanto quanto a simples disposição para explorar a ideia. Lancei o livro, iniciei o primeiro experimento dois meses depois e respirei fundo.

Como se viu em seguida, os experimentos funcionaram. Funcionaram *realmente*. Dos trinta que realizei até agora, 26 evidenciaram mudanças mensuráveis, em sua maioria significativas, e três dos quatro sem resultado positivo tiveram problemas técnicos. Para dar uma perspectiva a esses resultados, quase nenhum medicamento produzido pela indústria farmacêutica pode afirmar que tem esse nível de efeito positivo.

Passado um ano após ter iniciado os experimentos globais com grupos de milhares de pessoas, resolvi tentar reduzir a escala do processo em meus workshops, criando grupos de Poder dos Oito e pedindo que eles enviassem intenções de cura. Para mim, foi apenas mais um experimento, mais informal, e tão imprudente quanto os outros — até ele também começar a funcionar de maneiras que eclipsaram tudo que eu imaginara que aconteceria, e pessoas que sofriam havia muito tempo relataram curas instantâneas, quase milagrosas. *Experimento da intenção: Usando o pensamento para mudar sua vida e o mundo* cativou a imaginação do público. Dan Brown, autor de best-sellers, até me mencionou, junto com o meu trabalho, em um de seus livros, O *símbolo perdido*. Mas os resultados dos próprios experimentos são apenas parte da história. Na verdade, não são a parte importante da história.

Na maior parte do tempo em que estive realizando esses experimentos e formando grupos de Poder dos Oito, percebo agora, estava fazendo as perguntas erradas.

As perguntas mais importantes estavam mais relacionadas com o processo em si e o que ele sugeria sobre a natureza da consciência, nossa extraordinária capacidade humana e o poder do coletivo.

O resultado dos grupos e dos experimentos, apesar de espantoso, empalideceu em comparação com o que estava acontecendo com os participantes. O mais poderoso efeito da intenção dos grupos — um efeito negligenciado praticamente por todos os livros populares sobre o assunto — deu-se sobre os próprios mentalizadores.

Em algum momento, comecei a admitir que a própria experiência da intenção coletiva estava causando grandes mudanças nas pessoas: transformando a consciência individual, removendo a ideia de separação e individualidade e colocando membros do grupo em um estado que só pode ser descrito como unidade extática. Em cada um dos experimentos, não importa se grande ou pequeno, se global ou se nos grupos de Poder dos Oito, observei essa mesma dinâmica coletiva, uma dinâmica poderosa e transformadora da vida que permitiu que ocorressem milagres individuais. Registrei centenas, se não milhares, desses milagres instantâneos na vida dos participantes: eles curaram condições de saúde graves e de longa data. Restauraram relacionamentos abalados. Descobriram um novo propósito de vida ou trocaram empregos regulares por uma carreira mais empolgante ou gratificante. Alguns passaram por uma transformação bem na minha frente. E não havia xamãs ou gurus presentes, nada de complexos processos de cura — na verdade, não era preciso ter experiência anterior. O instrumento que estimulou tudo isso foi simplesmente a reunião dessas pessoas em um grupo.

O que eu tinha feito com eles? No começo, não acreditei nisso. Durante anos, atribuí à minha imaginação excessiva o que pareciam ser efeitos de rebote. Como dizia ao meu marido, eu precisava reunir mais histórias, realizar mais experimentos, juntar *mais provas concretas*. Então, fiquei assustada com tudo aquilo e busquei precedentes históricos ou científicos.

Finalmente, percebi que esses experimentos estavam me proporcionando, da maneira mais visceral possível, a experiência imediata de algo que antes eu só havia compreendido intelectualmente: que as histórias que contamos a nós mesmos sobre como nossa mente funciona estão erradas. Apesar de ter escrito em *O campo* sobre a consciência e seus efeitos no grande mundo visível, aquilo que eu estava testemunhando superava até a mais extravagante dessas ideias. Todo experimento que eu realizava, todo grupo de Poder dos Oito que eu reunia, demonstrava que os pensamentos não estão trancados dentro de nosso crânio, mas chegam até outras pessoas, até coisas situadas a milhares de quilômetros, e têm a capacidade de mudá-las. Os pensamentos não eram apenas coisas, ou coisas que afetam outras coisas; os pensamentos podem até ter a capacidade de consertar o que está fragmentado numa vida humana.

Este livro é uma tentativa de dar sentido a todos os milagres que aconteceram nesses experimentos — de compreender o que, de fato, eu tinha feito com nossos participantes — dentro do contexto maior da ciência e da prática histórica esotérica e religiosa. É a biografia de um acidente, uma atividade humana com que me deparei e que parece ter antecedentes antigos, até nos primórdios da Igreja cristã. *O Poder dos Oito* também fala de mim e do que acontece com alguém como eu quando as regras do jogo — as regras sob as quais você viveu sua vida — de repente não se aplicam mais.

Os resultados dos Experimentos da Intenção coletivos são notáveis, mas não são o cerne desta história. Esta história trata do poder milagroso que todos têm dentro de si para curar a própria vida, um poder que é liberado, ironicamente, quando você deixa de pensar em si mesmo.

PRIMEIRA PARTE
Explicando um milagre

CAPÍTULO 1

O ESPAÇO DAS POSSIBILIDADES

Comunitário

Estava sentada diante do meu computador com meu marido, Bryan, numa tarde do final de abril de 2008, ambos tentando descobrir como poderíamos reduzir a escala dos grandes Experimentos da Intenção que eu estava preparando para os workshops que planejávamos realizar nos Estados Unidos e em Londres no verão seguinte.

Um ano se passara desde que eu havia lançado os grandes Experimentos da Intenção globais, convidando leitores do mundo todo a enviar uma intenção a um alvo bem controlado, instalado no laboratório de um dos cientistas que havia concordado em trabalhar comigo. Até então, tínhamos realizado quatro deles, enviando intenções para alvos simples, como sementes e plantas, e obtendo alguns resultados notavelmente encorajadores.

Agora, eu estava tentando reduzir a escala desses efeitos para algo mais pessoal para os participantes, algo que se adaptasse bem a um workshop de fim de semana, mas eu não tinha apresentado muitos workshops antes e tudo que eu sabia na época era o que eu não queria, ou seja, fingir que podia ajudar as pessoas a manifestarem milagres, como muitos eventos similares sobre intenção que estavam sendo anunciados. Eu também estava preocupada com as limitações naturais do ambiente dos workshops. Talvez o poder dos pensamentos para afetar a vida de alguém só ficasse aparente depois de algumas semanas, meses ou até anos. Como iríamos demonstrar qualquer transformação significativa entre uma sexta-feira e uma tarde de domingo?

Comecei a escrever nossos pensamentos num slide do Power Point:

Digitei "Focado". Eu tinha entrevistado muitos mestres da intenção — monges budistas, mestres de Qigong, mestres da cura — e todos haviam dito que entravam num estado mental altamente energizado e focado.

"Concentrado", disse Bryan. Talvez a intenção da massa amplificasse esse poder. Certamente parecia que sim.

Focado.

Concentrado.

Todos os Experimentos de Intenção globais que eu estava planejando destinavam-se a curar alguma coisa no planeta, e por isso fazia sentido continuar a concentrar-se na cura durante esses workshops de fim de semana. Decidimos que o workshop tentaria curar alguma coisa na vida de nossos participantes.

Então, escrevi: "Comunitário".

Um grupo pequeno.

"Vamos tentar reuni-los em pequenos grupos com oito pessoas, mais ou menos, e fazê-los enviar uma intenção coletiva de cura para outra pessoa do grupo que tenha um problema de saúde", disse para Bryan. Talvez pudéssemos descobrir se grupos de pequeno porte tinham o mesmo poder de intenção que os grupos maiores. Qual seria o ponto de inflexão em termos de números? Seria necessária uma massa crítica de pessoas, da magnitude de alguns de nossos experimentos maiores, ou um simples grupo de oito seria o bastante? Não conseguimos lembrar qual de nós — provavelmente Bryan, com talento para escrever manchetes — veio com a ideia, mas batizamos os grupos de "O Poder dos Oito", e quando fomos a Chicago em 17 de maio, tínhamos um plano. Eu havia começado a pensar em formar esses grupos pequenos depois do que aconteceu com Don Berry. Natural de Tullahoma, Tennessee, e veterano do exército dos Estados Unidos, Don escreveu no fórum de meu site do Experimentos da Intenção em março de 2007, oferecendo-se para ser alvo de nosso primeiro experimento em humanos. Em 1981, havia sido diagnosticado com espondilite anquilosante, e sua coluna estava rígida, tornando-lhe impossível girar para os lados. Até suas costelas pareciam congeladas, e em virtude dessa condição, seu tórax ficou imóvel por vinte anos. Com o tempo, seus quadris ganharam próteses e ele sofria dores constantes. Havia feito numerosas radiografias e realizado diversos exames médicos, disse, e por isso seria capaz de apresentar um registro completo de seu histórico médico, com o qual poderíamos medir qualquer mudança.

O blog de Don levou membros de minha comunidade online a estabelecer, duas vezes por semana, períodos nos quais enviariam a intenção de cura para Don, e ele, por sua vez, começou a fazer registros diários de sua condição. "Enquanto estava sendo feita, comecei a me sentir melhor", disse-me por escrito. "Não foi uma cura imediata, mas minha sensação de bem-estar melhorou e senti menos dor."

Don tornou a me escrever após oito meses. Na consulta semestral com seu reumatologista, pela primeira vez, depois de seu médico perguntar como se sentia, ele pôde dizer que se sentia ótimo, com algumas dores ocasionais. "Eu ainda estava (estou) com a coluna rígida, mas senti que podia me curvar mais e a dor tinha diminuído *muuuuito*", disse. "Não me lembro de ter me sentido melhor."

Então, o médico pegou o estetoscópio para auscultar o coração de Don e pediu-lhe para respirar fundo. No final da respiração, enquanto o médico ouvia com atenção, olhou subitamente para Don, a fisionomia incrédula, e disse: "Seu tórax acabou de se mexer!".

O médico ficou paralisado e boquiaberto, segundo Don me contou. "Meu tórax se mexe! Eu me senti como uma pessoa normal! Não tive uma cura espontânea, mas o Experimento da Intenção acionou as engrenagens para que eu me sentisse muito melhor, além de me fazer perceber que meu modo de pensar afetava minha saúde e até o mundo ao meu redor."

Achei que o efeito coletivo em nosso workshop de Chicago seria assim, pequenas melhoras físicas causadas por um efeito placebo, um exercício para se sentir bem — algo parecido com uma massagem ou limpeza de pele.

Mencionei Chicago, mas não chegamos nem perto da cidade em si, e sim em Schaumburg, uma das cidadezinhas-

-modelo do condado de Cook, dentro do Corredor Dourado do noroeste de Illinois, assim chamado em virtude da lucrativa mina de ouro dos shopping centers, parques industriais, empresas da Fortune 500 e restaurantes Hooters e Benihana margeando a rodovia Interstate 90. A Motorola instalou sua sede corporativa em Schaumburg; o Woodfield Mall, a uma curta distância de nosso hotel, era o 11º em tamanho dos Estados Unidos. Poderíamos estar em qualquer lugar da América, num desses imensos complexos hoteleiros situados à margem de rodovias. O Renaissance Schaumburg Convention Center Hotel fora escolhido pelos organizadores de nossa conferência sobretudo em função de sua localização (cerca de 21 quilômetros do Aeroporto O'Hare). Depois de perceber as possibilidades econômicas de se trocar terras agrícolas sonolentas por sofisticados desenvolvimentos suburbanos, a elite urbana da cidade adquiriu mais dezoito hectares entre a 90 e a Rota 61, transformando-os no elegante hotel no qual estávamos hospedados.

Na noite anterior à conferência, ficamos sentados no espaçoso átrio ao redor de uma lareira elétrica, contemplando o pequeno jato de água eclipsado pelo enorme lago que nos separava de um emaranhado de rodovias. Ainda tinha a sensação de que estava no começo de meu processo de condução do workshop, preocupada com o que iria acontecer no dia seguinte. Deveríamos formar círculos? Todos deveriam ficar de mãos dadas? Onde precisaria ficar a pessoa que seria o alvo da cura — no centro do círculo ou como parte do círculo? Por quanto tempo o grupo deveria manter a intenção da cura? E seriam exatamente oito pessoas ou poderíamos formar o grupo com qualquer número de participantes?

Em nossos experimentos globais pela internet, havíamos procedido com muita cautela, tomando o cuidado de evitar alvos humanos, exceto nos pequenos grupos informais que compuséramos na seção comunitária de meu site, enviando curas para pessoas como Don Berry, pois não sabíamos se o foco do pensamento de milhares de indivíduos sobre uma pessoa teria um efeito positivo ou negativo. Pela primeira vez, estaríamos operando sem uma rede de proteção, sem um método de teste cego ou científico. *E se alguém se machucasse?* Só uma coisa me pareceu certa, embora tenha sido apenas uma sensação: a necessidade de colocar os grupos em círculos. Amanhã, dissemos, descobriremos se essa intuição foi acertada.

No sábado, dividimos nossa plateia de cem participantes em pequenos grupos com cerca de oito pessoas, procurando fazer com que a maioria não se conhecesse. Pedimos que um participante de cada grupo com algum problema físico ou emocional se apresentasse para ser o objeto da intenção de seu grupo. Ele explicaria sua condição para os outros integrantes, que depois formariam um círculo, ficariam de mãos dadas e enviariam pensamentos de cura em uníssono para aquele membro, mantendo a intenção durante dez minutos, o tempo que usávamos em nossos experimentos maiores, principalmente porque parecia ser o tempo máximo durante o qual pessoas sem treinamento conseguiam manter o foco num mesmo pensamento.

Orientei a plateia na "Energização", um programa que eu havia criado e publicado em *Experimento da intenção* após destilar as práticas mais comuns dos "mestres" da intenção — mestres da cura, mestres de Qigong e monges budistas — e sintetizá-las em condições que funcionariam melhor em estudos da mente sobre a matéria realizados em laboratório. Essa técnica começou com um pequeno exercício de respiração, depois uma visualização e um exercício sobre compaixão para ajudar as pessoas a entrarem num estado focado, energizado e sincero.* Também lhes demonstrei como elaborar uma intenção muito específica, pois a especificidade parecia funcionar bem em estudos em laboratório. Dissemos a todos os membros de cada grupo para se darem as mãos num círculo ou colocar a pessoa-alvo no centro do círculo, com os demais membros do grupo encostando a mão nela como os raios de uma roda. Eu não tinha ideia de qual configuração seria preferível, mas pareceu importante manter uma conexão física contínua entre cada membro do grupo.

Eu disse a todos que "se tratava apenas de uma espécie de experimento" antes de começarmos, embora o que não tenha dito a eles é que estavam na viagem inaugural e que eu estava criando o roteiro conforme avançávamos. "Qualquer resultado que obtenham é aceitável." Ligamos a trilha musical que usávamos em nossos experimentos de grande porte e observamos enquanto os grupos pareciam se conectar bem e profundamente. Antes de irem embora naquela noite, pedimos que as pessoas-alvo se preparassem para descrever sua experiência e seu estado mental, emocional e físico na manhã seguinte.

* O leitor encontrará um resumo completo do programa de Energização no Capítulo 22, "Reunindo os Oito", p. 325. [N. A.]

"Não inventem nenhuma melhoria que não tenha ocorrido", pedi.

Na manhã do domingo, pedi que aqueles que haviam recebido a intenção se apresentassem e contassem como estavam se sentindo. Um grupo com cerca de dez pessoas se alinhou na frente do salão e demos o microfone a cada uma delas.

Uma das mulheres que se apresentaram sofria de insônia e suores noturnos, e teve a primeira noite agradável de sono em anos. Outra mulher, que tinha dores intensas na perna, contou que a dor havia aumentado na sessão do dia anterior, mas que diminuiu tanto depois da intenção de seu grupo que chegou a ser a menos intensa que sentira em nove anos. Uma mulher que sofria de enxaqueca crônica disse que, quando acordou, a dor havia sumido. As terríveis dores de estômago e a síndrome do intestino irritável de outro participante desapareceram. A mulher que sofria de depressão sentiu que essa condição havia sumido. As histórias prosseguiram nesse tom por uma hora.

Eu estava tão chocada que nem ousei olhar para Bryan. *Os coxos poderiam muito bem ter saído andando.* Por mais que eu rejeite coisas estranhas, as coisas mais estranhas de todas estavam acontecendo bem na minha frente. Estava torcendo para que os resultados não se devessem apenas ao poder da sugestão. Aparentemente, as intenções dos grupos ficavam mais eficazes com o tempo.

Depois que voltamos para casa, eu não sabia que conclusão tirar de toda aquela experiência. Descartei a possibilidade de uma cura instantânea, milagrosa. Talvez fosse um tipo de efeito da expectativa, uma permissão concedida à pessoa para mobilizar seus próprios recursos de cura.

Mas ao longo do ano seguinte, não importa em que lugar do mundo estivéssemos, em todos os workshops que realizamos, por maiores ou menores que fossem, sempre que formávamos os grupos com cerca de oito pessoas, passávamos instruções e pedíamos que enviassem uma intenção para um dos membros, testemunhamos, atônitos, a mesma experiência: histórias e mais histórias de melhorias extraordinárias e de transformações físicas e psíquicas.

A esclerose múltipla de Marekje tornava difícil para ela andar sem ajuda. Na manhã seguinte à sua intenção, ela chegou no workshop sem muletas.

Marcia sofria de uma opacidade parecida com a catarata, bloqueando a visão de um dos olhos. No dia seguinte, após a intenção de cura enviada por seu grupo, ela disse que sua visão naquele olho tinha sido quase completamente restaurada. Heddy, de Maarssen, na Holanda, sofria com artrite no joelho. "Não podia dobrar o joelho mais do que noventa graus. E ele doía sempre. Subir ou descer escadas sempre foi difícil para mim", disse. "Geralmente, tinha de calcular cuidadosamente a descida, passo a passo." Seu grupo de Poder dos Oito colocou-a no centro do círculo e todos se sentaram perto dela, com dois membros do grupo apoiando a mão em seu joelho.

"No começo, não senti nada. Depois, ficou quente, e meus músculos começaram a tremer, e todos ficaram tremendo junto comigo. Senti a dor indo embora. Alguns minutos depois, a dor havia desaparecido", disse.

Naquela noite, Heddy conseguiu subir escadas com facilidade e foi até a sauna do hotel. Na manhã seguinte, a dor não tinha voltado. "Levantei-me, andei até o chuveiro e me esqueci de andar com cuidado. Desci as escadas normalmente."

A mãe de Laura, em Denver, tinha escoliose. Depois de ter sido alvo da intenção, declarou que a dor havia desaparecido. Vários meses depois, Laura me escreveu para dizer que a coluna de sua mãe havia se alterado tanto que ela precisou mexer no espelho retrovisor para ajustar-se à sua nova postura, agora ereta.

E havia Paul, em Miami, cuja tendinite na mão esquerda era tão grave que ele precisava usar uma munhequeira o tempo todo — até se tornar alvo do grupo do Poder dos Oito. No dia seguinte, levantou-se diante da plateia e mostrou que agora conseguia mover a mão com perfeição.

E vimos Diane, que sofria tanto com a dor no quadril causada pela escoliose que teve de parar de trabalhar e perdeu mais de dois centímetros de altura no ano anterior. Durante a intenção, sentiu um calor intenso e uma resposta rápida e espasmódica em suas costas. No dia seguinte, declarou: "É como ter quadris novos". E Gloria, que teve a impressão de ter sido estendida e alongada dos dois lados de seu centro durante sua intenção, após a qual a dor constante na região lombar desapareceu completamente.

Daniel, em Madri, tinha uma condição incomum que interferia na capacidade de seu corpo processar a vitamina D, a ponto de sua coluna ter adquirido uma grave curvatura para a frente, limitando sua capacidade de respirar. Durante a intenção, teve a sensação de que suas costas ficaram doloridas, seus quadris esquentaram e suas extremidades ficaram frias. Ele sentiu a dor aumentar e as costas se estendendo, como se estivessem crescendo. Durante alguns instantes, teve a sensação de que iriam quebrar. Após a intenção, Daniel disse que conseguiu respirar normalmente pela primeira vez em anos, e sua postura ficou bem mais ereta.

Foram centenas, talvez milhares mais, e em todas essas vezes eu estava lá, vendo essas mudanças acontecendo bem diante de mim. Eu deveria ter me sentido feliz com essas transformações espantosas, mas na época eu as vi principalmente como desvantagens. Achava que iriam reduzir a credibilidade daquilo que eu considerava o meu "verdadeiro" trabalho: experimentos globais em larga escala.

É por isso que, durante muitos anos, ignorei o que estava acontecendo. Como qualquer jornalista diria, enterrei o ponto principal da história. Não aceitei plenamente o que pessoas como Rosa estavam tentando me dizer sobre o momento em que seu grupo lhe enviou a intenção para sua tireoide hipoativa: "Senti uma abertura num túnel e uma conexão com o Universo. E se eu recebi isso, seria capaz de me curar. Senti que estava dando e recebendo a cura, como se estivesse me curando".

CAPÍTULO 2

OS PRIMEIROS EXPERIMENTOS GLOBAIS

Um bom repórter perturba a ordem social e sua arma é o registro meticuloso de fenômenos que se podem observar. Você começa pelo que é conhecido e vai adicionando fatos, um de cada vez, como um cientista ou detetive. Os cientistas também podem ser arautos de verdades inconvenientes, pois o melhor cientista, como se diz, gosta que provem que ele está errado.

Repórteres e cientistas começam fazendo certas suposições. Você constrói sua hipótese, esboça um modo de testá-la e depois se senta e vê onde isso vai dar. Às vezes, descobre que esteve seguindo a direção errada e chegou a um território inexplorado. E se você for um verdadeiro explorador, ficará encantado por estar lá, pois em geral, quando sua hipótese está errada, você aprende algo radicalmente novo sobre o funcionamento do mundo.

Mas como se pode provar algo que desafia todas as leis que você estudou? E se toda a sua premissa estiver fora dos limites daquilo que é conhecido ou observável? *E se você estivesse tentando localizar a equação matemática de um milagre?*

Quando comecei nossos primeiros Experimentos da Intenção globais em março de 2007, quinze meses antes daquele primeiro workshop, nós também estávamos voando às cegas. Não tínhamos mapas para seguir ou precedentes a respeitar; praticamente ninguém havia se aventurado na minha área de pesquisa — a intenção coletiva. Um corpo sólido de pesquisas científicas havia mostrado que os pensamentos humanos podiam alterar a realidade física, com todo tipo de alvo, desde equipamentos elétricos até outros seres humanos. O reitor emérito da Faculdade de Engenharia da Universidade de Princeton, Robert Jahn, e sua colega, a psicóloga Brenda Dunne, que gerenciava o Laboratório de Pesquisa de Anomalias de Engenharia (PEAR, sua sigla em inglês), por exemplo, passaram trinta anos acumulando, de maneira bem detalhada, algumas das evidências mais robustas sobre o impacto dos pensamentos direcionados a equipamentos eletrônicos. Entre muitos engenhosos geradores de eventos aleatórios (ou máquinas REG, como passaram a ser conhecidas pelo nome em inglês Random Event Generator), elaboraram programas especiais de computador que alternavam sem um padrão definido o surgimento de duas imagens, por exemplo, caubóis e indígenas, cada uma em 50% do tempo. Jahn e Dunne colocavam os participantes na frente de telas de computador e pediam a eles que tentassem influenciar a máquina para que aparecessem mais indígenas, e depois, mais caubóis. No decorrer de mais de 2,5 milhões de testes,* Jahn e Dunne demonstraram de forma decisiva que a intenção humana pode influenciar aparelhos eletrônicos numa ou noutra direção especificada, e seus resultados foram replicados de maneira independente por 68 investigadores.

William G. Braud (1942-2012), psicólogo e diretor de pesquisas da Mind Science Foundation em San Antonio, no Texas, e, depois, do Institute of Transpersonal Psychology, realizou um grande número de pesquisas mostrando que os pensamentos podem afetar o movimento de animais e que têm efeitos poderosos sobre o sistema nervoso autônomo (mecanismos de luta ou fuga) e estados de estresse de seres humanos.

No auge da epidemia de aids na década de 1980, a dra. Elisabeth Targ (1961-2002) idealizou um engenhoso par de estudos altamente controlados, nos quais se mostrou que cerca de quarenta curadores remotos espalhados pelos Estados Unidos conseguiram melhorar a saúde e a sobrevivência de pacientes terminais de aids simplesmente enviando pensamentos de cura, embora os curadores nunca tenham conhecido seus pacientes ou entrado em contato com eles.

Muitos grupos de meditação coletiva, formais e informais, também descreveram resultados positivos na redução da violência. A organização de Meditação Transcendental, fundada por Maharishi Mahesh Yogi (1918-2008), realizou diversos estudos com grandes grupos de meditadores, apresentando provocadoras evidências que mostram que se 1% da população praticar MT, a meditação transcendental comum, e a

* Nesta edição, as notas de cada capítulo estão compiladas ao final do volume (p. 367) e são indicadas por meio do número da respectiva página. Sugere-se observá-las simultaneamente à leitura. [N. E.].

raiz quadrada de 1% da população praticar a MT-Sidhi, uma forma mais avançada de meditação, qualquer tipo de violência, desde assassinatos até acidentes de trânsito, diminui.

Mas quase nenhum experimento havia sido realizado sobre os efeitos de muitas pessoas enviando o mesmo pensamento ao mesmo alvo e ao mesmo tempo.

Sem precedentes para nos orientar em termos de experimentos com grupos, ficamos com muitos fatores imponderáveis. Qual seria a melhor maneira de formular uma intenção? Deveríamos ser específicos na frase da intenção ou manifestar um pedido geral para que o alvo seja afetado de algum modo, deixando que o Universo decida exatamente como isso se dará? Todos que enviam a intenção devem estar juntos no mesmo recinto ou cada um deles pode estar em sua casa, diante da tela do computador? Se realizássemos o experimento pela internet, como havíamos planejado fazer, nossos emissores precisariam ter alguma conexão "ao vivo" com o alvo, como uma transmissão ao vivo do laboratório? A distância faria diferença, e o poder da intenção diminuiria, se você estivesse longe de seu alvo? Qual é o tempo ideal de manutenção do pensamento para que ele funcione? Qualquer momento serve ou o Universo precisa estar no clima? Haveria um número ideal de participantes necessários para produzir um efeito mensurável? Como nos estudos da Meditação Transcendental, será que também precisaríamos de uma massa crítica similar de pessoas para ter um efeito?

Teríamos de testar essas questões, um passo cuidadoso de cada vez.

Talvez a maior dessas questões fosse quem, entre cientistas com credibilidade, estaria disposto a colocar em jogo sua reputação para trabalhar de graça comigo. Felizmente, alguns cientistas têm, como eu, um grau baixo de espiritualidade que infunde sua vida e influencia as pesquisas que querem fazer, e em pouco tempo descobri um voluntário disposto para os primeiros experimentos: dr. Gary Schwartz, psicólogo e diretor do Laboratory for Advances in Consciousness and Health da Universidade do Arizona. As credenciais de Gary são impecáveis: Phi Beta Kappa com honras e título da Universidade Cornell, PhD de Harvard, professor assistente em Harvard, professor titular em Yale e diretor do Yale Psychophysiology Center e da Yale Behavioral Medicine Clinic. Apesar de todo esse currículo impressionante, por volta de 1988 Gary sentiu-se limitado pelo antiquado mundo acadêmico da Costa Leste e deixou-o à procura dos espaços abertos e da abertura mental da Universidade do Arizona, onde, como professor de psicologia, medicina, neurologia, psiquiatria e cirurgia, poderia dar aulas com a liberdade adicional de se dedicar totalmente a qualquer pesquisa que desejasse. Essa liberdade foi ampliada em 2002, quando Gary recebeu uma verba de US$ 1,8 milhão do Centro Nacional de Medicina Complementar e Alternativa (National Institutes of Health's National Center on Complementary and Alternative Medicine), para criar o Center for Frontier Medicine and Biofield Science. Gary já havia realizado diversos experimentos sobre medicina energética e tinha um laboratório completo à sua disposição, hoje o Laboratory for Advances in Consciousness and Health, totalmente dedicado a pesquisas sobre a natureza da cura.

Homem atarracado e efervescente, na época com sessenta e poucos anos, Gary é uma colmeia movimentada e entusiástica, característica que conseguiu inserir em seu currículo universitário como disciplinas dignas de estudos de graduação e pós-graduação.

Quando entrei em contato com ele pela primeira vez, os entusiasmos de Gary estavam voltados para os limites extremos da mente humana. Muito antes de ter concordado em se envolver com meu trabalho, ele havia realizado diversos estudos examinando formas energéticas de cura e a natureza da consciência, inclusive os Experimentos do Pós-Vida, uma série de estudos controlados e projetados cuidadosamente para eliminar trapaças e fraudes, visando testar se médiuns realmente conseguiam se comunicar com os mortos. Seu grupo de médiuns revelou um índice de acertos de 83%, produzindo mais de oitenta itens de informação sobre parentes falecidos, desde nomes e excentricidades pessoais até detalhes sobre a natureza das mortes. De modo geral, Gary estava disposto a quase tudo, desde que pudesse ser quantificado cientificamente. Ele era um dos cientistas que não ficaram perturbados com a ideia de muitas pessoas tentando resolver um problema mundial pelo poder do pensamento positivo.

Entretanto, como a maioria dos cientistas, ele tinha um respeito instintivo pela cautela, e insistiu que prosseguíssemos em passinhos de bebê em nossos experimentos globais da intenção. Na ciência, você começa pelo início absoluto, fazendo a pergunta mais básica que pode fazer. Começamos pelo "vegetal" e prosseguimos pelo "mineral" e "animal" com modelos experimentais bem simples no início, aumentando a complexidade ao longo do tempo. Primeiro, usaríamos plantas como alvos, depois talvez a água e, finalmente, seres humanos.

Fiquei desolada por ter de começar com plantas. Quando lancei o Experimento da Intenção em 2007, tinha grandes planos. Queria salvar pessoas de prédios em chamas. Imaginara grandes intenções coletivas para curar o câncer, depois reparar a camada de ozônio, antes de me dedicar a acabar com a violência em regiões de conflitos do mundo todo.

Para todas essas minhas grandes ideias, Gary sempre mencionava uma citação da cena inicial do filme *Contato*, na qual o personagem Ted Arroway aconselha sua jovem e impulsiva filha Ellie, que está diante de seu aparelho de rádio tentando encontrar alguém com quem pudesse conversar, torcendo em segredo para que fosse do espaço. "Pequenos passos, Ellie", dizia Gary, fazendo eco com Arroway. "Pequenos passos." Como ele sempre me lembrava, estávamos trabalhando com um projeto experimental que nunca havia sido tentado antes. Primeiro, tínhamos de estabelecer que os pensamentos de um grupo de pessoas poderiam ter um efeito — qualquer efeito. Só depois de sermos capazes de demonstrar isso é que poderíamos pensar em alvos maiores e mais extravagantes. Tínhamos de avançar assim, dando um passo hesitante de bebê de cada vez.

Embora apreciasse seu desejo por rigor, cada decisão era um cabo de guerra entre minha imaginação visionária e a cautela científica de Gary. "Certo, vamos ver se conseguimos reduzir o aquecimento global", eu dizia a Gary em uma de nossas sessões periódicas de geração de ideias ao telefone. "O que me diz de começarmos com uma folha?", respondia ele. "E quando terminarmos, vamos passar para sementes."

Como Gary acabou me convencendo, ter como alvos sistemas biológicos mais simples, como folhas ou sementes, ajuda a limitar as inúmeras variáveis presentes numa coisa viva, esses milhares de processos químicos e elétricos que ocorrem ao mesmo tempo a cada momento. Só se começássemos pelos tipos mais simples de sistemas biológicos é que poderíamos demonstrar que quaisquer mudanças teriam sido causadas pelo poder da intenção e não por muitas outras possibilidades diferentes. E as plantas eram sujeitos limpos e seguros. Usar uma planta ou qualquer coisa não humana como sujeito significava que não teríamos de submeter nossa proposta de estudo a um comitê interno de revisão da universidade, formado para assegurar que estudos humanos estavam sendo realizados segundo determinada ética, o que poderia atrasar o experimento por meses.

Os experimentos científicos que poderíamos realizar seriam limitados pelo equipamento de medição ao qual teríamos acesso. Felizmente, o laboratório de Gary, alojado num moderno bloco de estuque rosa de um andar na universidade, era uma ampla caverna de Aladim com equipamentos sofisticados, capazes de registrar o menor lampejo de mudança num organismo vivo. Gary havia sido muito influenciado pelo trabalho do físico alemão Fritz-Albert Popp (1938-2018), que, enquanto investigava uma cura para o câncer, descobriu que todas as coisas vivas, desde algas até seres humanos, emitem uma pequena corrente de luz. Popp deu à sua descoberta o título pomposo de "emissões biofotônicas" e passou o resto de sua vida tentando convencer a comunidade científica de que esse fiapo de luz tênue representava o principal meio de comunicação de um organismo vivo consigo mesmo e com o mundo exterior. Ele acreditava que essa luz seria nada menos do que o condutor central do corpo, responsável por coordenar milhões de reações moleculares dentro do corpo e seu meio central de orientação com relação ao ambiente, mediante um sistema de comunicação bidirecional. Em 2014, o governo da Alemanha e mais de cinquenta cientistas do mundo inteiro haviam concordado com ele.

Popp havia construído e desenvolvido diversos fotomultiplicadores para registrar essa luz tênue, e Gary queria levar isso um estágio adiante, usando equipamentos para fotografá-la. Ele já havia convencido um professor de radiologia a permitir seu acesso a um sistema de câmera digital com dispositivo de carga acoplada (CCD, sigla em inglês para *charged-coupled device*) de 100 mil dólares — normalmente usada em astronomia e capaz de fotografar a luz mais fraca de galáxias distantes —, após ter percebido que esse aparelho permitiria a criação de fotos digitais das emissões sutis de luz dos seres vivos, além de permitir contá-las, um pixel de cada vez. Mesmo antes de começarmos a trabalhar juntos, ele havia gastado 40 mil dólares de sua verba para adquirir sua própria versão mais barata, um equipamento que serviria para começarmos de baixo. Medir se o poder dos pensamentos teria o efeito de alterar essa luz minúscula seria bem mais sutil do que, digamos, examinar nosso efeito sobre a taxa de crescimento, e equipamentos com essa sensibilidade nos permitiriam captar um fio de cabelo de diferença na mudança da emissão luminosa de qualquer coisa viva, segundo me garantiu Gary.

Quando os cientistas iniciam um novo experimento, geralmente o primeiro passo consiste em se apoiar nos ombros das pessoas que se aventuraram antes naquele território, motivo pelo qual gostam de repetir o que já foi demonstrado em experimentos prévios antes de investigar alguma coisa nova. Em nosso primeiro teste, tentamos replicar o estudo-piloto que havíamos realizado com Fritz-Albert Popp, sobre o qual escrevi em *Experimento da intenção*. Nesse experimento, dezesseis meditadores experientes e eu havíamos nos reunido em Londres e enviado intenções de cura para quatro alvos no laboratório de Popp em Neuss, Alemanha — dois tipos de alga, uma planta-jade e uma mulher —, todos previamente estressados de alguma maneira. Medições feitas em todos os alvos mostraram um forte efeito na mudança das pequenas emissões de luz durante os momentos em que enviamos a intenção de cura.

Nesse primeiro Experimento da Intenção, porém, não tivemos aquilo que a maioria dos verdadeiros experimentos científicos exige: um conjunto de controles correspondentes — sujeitos similares que, ao contrário dos alvos, não são objeto de nenhum agente de mudança. Nossos "controles" foram simplesmente os períodos de meia hora em que descansamos e não "geramos" a intenção, além do fato de não dizermos aos cientistas quando fizemos isso. Desta vez, Gary e eu teríamos dois alvos quase idênticos submetidos às mesmas condições; escolheríamos um deles aleatoriamente para enviarmos a intenção e usaríamos o outro como nosso controle. Novamente, os estudos seriam "cegos"; os cientistas seriam mantidos "às cegas" sobre o alvo escolhido até depois de calcularem os resultados, para que nenhum viés inconsciente influenciasse de algum modo os resultados.

Depois de considerar várias possibilidades para o primeiro grande Experimento da Intenção, acabamos escolhendo como nosso primeiro alvo uma folha de gerânio, colhida de uma planta cultivada no laboratório de Gary no Arizona. Recrutamos os participantes de uma conferência organizada pela minha empresa em 11 de março de 2007 e pedimos que enviassem a intenção de reduzir o "brilho" de uma das duas folhas de gerânio que havíamos selecionado de modo aleatório e que seriam exibidas constantemente por uma webcam ao nosso público em uma tela gigantesca.

Uma razão importante para a cautela inicial de Gary na escolha de nosso primeiro alvo teve relação com a maneira de provar algo cientificamente. Para mostrar que alguma coisa funciona segundo o protocolo científico padrão, é preciso demonstrar significância estatística, uma demonstração matemática de que seus resultados não foram obtidos por acaso e sim como consequência daquilo que você está testando. Para fazer isso, você precisa ter certa massa crítica do item sob estudo. A ciência concorda que há significância em qualquer coisa inferior a "$p<0,05$", o que indica menos de uma chance em vinte de que seus resultados não foram obtidos por acaso.

Para que nossos resultados tivessem verdadeira significância estatística, precisávamos de mais do que trinta pontos de comparação entre as duas folhas, aquilo que os cientistas chamam de *data point* ["pontos de dados"]. Administrar isso, mesmo num experimento rudimentar como o nosso, exigiria um protocolo meticuloso de cinquenta passos seguido pelo jovem técnico de laboratório de Gary, Mark Boccuzzi. Mark selecionaria duas folhas de gerânio, idênticas tanto em tamanho quanto em número de emissões luminosas, e furaria cada uma dezesseis vezes num padrão de grade de 4 cm x 4 cm, um processo que tomaria várias horas de preparação. O plano era que Mark posicionasse ambas as folhas sob suas câmeras digitais, enviasse as imagens para Peter, nosso primeiro webmaster do Experimento da Intenção, e aguardasse, esperando o sinal de que nosso grupo de intenção havia terminado, momento no qual ele usaria a câmera CCD para fotografar cada folha.

Originalmente, planejamos fazer com que os participantes tentassem reduzir as emissões luminosas, como foi feito no experimento de Popp. Mas a luz saudável de um organismo vivo desafia o senso comum; quanto menor o nível de luz como um todo, mais saudável o organismo. Com a proximidade de 11 de março, comecei a pensar que nossos participantes se sentiriam levados naturalmente a *aumentá-lo*. Pouco antes do experimento, Gary e eu decidimos inverter a instrução a fim de elevar as emissões luminosas da folha. Não fiquei empolgada com esse protocolo experimental. Quando você aumenta deliberadamente a luz de alguma coisa, na verdade você a está estressando. Portanto, nosso experimento seria mais um exercício para prejudicar uma coisa viva, mesmo que fosse apenas uma folha prestes a cair de uma planta. No dia da conferência, jogamos uma moeda para decidir qual seria nosso alvo; a outra folha serviria de controle.

Gary e eu também resolvemos que os participantes deveriam focalizar suas mentes na intenção durante dez minutos, uma escala de tempo arbitrária, mas escolhida porque achamos que seria difícil sustentarem a intenção por mais tempo. Uma hora antes do início do experimento, fiquei preocupada, achando que pedir que os participantes concentrassem seus pensamentos durante esse período seria difícil sem algum tipo de âncora mental. Pedi que Bryan, meu marido, consultasse Mel Carlile, que cuida da livraria Mind-Body-Spirit em nossa conferência, para nos indicar alguma música de meditação para ser tocada durante o experimento. "Tente a primeira faixa, 'Choku Rei'", disse Mel, entregando a Bryan um CD do álbum *Reiki Chants*, de Jonathan Goldman.

Pouco antes de começarmos, Gary telefonou para desejar boa sorte aos participantes. "Lembrem-se", acrescentou, "vocês estão fazendo história científica".

A imagem gigantesca de nossa folha apareceu na tela. Instruí a plateia a usar as técnicas de "Energização" que eu tinha criado e publicado em *Experimento da intenção*. "Façam a folhinha brilhar e brilhar", disse. "Imaginem a folha brilhando no olho de sua mente."

Os mentalizadores ficaram sustentando a intenção enquanto a música hipnótica tocava ao fundo por dez minutos. Depois, fiquei atônita quando descobri que Choku Rei significa essencialmente fortalecer o poder, o fluxo e o foco da energia de cura — algo similar a "Energizar". Talvez *não exista* o acaso.

Naquela ocasião, porém, senti-me ridícula ficando em pé naquele palco. Nos meus dias de repórter investigativa, eu era detalhista com relação à prática jornalística padronizada de reunir pelo menos duas fontes de evidência independentes como requisito mínimo antes de poder considerar alguma coisa como um fato. Era uma regra tão rígida para mim que numa noite em 1979, enquanto escrevia meu primeiro livro, *The Baby Brokers* [Os mercadores de bebês], uma denúncia do mercado privado de adoção, fiquei acordada a noite toda, debruçada no que tinha reunido sobre um sujeito que havia montado uma rede de agências de adoção em diversos estados e países. Suas práticas me pareceram muito duvidosas, e ele chegou a me fazer uma ameaça velada em uma entrevista por telefone, mas para mim foi crucial saber que um deslize poderia arruinar a vida dessa pessoa de forma injusta, mesmo que, ao que parecia, essa pessoa fosse alguém que traficava seres humanos. Não tenho como provar isso. Por fim, às seis da manhã cheguei a uma conclusão a respeito de uma acusação que estivera preparada para fazer: *não posso confirmar isso como um fato.* Embora meu instinto me dissesse obrigatoriamente o contrário, abrandei a história.

Agora, ali estava eu, tantos anos depois, acompanhando minha plateia numa prece por uma folha. Tudo aquilo violava minha própria regra de duas fontes. Na verdade, estava violando até a última gota de meu lado tenaz de coletora de fatos.

Concluído o período de dez minutos de intenção, Mark posicionou as duas folhas no sistema biofotônico de imagens e fotografou-as durante duas horas. A conferência terminou, todos voltaram para seus países e esperamos para ouvir o que havia acontecido do outro lado do mundo, num pequeno laboratório do Arizona. "Você não vai acreditar", disse Gary eufórico ao telefone comigo vários dias depois, após eu revelar qual folha tinha sido o alvo. "A folha para a qual a intenção foi enviada brilhava tanto em comparação com a outra folha que pareceu que a outra sofreu um 'efeito de negligência'."

As mudanças causadas pela intenção de "brilhar" foram tão marcantes que ficaram visíveis nas imagens digitais criadas pela câmera CCD. Numericamente, o efeito do aumento de biofótons também foi muito significativo em termos estatísticos. Na verdade, disse Gary, todos os furos feitos na folha escolhida tinham ficado repletos de luz, em comparação com os furos na folha de controle, claramente menos brilhantes.

Uma semana depois, ele me copiou num e-mail para Mark: "ESPERE SÓ ATÉ VER COMO ESSES DADOS ESTÃO BONITOS ... imagens, gráficos e tabelas...".

Para nosso comunicado oficial de imprensa sobre o evento, seu tom foi mais comedido: "Para um primeiro experimento desse tipo", escreveu, "os resultados não poderiam ter sido mais encorajadores".

Animados por esse resultado impressionante, fizemos planos para nosso primeiro grande evento online, programado para 24 de março. Uma das pedras fundamentais de nossas primeiras hipóteses era que o experimento só iria funcionar se a plateia tivesse alguma espécie de conexão com o alvo em tempo real, e para isso decidimos manter duas *webcams* ao vivo sobre nosso alvo e nossos controles funcionando continuamente. No último minuto, Peter, nosso webmaster, alertou-nos para não usarmos imagens das *webcams*, como fizemos no experimento da conferência, pois elas poderiam fazer com que o site congelasse caso milhares de participantes online entrassem no site, como parecia provável à medida que se aproximava a data do experimento. "Por natureza, *lives* tendem a falhar, ou são, no mínimo, muito imprevisíveis", escreveu.

Mark preparou a segunda melhor possibilidade: duas câmeras digitais alimentariam nosso site com a imagem das duas folhas atualizada continuamente a cada quinze segundos. Em lugar de um vídeo ao vivo das folhas, mostraríamos imagens delas para poupar o servidor.

Minha filha caçula, então com 10 anos, jogou uma moeda para escolher a folha um ou dois. Havíamos passado para um servidor maior, com mais RAM, e desligamos todos os nossos outros sites para maximizar nosso poder de transmissão. Então, tornamos a aguardar, esperando contribuir com novos avanços na história da ciência. Em vez disso, como milhares de outros, passei a próxima hora totalmente frustrada, tentando várias vezes entrar em meu site, mas incapaz de passar da primeira página. As dúvidas de Peter mostraram-se corretas. Tanta gente — cerca de 10 mil pessoas — havia tentado entrar no site ao mesmo tempo que ele travou.

A única coisa a se fazer seria anunciar o que tinha acontecido e prometer a nossos participantes que tornaríamos a tentar assim que fosse possível, prometendo, em caráter particular, não promover experimentos tão amplos no futuro para que o tamanho de nossa plateia não sobrecarregasse novamente nosso servidor. Demonstrar o poder da intenção pareceu ser a parte fácil. Difícil foi estabelecer uma configuração técnica online que permitisse que milhares de pessoas vissem ao mesmo tempo o mesmo alvo.

Para evitar outro engarrafamento cibernético, contratamos uma nova equipe de internet e alugamos um servidor gigantesco de uma empresa que fornecia servidores para o programa *Pop Idol*, equivalente inglês do *American Idol*, com nove deles ligados para suportar a carga. Nosso novo webmaster, Tony Wood, da Vision with Technology, e sua equipe, que lidavam com as necessidades da web de grandes empresas como o jornal *Financial Times*, estavam confiantes de poder construir alguma coisa que impedisse o site de travar. Desta vez, fecharíamos a página inicial durante o experimento em si, criaríamos uma página HTML visível apenas para os participantes registrados do experimento, e tiraríamos o experimento em si de nosso site principal, Intention Experiment. Só por precaução, porém, Tony quis fazer um teste uma semana antes do evento real.

Em 21 de abril, dia do teste, todas as pessoas, exceto um punhado das mais de 7 mil que se inscreveram para o experimento, entraram no site e conseguiram participar de nosso experimento sobre o "brilho". Desta vez, nosso objeto foi um punhado de sementes de vagem. Mais uma vez, nosso estudo funcionou. Tal como aconteceu em nosso experimento de março com a plateia, tivemos um efeito positivo, embora não tenha sido significativo em termos científicos. Provavelmente, isso se deveu às limitações da câmera CCD, que nos permitiu fotografar apenas doze sementes; um requisito mínimo para a significância estatística é ter pelo menos doze pontos de dados para comparação. Embora o primeiro experimento envolvesse apenas duas folhas, Mark perfurara cada uma delas trinta vezes para ter pontos de dados mais do que suficientes, pois ele estaria comparando emissões luminosas saindo de cada local perfurado. Desta vez, com doze sementes, tínhamos apenas doze pontos de dados para examinar nossas emissões de luz. Como me escreveu Gary sobre o experimento mais recente: "Se tivesse sido possível ter a imagem do dobro de sementes, os resultados teriam atingido a significância estatística".

Mas quando realizamos o que anunciamos como o experimento "real" na semana seguinte, em 28 de abril, novamente com folhas de gerânio, só quinhentas pessoas conseguiram se conectar e os resultados foram inconclusivos. Em agosto, decidimos voltar ao básico e repetimos nosso primeiro experimento com folhas numa conferência em Los Angeles, replicando nossos resultados iniciais.

Apesar desse início trôpego, havíamos respondido à maior das perguntas: alguma dessas coisas ia mesmo funcionar? Embora tivéssemos obtido dois resultados inconclusivos quando participantes não conseguiram entrar em nosso portal na internet, tivemos três resultados positivos nas ocasiões em que a maioria dos participantes conseguiu obter acesso a uma imagem do alvo: o experimento de 11 de março com minha plateia da conferência de Londres; o experimento com sementes pela internet em 21 de abril; e a repetição de nosso primeiro experimento com folhas na conferência de Los Angeles. E obtivemos efeitos fortes nos três.

Você começa fazendo certas suposições, constrói sua hipótese e espera que apareça um mapa. Mais experimentos funcionaram do que não funcionaram, contudo, exceto por isso, não tínhamos muito mais para onde ir. Os fracassos teriam sido devidos apenas a problemas técnicos? Ou, no caso do experimento de 21 de abril, pela participação mais baixa? Embora o site não tenha conseguido se sustentar durante o experimento abortado de 24 de março pela internet, diversas pessoas que não conseguiram entrar no site chegaram a enviar a intenção para a imagem mental de uma folha de gerânio, e os equipamentos e a sensível câmera CCD de Gary captaram algum tipo de efeito, com uma forte tendência na mesma direção que os dados da conferência.

O que isso significa? Teria sido mera coincidência? A falta de significância se deu porque o público não viu a imagem do alvo devido a problemas técnicos ou porque os participantes estavam espalhados pelo mundo, em vez de estarem no mesmo recinto, tal como em nosso experimento de 11 de março em Londres? A intenção coletiva funciona melhor quando é realizada por um grupo focado e situado dentro do mesmo espaço físico, como na conferência de março? Ou seria preciso "ver" de fato o alvo para poder afetá-lo?

O experimento de 28 de abril não foi bem-sucedido porque não tivemos uma massa crítica de participantes suficientemente grande, ou por problemas técnicos? Ou teria acontecido, como postulou Gary, "o efeito do tédio" — meu público se cansou de participar do mesmo experimento?

Neste ponto, não tínhamos a resposta para nenhuma dessas perguntas. Em ciência, se você se depara com alguma coisa incorreta, pode se consolar com a ideia de que poderá tornar a testá-la, e, se ela for replicada, você pode localizar o agente de mudança e restabelecer a ordem, a certeza e um arco previsível de causa e efeito.

Tínhamos certeza apenas de uma coisa: teríamos de abandonar a ideia de uma conexão ao vivo com nossos alvos. Eu não podia me dar ao luxo de alugar um servidor com capacidade gigantesca todas as vezes que quiséssemos realizar um experimento. Os cientistas sempre foram generosos e doaram seu tempo, mas, quando tive a ideia original do Experimento da Intenção, *não contei* com todos os custos técnicos. Para manter o experimento de 21 de abril funcionando, só pelo servidor, tivemos de desembolsar cerca de 9 mil dólares por meia hora, e a criação de páginas especiais da web custou muitos outros milhares — um valor excessivo para ser gasto por mim ou por minha empresa regularmente. Tínhamos de encontrar outra maneira de realizar esses experimentos e de descobrir um modelo de estudos que pudesse ser replicado com facilidade, para que nossos resultados tivessem alguma validade científica.

Basicamente, eu tinha de descobrir o impossível: um servidor com capacidade enorme, um meio de realizar os experimentos com custo baixo e uma plataforma que se sustentasse sob a pressão de milhares de visitantes simultâneos.

Mas descobrimos que as imagens ao vivo não eram importantes. Quando alguns grupos pequenos começaram a se formar espontaneamente no meu site da internet, obtendo seus próprios efeitos sobre alguns de seus membros, percebi que todos nós, cada um em sua tela de computador, já havíamos feito a conexão.

CAPÍTULO 3

ENTRELAÇAMENTO VIRTUAL

Algum tempo depois, os médicos diriam a Daniel que ele teve sorte — poderia ter sido o seu rosto. Houve uma explosão terrível de gás no trabalho e suas mãos ficaram queimadas tão gravemente que, depois de ser levado às pressas para o hospital, os médicos disseram à sua esposa que ele precisaria de enxertos de pele e de semanas na UTI. Sentindo-se impotente e abalada, ela entrou em contato com o pequeno grupo de intenção que ela e Daniel haviam criado no meu site.

Por volta de 2008, após esses primeiros experimentos dispendiosos com folhas e sementes, decidimos instalar todos os experimentos seguintes de grande escala na Ning, plataforma online que permitia às pessoas criarem redes sociais personalizadas. A Ning oferecia duas coisas de que precisávamos: centenas de servidores distribuídos, capazes de lidar com largura de banda ilimitada e com um número ilimitado de participantes acessando ao mesmo tempo o nosso site — e o mais importante: era gratuita. Mas também havia um site comunitário para nossos participantes, onde podiam criar seus pequenos círculos de intenção.

Daniel e alguns outros membros da comunidade haviam criado um pequeno grupo na Ning e fizeram experiências enviando intenções uns para os outros. Ao saber do problema de Daniel, o grupo ganhou um alvo da vida real. Os integrantes começaram a enviar uma intenção diária para ele em horários predeterminados.

Cinco dias depois, Daniel saiu do hospital. Ele havia começado a melhorar várias semanas antes do previsto, o que confundiu todas as expectativas, pois não precisou de enxertos de pele. Seus médicos quiseram estudá-lo como um milagre médico. A título de comparação, um colega de Daniel que havia sofrido ferimentos quase idênticos havia sido tratado com métodos ortodoxos de cura. Ele havia estado na UTI por mais duas semanas e depois recebeu enxertos de pele.

Eu estava na frente de uma plateia em Dallas em abril de 2008, explicando tabelas e gráficos dos resultados de nossos Experimentos da Intenção numa apresentação de PowerPoint quando Daniel levantou a mão, ainda coberta por uma espécie de luva de gaze, para me contar sua história. "Como somos dois com ferimentos praticamente idênticos, você poderia considerar minha experiência como um experimento controlado", ele disse, rindo.

Voltei às minhas sementes, folhas e gráficos, mas fui pega de surpresa. Meu lado racional sabia que não poderíamos comparar Daniel e seu colega, a menos que controlássemos todas as variáveis biológicas, mas e se ele tivesse razão?

Teria sido apenas o poder da crença de Daniel — *sua expectativa de cura* — ou o poder amplificado de um grupo cujos membros não estavam no mesmo lugar, mas enviaram a intenção de forma virtual?

Fato: Daniel e seu colega sofreram ferimentos similares.

Fato: Daniel foi o único que recebeu a intenção do grupo de cura.

Fato: Só Daniel desafiou todos os prognósticos, tornando-se, como disseram seus médicos, um "milagre da medicina".

Não se tenta compreender um milagre começando pelo início; começa-se pelo final, diante do fato nu, como quem entra numa sala e descobre um cadáver. Tenta-se refazer o caminho até o ponto onde ele se desviou das possibilidades conhecidas, como um detetive que procura o revelador punhado de fibras de tecido deixado no sofá, qualquer pista sutil para encontrar uma causa digna de crédito.

Não é possível isolar um agente singular de mudança; só é possível tentar criar um ambiente favorável para persuadi-lo a reaparecer. Cheguei em casa e, naquele verão, resolvi mexer mais um pouco com os grupos. As experiências de melhora de Daniel e da coluna de Don Berry tinham me dado uma ideia. Talvez pudéssemos manter intenções coletivas regulares para pessoas como Daniel e Don — que chamaríamos de nossa Intenção da Semana. Poderíamos tratá-las como uma espécie de experimento informal — uma versão maior dos grupos de Poder dos Oito que eu estava conduzindo em meus workshops.

Enviei à minha lista de e-mails um convite para quem quisesse participar de intenções semanais pelo meu site — em geral, dedicadas a curar alguém com um desafio de saúde ou para amenizar as dificuldades financeiras de alguém após a crise financeira do outono de 2008. Convidamos a comunidade da web a nomear a intenção da semana e depois postamos o nome, a condição e a foto da pessoa em nosso site para enviar a intenção de cura todos os domingos, às 13 horas, no fuso horário da Costa Leste dos Estados Unidos.

Não tardou para eu começar a receber dezenas de pedidos por semana: pessoas com câncer ou ferimentos traumáticos; crianças com danos cerebrais ou deficiências congênitas; membros prestes a falir ou que perderam o emprego; famílias afastadas e animais de estimação feridos. O site estava se transformando no equivalente digital dos grupos semanais de prece.

Nossas intenções não funcionaram sempre. Atraímos muitos pedidos de pacientes que estavam a poucas semanas de morrer. E isso nem sempre funcionou nos grupos de Poder dos Oito que montei nos workshops. Na maioria dos casos, não contamos com relatórios médicos ou de outros profissionais da saúde para confirmar de forma independente os efeitos alegados por familiares de nosso alvo. Às vezes, os efeitos foram enormes — dois leitores afirmaram ter tido remissões espontâneas de câncer — e noutras, foram momentâneos, mas o número de testemunhos de melhoras extraordinárias foi suficiente para que eu percebesse que alguma coisa estava acontecendo.

Brian tinha ficado paralisado e ainda estava inconsciente depois de um acidente grave, e sua família mandou o pedido para que ele fosse um de nossos alvos. Pouco depois da intenção de cura de Brian, sua mãe começou a perceber que ele estava prestando mais atenção nas coisas, no ambiente, com um aumento geral da consciência. Ele começou a responder a perguntas com mais frequência do que antes e começou até mesmo a iniciar conversas.

Dois dias depois da intenção dirigida a ele, Brian passou pela fisioterapia e, pela primeira vez, andou dezoito metros com o terapeuta e seu andador, e depois mais doze metros sem a cinta da perna direita. Ele também começou a usar mais o braço direito e conseguiu começar a usar a bicicleta ergométrica na terapia. Recuperou seus movimentos meses antes do previsto pelos médicos. Margaret, amiga da família, que havia indicado Brian como Intenção da Semana, preparou um relatório do progresso. A família do rapaz ficou "espantada com o progresso" dele, disse. Para eles, a intenção do grupo tinha dado início a algum tipo de "intervenção divina".

Milagre. Espantoso. Divino. Contra todas as expectativas.

Quanto mais eu ouvia palavras como essas e histórias como a de Brian, mais ficava perturbada e mais tentava aumentar o controle nos experimentos globais de grande escala que continuava a fazer em sequência entre 2007 e 2008. Gary e eu resolvemos voltar às sementes, mas desta vez com aplicação à vida real: tentaríamos afetar seu ritmo de crescimento e sua saúde. Resolvemos usar sementes de cevada, que é um grão usado tanto na alimentação do gado quanto saudável para o consumo humano. Faríamos uma pergunta com enormes implicações práticas: "Os alimentos podem crescer mais depressa e ser mais saudáveis se receberem bons pensamentos?".

Desta vez, alguns cientistas já haviam percorrido uma trilha antes de nós, com diversos estudos similares mostrando que sementes que recebem intenções de um curador ou que são irrigadas com água que está na mão do curador ficaram mais saudáveis e germinaram e cresceram mais depressa. Esses pequenos estudos eram intrigantes, mas todos envolviam indivíduos que enviavam sua intenção para sementes que estavam bem na frente deles. Com este experimento, estaríamos investigando se poderíamos obter o mesmo resultado — ou um efeito ainda maior sobre nossos alvos — se todo um grupo de mentalizadores diferentes estivesse enviando pensamentos a uma distância de milhares de quilômetros.

Para cada um desses experimentos, Gary e a equipe de seu laboratório prepararam quatro bandejas com trinta sementes de cevada cada — uma como alvo e três de controle — para eliminar resultados aleatórios. Desta vez, o melhor que pudemos oferecer ao nosso público como conexão com o alvo foi uma fotografia, embora estivéssemos longe de achar que isso iria funcionar. Mark decidiu que iria simplesmente fotografar os quatro conjuntos de sementes com uma câmera comum, enviando as fotos para mim na noite anterior ao experimento.

Eu havia planejado apresentar palestras em diversos lugares do mundo nessa época, o que nos daria a oportunidade ideal para testar se o experimento funcionaria em muitas situações, sem a preocupação com o funcionamento correto do site. Minha primeira parada foi na Austrália, uma palestra de quatro horas diante de setecentas pessoas numa conferência de alto nível, cujos organizadores me levaram de primeira classe e enviaram a minha foto para toda a equipe do hotel para que eu recebesse um tratamento de estrela de cinema.

Na noite anterior ao primeiro experimento, Mark me enviou fotos dos quatro lotes com trinta sementes, cada um dentro de um semicírculo numa bandeja, rotulados com A, B, C ou D, e incorporei cada imagem a um slide em meu PowerPoint. Durante minha palestra ao vivo, no dia seguinte, pedi que um membro da plateia escolhesse nosso alvo entre os quatro conjuntos de sementes, e depois projetei simplesmente a foto das sementes-alvo enquanto conduzia a plateia na intenção de fazer com que as sementes tivessem crescimento e saúde melhores, tocando novamente o "Choku Rei" que usei em todos os experimentos desde o primeiro na conferência em Londres, em 2007, para manter a consistência.

Depois que terminamos, chamei Mark para comunicar que tínhamos encerrado — o sinal para que ele plantasse as quatro bandejas de sementes. Ao cabo de cinco dias, ele colheu os brotos e mediu seu comprimento em milímetros. Depois, aguardei pacientemente por semanas enquanto Gary fazia seus cálculos, que precisavam ser encaixados em sua agenda frenética de aulas e produção de textos.

Gary havia rotulado esse teste, e os seguintes, como "Estudos da Intenção", mas para eliminar a possibilidade de que nossos resultados fossem aleatórios, ou representassem algo além da intenção de nossa plateia, ele também realizou uma série completamente separada de experimentos de controle depois de cada Experimento da Intenção. Geralmente, os cientistas costumam realizar experimentos de controle que imitam o experimento real em todos os sentidos, sem usar qualquer agente de mudanças para eliminar a possibilidade de que qualquer alteração observada no experimento em si tenha sido causada por algo além do próprio agente. Com esses experimentos de controle, Mark montou o experimento de maneira idêntica aos Estudos da Intenção habituais, selecionando e preparando outras 120 sementes em quatro conjuntos e escolhendo aleatoriamente um conjunto como "alvo da intenção", mas desta vez não teríamos mentalizadores de verdade e nem uma intenção real enviada ao alvo. Após um período determinado, tal como nos experimentos genuínos, ele plantaria os quatro conjuntos de sementes, colhendo-os e medindo-os após cinco dias.

Se esses experimentos de controle mostrassem uma diferença muito pequena ou nenhuma diferença no crescimento das sementes, em comparação com nossos verdadeiros Estudos da Intenção, isso confirmaria que a intenção teria sido a única causa da mudança. O experimento funcionaria como um controle de segundo nível. Também nos daria o dobro de sementes para comparar — num total de 1.440 —, o que também ofereceria a possibilidade de maior significância estatística.

No verão de 2007, fizemos mais dois experimentos com sementes de cevada — um com um pequeno grupo na internet e outro diante de meu público com cerca de cem pessoas no Omega Institute, um centro de retiro em Rhinebeck, Nova York, que oferece cursos sobre o potencial humano.

Depois do experimento em Rhinebeck, Gary analisou os três estudos. Os resultados foram intrigantes. O primeiro e o segundo experimento mostraram resultados significativos, mas o terceiro experimento foi fora dos gráficos. Ele me mandou um gráfico mostrando a diferença entre as sementes que receberam intenção e os controles, uma diferença de 4 milímetros, que parece pequena mas é grande o bastante para ser considerada significativa num estudo científico. Ele assinou dizendo: "Empolgante, não é?".

O terceiro teste com nosso grupo de Rhinebeck e o público menor produziu os maiores resultados. Parecia ser lógico que quanto maior o grupo, maior o efeito, mas, ao que parece, não tínhamos certa massa crítica para afetar nosso alvo. Sobre o que recairia a responsabilidade: nossas instruções específicas de crescimento, a experiência do público, muitos dos quais altamente motivados e maduros, ou o ambiente do retiro, com a possibilidade de um grau maior de foco do que se obtém quando se reserva algum tempo para enviar intenções durante a vida cotidiana?

Como qualquer cientista diz, um resultado experimental isolado não quer dizer nada. Pode ser mera coincidência — um artefato, como dizem os cientistas. Só se o seu estudo for replicado várias vezes é que você pode dizer, com alguma certeza, que encontrou um efeito verdadeiro. A única coisa que precisávamos fazer era repetir o experimento algumas vezes para demonstrar que estávamos diante de algo real.

Realizamos outros três Experimentos de Germinação: no Hilton Head, na Carolina do Sul, diante de quinhentos praticantes do Healing Touch; diante de uma plateia de 130 pessoas, numa conferência da Associação para o Novo Pensamento Global, em Palm Springs, Califórnia; e no workshop em um retiro no centro Crossings, Austin, no Texas, com 120 participantes. Depois do sexto experimento, Gary analisou os resultados formalmente por meio de cálculos complexos, comparando o crescimento das sementes-alvo com as sementes que não foram focadas em nossos Estudos da Intenção; todos os alvos genuínos com os "alvos" de controle do estudo; e o crescimento de todas as sementes dos Estudos da Intenção comparado com o crescimento de todas as sementes de controle do estudo. Ele usou dois tipos de estatística para compensar o fato de que algumas sementes não brotaram e que outras cresceram muito mais do que o normal.

"Resumindo numa só palavra, os resultados foram IMPRESSIONANTES", escreveu-me Gary em 16 de março.

Como média geral, as sementes para as quais se enviou intenção cresceram significativamente mais do que os controles nos Estudos da Intenção: 56 milímetros *versus* 48 milímetros. Nos estudos de controle, não houve diferença entre sementes que foram alvo e as que não foram; na verdade, as sementes rotuladas como "Sementes de intenção" nos grupos de controle cresceram 45 milímetros — 2 milímetros *menos* do que as sementes que não foram alvo, e mais do que todas as outras sementes em cada grupo de controle. Nosso efeito nos Estudos da Intenção foi estatisticamente significativo: houve apenas uma possibilidade em 0,7% de chegarmos a esse resultado graças ao acaso. Para ter uma sensação da importância desse resultado, imagine que você está brincando com uma moeda e está tentando obter certo número de coroas em sequência. Em nosso experimento, você teria de jogar a moeda 143 vezes para obter o mesmo resultado graças ao acaso. Aquelas que foram alvo durante verdadeiros Estudos da Intenção cresceram significativamente mais do que as que serviram de "alvo" nos estudos de controle, com uma possibilidade de 0,3% — como uma moeda jogada 333 vezes.

Mas o maior efeito de todos surgiu quando comparamos os resultados do crescimento de todas as plantas nos verdadeiros Experimentos da Intenção com o crescimento em todos os experimentos de controle. Nos dias em que enviamos a intenção, *todas* as plantas dos Estudos da Intenção cresceram mais do que todas as plantas nos experimentos de controle, com as plantas que receberam a intenção crescendo mais do que todas, como se houvesse alguma espécie de comunicação entre todas as sementes nos Estudos da Intenção. Esse efeito foi incompreensível — uma possibilidade em 10 milhões de que chegássemos a ele apenas pelo acaso. O que significava isso? A intenção teria um efeito pulverizado?

As coisas vivas são afetadas pela energia do pensamento humano no ambiente como um todo, e não simplesmente entre duas entidades comunicantes? Pensei num experimento realizado pelo psicólogo holandês Eduard van Wijk, que havia realizado numerosos estudos sobre as misteriosas emissões de luz descobertas por Fritz Popp. Eduard van Wijk havia colocado um vaso com algas simples perto de um curador e de seu paciente e mediu as emissões de fótons das algas durante as sessões de cura e os períodos de descanso. Depois de analisar os dados, descobriu alterações notáveis na contagem de fótons das algas. A qualidade e o ritmo das emissões mudaram significativamente durante as sessões de cura, como se as algas também fossem afetadas pela intenção de cura.

Gary redigiu os resultados de todos os nossos experimentos com sementes de cevada e apresentou-os no encontro anual da Sociedade para Exploração Científica em junho de 2008, publicando um resumo nos anais do encontro. Esta foi a primeira tentativa do Experimento da Intenção de estabelecer formalmente a validade de nossos dados, e nossa conclusão foi clara e conclusiva: "A intenção coletiva pode exercer efeitos seletivos no estímulo ao crescimento de sementes".

Lutei em silêncio com as implicações desse pequeno experimento perfeito. Dentro da linguagem neutra e cautelosa de nosso modesto trabalho, encontravam-se algumas descobertas profundas sobre a natureza da consciência. Havíamos demonstrado mais de uma vez que a mente humana tem a capacidade de se mover além do tempo e do espaço, conectar-se com outras mentes e agir sobre a matéria à distância. Essencialmente, havíamos demonstrado algo extraordinário e profundo: que as mentes humanas têm a capacidade de operar de modo não local. A não localidade, referida de forma até poética como "entrelaçamento", é uma estranha característica das partículas quânticas. Depois que partículas subatômicas como elétrons ou fótons entram em contato, uma influenciará a outra para sempre sem motivo aparente, em todos os momentos e a qualquer distância, apesar da ausência de forças físicas como um empurrão ou um chute — todas essas coisas que os físicos costumam considerar necessárias para que uma coisa afete outra coisa qualquer.

Quando as partículas ficam entrelaçadas, as ações de uma sempre influenciarão a outra, não importa o quão separadas estejam. Uma vez conectadas, a medição de uma partícula subatômica afeta instantaneamente a posição da segunda. As duas partículas subatômicas continuam conversando uma com a outra, e o que acontece com uma é idêntico ou o contrário ao que acontece com a outra.

Embora os físicos modernos aceitem prontamente que a não localidade é uma característica do mundo quântico, afirmam que essa propriedade estranha e não intuitiva do universo subatômico não se aplica a nada maior do que um elétron. Quando as coisas chegam no nível dos gravetos e pedras do mundo em que vivemos, afirmam, o Universo torna a se comportar segundo leis newtonianas previsíveis e mensuráveis. Alguns estudos com cristais e algas sugerem que a não localidade existe no grande mundo mensurável, podendo até ser o princípio ativo por trás da fotossíntese, mas essa propriedade ainda é considerada parte do domínio exclusivo do diminuto, a "ação fantasmagórica à distância" do mundo quântico, como Albert Einstein (1879-1955) afirmou, e certamente não do domínio da consciência humana.

Entretanto, nosso pequeno experimento com sementes havia mostrado que podíamos criar a não localidade no grande mundo visível, não apenas entre as mentes de indivíduos como também com um alvo remoto. Um grupo de pessoas em Sydney, na Austrália, havia afetado sementes postas nos laboratórios da Universidade do Arizona, em Tucson, a quase 13 mil quilômetros dali, simplesmente pelo poder de um pensamento focalizado. E nossos mentalizadores nem sequer tiveram de estar no mesmo local; um grupo de pessoas espalhadas pelo globo produziu o mesmo efeito que um grupo reunido no mesmo ambiente. De alguma forma, como um par de elétrons entrelaçados, nossas mentes individuais, todas distantes umas das outras, fizeram uma conexão invisível que foi capaz de agir coletivamente para alterar um conjunto de sementes, também à distância.

Comecei a refletir sobre a possibilidade de que a consciência humana possui a capacidade de criar uma espécie de *internet psíquica*, permitindo-nos estar em contato com tudo a todo momento. Tudo de que podemos precisar é a atenção focada para nos conectarmos a ela.

CAPÍTULO 4

INVASORES MENTAIS

Os grupos de Poder dos Oito também podiam criar uma internet psíquica, conforme descobri durante uma intenção para John, vítima de um grave acidente de motocicleta. Sua mãe foi a um de nossos workshops pouco depois do acidente e contou que ele havia sofrido ferimentos graves no pescoço e em diversas vértebras. Os médicos disseram à sua mãe que os danos causados à coluna eram tão graves que ele poderia até ficar tetraplégico.

Naquele fim de semana, a mãe de John pediu que seu grupo de Poder dos Oito enviasse uma intenção especial para seu filho. Dois meses depois, ela me escreveu fazendo um relatório de progresso: depois de nossa intenção e de outras intenções posteriores feitas por familiares, seu filho começou a mover a parte superior do corpo e a movimentar até os artelhos. "Ele está tendo uma recuperação espantosa. Provavelmente, está com 85% de suas funções normais — coisa que os médicos achavam que levaria seis meses a um ano para acontecer, e não seis semanas!"

Se o notável progresso de John teve algo a ver com o grupo de Poder dos Oito, eles o fizeram sem qualquer vínculo com ele: não havia conexão ao vivo e nem foto dele, nenhum conhecimento sobre ele ou seu paradeiro, nenhuma conexão com ele, exceto sua mãe e os pensamentos dela sobre ele.

Comecei a pensar que um círculo ou grupo de "preces" poderia criar um ambiente aprimorado de cura, e que o grupo tem a capacidade de formar algum tipo de conexão invisível, do mesmo tipo que a extraordinária conexão que havíamos testemunhado com os Experimentos da Intenção globais. Resolvi explorar essa conexão em nossos experimentos globais com algo além de plantas e sementes, e trabalhar com outro cientista a fim de demonstrar que os resultados que havíamos obtido com os experimentos com folhas e sementes não eram um artefato produzido por um único laboratório. Consultei um físico russo chamado Konstantin Korotkov, professor daquela que hoje é chamada de Universidade ITMO (Universidade Nacional Russa de Tecnologia da Informação, Mecânica e Óptica, antes chamada de Universidade Estatal de São Petersburgo). Korotkov havia se baseado nas ideias e no equipamento de Popp e avançara ao descobrir que podia medir essa luz tênue muito mais facilmente se passasse um campo eletromagnético por ela, excitando-a centenas de milhares de vezes e tornando-a bem mais fácil de se medir.

Com 24 anos, Korotkov, que já estava se tornando um renomado físico quântico, ficara intrigado com o trabalho de Semyon Davidovich Kirlian (1898-1978), engenheiro russo que descobriu que quando alguma coisa que conduz energia, inclusive tecidos humanos, é posta sobre uma placa feita de material isolante, como o vidro, e exposta a uma corrente elétrica de alta voltagem e de alta frequência, a baixa corrente resultante cria um halo de luz colorida em torno do objeto que pode ser captada por uma película fotográfica. Kirlian fez afirmações grandiosas sobre essa luz, alegando que suas fotos revelavam nada menos do que o campo energético de uma coisa viva, e que o estado desse campo, ou aura, como passou a chamá-lo, refletia o estado de sua saúde.

Mais tarde, Korotkov idealizou um meio de aprimorar esse sistema rudimentar, captando a misteriosa luz em tempo real agitando os fótons de um sistema vivo, levando-os a um estado de excitação para que brilhassem milhões de vezes mais do que o normal. Ele desenvolveu um dispositivo de Visualização de Descarga de Gás (GDV, em inglês Gas Discharge Visualization), fazendo uso de óptica de vanguarda, matrizes digitalizadas de televisão e um poderoso computador, uma mescla de fotografia, medição da intensidade da luz e reconhecimento computadorizado de padrões. A partir disso, um programa de computador extrapolava uma imagem em tempo real do "biocampo" envolvendo o organismo, deduzindo da imagem seu estado de saúde.

Quando fizemos nosso contato inicial, Korotkov estava com 55 anos e era uma conhecida figura pública, que conferiu credibilidade à fotografia Kirlian e ao conceito dos campos de energia humanos. Já havia escrito cinco livros sobre o assunto, chamando a atenção do Ministério da Saúde da Rússia, que reconheceu a importância de sua invenção na avaliação da saúde e no diagnóstico de doenças. Por volta de 2007, o dispositivo de GDV estava sendo amplamente usado como ferramenta geral de diagnóstico e como meio de avaliar o progresso de pacientes após cirurgias, e o Ministério do Esporte da Rússia havia começado a perceber Korotkov e seu maquinário, chegando mesmo a usá-lo para avaliar o estado dos atletas que treinavam para os Jogos Olímpicos. Fora da Rússia, milhares de profissionais da saúde estavam usando suas máquinas, um fato que não foi menosprezado pelos Institutos Nacionais da Saúde dos Estados Unidos; na verdade, uma parte da verba de pesquisas de Gary Schwartz devia ser usada para investigar o "biocampo" utilizando o equipamento de Korotkov.

Korotkov é um paradoxo interessante: uma figura ágil e compacta com a cabeça raspada, taciturno e metódico em seu trabalho, mas efusivo em sua vida pessoal. Embora seja humilde com relação às suas célebres invenções, é dado a gestos grandiosos, chegando certa vez a um evento formal no Japão trajando o quimono japonês tradicional e brandindo uma espada de samurai. Apesar de ele apreciar a notoriedade que adquiriu com essas aplicações práticas, sua paixão pessoal é o efeito da consciência humana sobre o mundo físico e ele se mostra imbuído de um forte senso de espiritualidade, desenvolvido após diversas descobertas espantosas feitas no decorrer de seu trabalho. Embora tenha sido criado como ateu, em sintonia com a cultura da Rússia soviética da Guerra Fria nas décadas de 1950 e 1960, foi sendo atraído cada vez mais pelas questões maiores da consciência, particularmente a questão do tempo em que essa luz misteriosa permanece no corpo após a morte.

Em uma série de experimentos realizados no final dos anos 1990, Korotkov e uma equipe de assistentes fizeram leituras de dezenas de homens e mulheres recém-falecidos e descobriram que, por muitas horas, não havia diferença importante entre o brilho da descarga de gás de pessoas vivas e o dos cadáveres. Além disso, o padrão da luz acompanhava padrões nitidamente diferentes ao longo do tempo, parecendo refletir a natureza de sua morte; quando a pessoa morria suavemente, sua luz fazia o mesmo, mas, quando a morte era mais violenta, sua luz tinha transições mais bruscas. Aqueles que tinham tido morte natural exibiam oscilações maiores durante as primeiras 55 horas após a morte, diminuindo depois para ondas mais suaves. Embora os materialistas tenham alegado que a luz era simplesmente a atividade fisiológica residual dos tecidos musculares que se transformavam no processo de decomposição, a literatura médica forense deixava claro que quaisquer características eletrofisiológicas de um corpo recém-falecido mudavam abruptamente nas primeiras horas e se mantinham constantes ou criavam curvas suaves. Os dados de Korotkov não se pareciam nem um pouco com isso. A única conclusão era que essa luz permanecia após a morte, evidenciando alguma espécie de transição. Korotkov escreveu um livro sobre suas descobertas e, na vida privada, tornou-se intensamente espiritualizado, considerando essa "estrutura de informação energética" análoga ao que se costuma chamar de alma, conectada ao corpo humano, mas, em última análise, independente dele. Enquanto fazia seu trabalho para diversos ministérios da Rússia, foi ficando mais e mais atraído pela natureza da consciência, especificamente pelo efeito de nossos pensamentos sobre os outros. Quando entrei em contato com Korotkov pela primeira vez para pedir-lhe que trabalhasse comigo, decidimos que nosso primeiro experimento seria rudimentar: tentar afetar a água de maneira sutil com nossos pensamentos. Uma das mudanças mais sutis, sugeriu ele, seria medir quaisquer alterações na configuração das moléculas da água, que, como sabemos agora, têm a capacidade peculiar de agir como uma equipe. Dois físicos italianos do Instituto de Física Nuclear de Milão, Giuliano Preparata (1942-2000) e seu colega Emilio Del Giudice (1940-2014), demonstraram que a água tem uma propriedade espantosa: quando reunidas muito de perto, as moléculas da água exibem um comportamento coletivo, formando o que chamaram de "domínios coerentes", como uma poderosa luz laser. Esses agrupamentos de moléculas de água tendem a se tornar "informados" na presença de outras moléculas, polarizando-se em torno de qualquer molécula carregada, armazenando e portando sua frequência de tal modo que pode ser lida à distância.

Em certo sentido, a água é como um gravador, imprimindo e carregando informações, independentemente de a molécula original ainda estar lá ou não. Como observaram cientistas russos, a água tem a capacidade de reter a memória de campos eletromagnéticos aplicados a ela por horas, até dias, e outros cientistas italianos, da Universidade de Roma La Sapienza e da Segunda Universidade de Nápoles, e mais recentemente, Luc Montagnier (1932-2022), laureado com o prêmio Nobel e codescobridor do HIV, confirmaram as descobertas de Preparata e de Del Giudice: certos sinais de ressonância eletrônica criam mudanças permanentes nas diversas propriedades da água. As equipes de Roma e de Nápoles também confirmaram que as moléculas da água se organizam para formar um padrão no qual é possível imprimir informações de onda. A água parece emitir o sinal e amplificá-lo. Tal como plantas, animais e pessoas, líquidos como a água "brilham". O dispositivo GDV é sensível o suficiente para medir várias dinâmicas de energia da água, e pode detectar quaisquer mudanças na emissão de luz na superfície do líquido, o que, por sua vez, depende de como as moléculas de água estão agrupadas. Numerosos experimentos realizados pela equipe de Korotkov em diversos líquidos biológicos demonstram que o dispositivo de GDV é muito sensível a mudanças no conteúdo químico e físico de líquidos, que não aparecem em análises químicas comuns. Seu equipamento foi capaz de distinguir, por exemplo, diferenças infinitesimais entre amostras de sangue de pessoas saudáveis e de pacientes que sofrem de alguma doença, entre óleos essenciais naturais e sintéticos com a mesma composição química, e até entre a água comum e a que recebeu a adição de remédios homeopáticos altamente diluídos.

Para o nosso primeiro experimento, Konstantin encheria um tubo de ensaio com água destilada até o topo e inseriria nele um eletrodo conectado a um dispositivo de GDV. O plano consistiria em medir e comparar os sinais sendo emitidos pela água antes, durante e depois do experimento. Pediríamos a meu público da internet, por meio de meu site do Experimento da Intenção, de boletins eletrônicos e páginas de mídia social, que enviassem amor para uma foto dessa amostra de água, uma tentativa de provar a alegação de que a emoção pode alterar a estrutura da água, feita pelo falecido naturopata japonês dr. Masaru Emoto (1943-2014).

O dr. Emoto ficou muito conhecido por uma série de experimentos informais, publicados em *HADO Mensagens ocultas na água* e em outros livros, sugerindo que nossos pensamentos ficam embutidos na água. Ele pediu que voluntários enviassem pensamentos positivos ou negativos para a água, depois congelou a água e fotografou os cristais de gelo. Os cristais que haviam recebido intenção positiva produziram belas formas simétricas, afirmou Emoto, enquanto as amostras expostas a intenções negativas — medo, ódio, raiva — formaram cristais assimétricos turvos. Por mais estranho que parecesse seu trabalho, ele foi replicado com sucesso duas vezes pelo renomado parapsicólogo dr. Dean Radin, cientista-chefe do Institute of Noetic Sciences de Petaluma, Califórnia.

Ainda incomodada com alguns de nossos fracassos tecnológicos nos experimentos com as folhas, limitei propositalmente a divulgação dos próximos experimentos à nossa comunidade da internet a fim de não sobrecarregar o sistema Ning. Mesmo sem muita promoção, milhares de pessoas de oitenta países se inscreveram para esse experimento, praticamente de todos os continentes, exceto a Antártica, de lugares como Indonésia, Zâmbia, Costa Rica e China. A divulgação dos experimentos tinha se espalhado muito, chegando inclusive ao próprio Emoto, que me mandou um e-mail desejando-nos boa sorte.

Na noite do dia marcado, Konstantin enviou-nos uma foto do tubo de ensaio experimental (que postamos em nosso site, mas que só ficou visível para aqueles que haviam se registrado para o experimento), ligou seus dispositivos de GDV e um CD de Rachmaninoff para lhe fazer companhia, e aguardou.

Horas depois, findo o experimento, Konstantin revisou as medições feitas pelo equipamento e descobriu uma mudança altamente significativa. As emissões luminosas da água ficaram mais intensas e houve também um efeito significativo na mudança da área total das emissões. Contudo, essas variações ocorreram *antes* do início do experimento propriamente dito, cessaram seis minutos antes do horário planejado para a intenção e só recomeçaram depois que terminamos. Ao compararmos o horário de nossa intenção e vinte minutos antes dele, a significância dos dados desaparecia.

Talvez nossa intenção tenha sido muito passiva ou difusa, e talvez funcionasse melhor se focalizássemos alguma coisa mais específica, tal como havíamos feito com os Experimentos de Germinação. Afinal, a ideia de uma emoção amorfa como o amor é muito individual, particularmente quando é enviada a um recipiente com água. E diversos de nossos participantes tinham conseguido entrar no site mais cedo, o que pode ter distorcido os resultados.

Resolvemos repetir o experimento em 22 de janeiro de 2008, mas com três diferenças importantes: usaríamos uma intenção bem específica para nossa amostra experimental, pedindo que o público fizesse a água "brilhar e brilhar"; usaríamos um controle, um recipiente idêntico com água destilada da mesma fonte, também ligada ao dispositivo de GDV; e estenderíamos o tempo total de medição.

Dessa vez, registramos uma diferença estatística altamente significativa na difusão da luz e em sua intensidade entre o período da intenção e o período posterior, comparadas com as medições do recipiente de controle. Foi intrigante observar que a maior alteração aconteceu pouco antes da janela de dez minutos de nossa intenção, comparada com o período anterior ou posterior. Embora o número de participantes tenha sido menor que o da primeira vez, tivemos um efeito muito maior. Novamente, o tamanho do grupo não fez diferença no resultado.

Você começa fazendo certas suposições, constrói uma hipótese cuidadosa, projeta uma maneira de testá-la e, em seguida, senta-se para ver onde isso vai dar, descobrindo depois que algumas de suas suposições confiantes sobre o Universo caíram por terra.

Entre os onze experimentos que havíamos sido capazes de realizar com sucesso, dez mostraram um resultado bem-sucedido — e todos, exceto um, foram significativos em termos estatísticos —, mas, no processo, derrubaram cada uma de nossas suposições iniciais sobre como a intenção coletiva pode funcionar.

Tentei analisar o que havíamos aprendido sobre aquilo que estava acontecendo. Tínhamos sido capazes de alterar a água e plantas com nossos pensamentos, quer estivéssemos juntos num recinto, quer em lugares diferentes ou mesmo a milhares de quilômetros de nosso alvo. E nossos pensamentos estavam afetando coisas, embora nunca tenhamos enviado intenções à coisa propriamente dita, que, naturalmente, estava num laboratório distante, mas apenas a um *símbolo* da coisa: sua fotografia.

Embora o único ponto de contato fosse uma fotografia num site da internet, meus participantes estabeleceram prontamente uma conexão profunda uns com os outros e com o alvo. Parece que o pensamento em grupo criou uma internet psíquica não local de conexão instantânea, na qual a distância entre os participantes não interessava mais, mesmo quando não estávamos trabalhando com a intenção em alvos reais — simplesmente sua representação fotográfica, de certo modo como uma boneca vodu.

Quando começamos os Experimentos da Intenção globais, Gary e eu partimos da premissa de que era importante ter alguma conexão ao vivo com nosso alvo, motivo pelo qual insistimos inicialmente na exibição do alvo real por meio de uma webcam nos primeiros estudos. Mas tanto durante os experimentos da intenção de germinação quanto nos experimentos com a água, descobrimos que a consciência humana pode se conectar e afetar um *alvo virtual*, e que essa conexão se mostrou igualmente potente. Como médiuns e outros clarividentes têm afirmado há anos, a representação simbólica de alguma coisa, como coordenadas em um mapa, permite facilmente que a consciência focalize o alvo.

O tamanho do grupo também não foi importante; um pequeno grupo de cem pessoas numa sala em Rhinebeck, a mais de 1.600 quilômetros de distância do alvo, mostrou-se tão poderoso quanto grupos cinco vezes maiores. O Segundo Experimento Korotkov com a Água teve menos participantes ainda, mas um efeito maior. A distância do alvo também não teve papel algum no resultado. Meu público australiano, a quase 13 mil quilômetros do alvo em Tucson, no Arizona, obteve um efeito do mesmo porte que um grupo de mentalizadores localizados no estado vizinho, a Califórnia. Quando enviamos pensamentos para alguma coisa, "maior" ou "mais perto" não é necessariamente "melhor".

Outro efeito estranho é que a intenção pareceu afetar tudo em seu caminho; quando as sementes faziam parte de um Estudo da Intenção, todas as sementes foram afetadas de algum modo, fossem ou não parte do alvo. Isso também tem uma implicação importante, sugerindo que as coisas vivas registram informações do ambiente como um todo, não apenas entre duas entidades comunicantes.

O que pareceu ter contado mais foi a experiência. Nossos resultados mais impressionantes vieram daqueles com prática em enviar pensamentos focados, como meditadores ou curadores experientes. Nossos melhores Experimentos de Germinação, nos quais as sementes que receberam intenção cresceram duas vezes mais do que os controles, envolveram meu público em Hilton Head, Carolina do Sul, que incluiu quinhentos praticantes de longa data de Healing Touch. E tanto com os Experimentos de Germinação quanto com os Experimentos com Água, aprendemos que quanto mais específica nossa intenção, melhores os resultados.

Esses primeiros experimentos foram rudimentares, até um pouco toscos, mas suas implicações foram enormes. Chegaram a desafiar certas leis newtonianas que formam a espinha dorsal da física clássica. Newton descreveu um universo bem-comportado de objetos separados, agindo segundo leis físicas no tempo e no espaço, e uma das mais fundamentais delas é a primeira lei — a ideia de que qualquer objeto permanece em repouso ou continua a se mover em velocidade constante, a menos que sofra a ação de uma força externa. Nessa lei, encontra-se embutida a pedra fundamental de muitas premissas confiantes que fazemos sobre o funcionamento do mundo, a ideia de que as coisas são estáticas, separadas e invioladas a menos que alguma coisa física, alguma força — um empurrão, um soco, um pontapé ágil —, seja aplicada a elas. De fato, todas as leis de Newton descrevem coisas que existem independentemente umas das outras, exigindo algo físico, uma energia mensurável, para mudar ou até para se mexer.

Pouca coisa em nossos experimentos refletiu algo que poderíamos considerar parte da visão newtoniana do mundo. Não estávamos *fazendo* nada com os objetos; estávamos enviando *pensamentos* para esses objetos. Os efeitos que estávamos registrando assemelhavam-se mais ao comportamento errático da física quântica, definido inicialmente por Niels Bohr (1885-1962) e seu pupilo, o físico alemão Werner Heisenberg (1901-1976). Eles reconheceram alguns aspectos fundamentais do universo quântico. No mundo do minúsculo, as coisas ainda não são coisas de fato, apenas uma pequenina nuvem de probabilidades, um potencial de qualquer um de seus futuros eus — ou aquilo que os físicos conhecem como uma "superposição" ou soma de todas as probabilidades.

Hoje, a comunidade cientifica aceita que no mundo hermético do *quantum*, a matéria física não é sólida e estável — na verdade, ainda não é *coisa alguma*, e o que dissolve essa pequena nuvem de probabilidades e a transforma em algo concreto e mensurável é o envolvimento de um observador. Quando esses cientistas observam ou medem efetivamente uma partícula subatômica, essa pequena nuvem de potencial puro "colapsa" e assume um estado identificável particular.

As implicações dessas primeiras descobertas experimentais da física quântica, hoje chamadas de Efeito do Observador, sempre foram profundas: de algum modo, a consciência viva é a influência que converte o potencial de alguma coisa em algo concreto. No instante em que olhamos para um elétron ou fazemos uma medição, *ajudamos a determinar seu estado final*. Isso sempre teve diversas implicações desconfortáveis, entre as quais a maior é que o ingrediente mais essencial na criação de nosso Universo é a consciência que o observa — na verdade, que nada no Universo existe como uma "coisa" real, independentemente de nossa percepção dela.

Os cientistas sempre se esquivaram dessa noção incômoda e adotaram uma visão de mundo mais palatável, embora improvável: que existe um conjunto de leis para o que é grande e visível e outro para o microscópico, e quando essas coisas subatômicas e anárquicas começam, de algum modo, a perceber que fazem parte de algo grande e visível, começam a se comportar novamente segundo leis newtonianas lógicas e confiáveis.

Algumas das premissas dessa confiante visão de mundo — tempo e espaço invioláveis, a primeira lei de Newton, mesmo a ideia de conjuntos separados de regras para o grande mundo visível e a partícula invisível — sofreram um furinho com esses primeiros experimentos.

Tanto os círculos do Poder dos Oito quanto os experimentos globais estavam revelando outra coisa — uma coisa central sobre a consciência humana e sua capacidade de superar as fronteiras entre objetos e outras pessoas, até as fronteiras do espaço e do tempo. Demonstramos repetidas vezes que a mente humana possui a capacidade de operar de forma não local, mover-se através de paredes e sobre oceanos e continentes, alterando a matéria a milhares de quilômetros de distância. Os cientistas lutam com a ideia, proposta pela primeira vez pelo filósofo alemão Immanuel Kant (1724-1804), de que o mundo não é possível sem nós, mas talvez o que o Efeito do Observador signifique de fato é que criamos à medida que atendemos a um objeto específico, focalizando o objeto em uníssono e articulando juntos um pedido muito específico.

Nossas experiências não confirmaram as teorias do grupo de Meditação Transcendental, ou seja, que quando você está tentando obter algum resultado específico através do poder do pensamento, precisa ter uma massa crítica. Um grupo focado e coerente de cem pessoas na mesma sala obteve o mesmo efeito que milhares espalhados pelo mundo e conectados pela internet. Alcançamos o mesmo resultado sobre o alvo quando o público ocupou o mesmo espaço ou estava espalhado pelo planeta, unido simplesmente pelo mesmo pensamento e o mesmo site.

Na verdade, como eu estava começando a perceber, isso também funcionava com grupos de apenas oito pessoas. As intenções funcionavam, pelo que posso deduzir, porque estávamos todos, naquele momento, ocupando o mesmo espaço psíquico.

A única coisa que importava, a única coisa que parecia ser necessária, era ter algum tipo de grupo.

CAPÍTULO 5

O PODER DOS DOZE

Os efeitos que eu estava testemunhando com as Intenções da Semana não poderiam ser efeitos placebo. Bebês, e até fetos, estavam sendo curados. Havia pessoas inconscientes ou que não sabiam que eram objeto de intenção. A bebê Isabella nasceu em Spokane, Washington, após 24 semanas de gestação, pesando apenas 567 gramas, com os intestinos separados, uma infecção estreptocócica no estômago e pulmões fracos. Dois dias depois de os médicos operarem seus intestinos numa tentativa de conectá-los, ela desenvolveu uma infecção e tiveram de operar seus pulmões pela segunda vez. Ela recebeu diversos antibióticos diferentes, e um especialista foi chamado, concluindo que sua infecção era resistente aos antibióticos. Os médicos colocaram nela uma bolsa de colostomia. O caso parecia quase sem esperança.

A mãe dela nos procurou para que indicássemos seu bebê para uma Intenção da Semana. Sete dias depois de enviarmos nossa intenção, Isabella passou por outra cirurgia e saiu-se maravilhosamente bem. Embora os médicos estivessem preocupados com o retorno da infecção estreptocócica e com a possibilidade de terem de operá-la novamente, para seu espanto, os níveis do sangue, causa do alarme, voltaram rapidamente ao normal. Ela começou a se desenvolver normalmente e, após oito meses, recebeu alta como uma criança totalmente saudável. Sua mãe disse que isso foi um "milagre".

Em maio de 2009, Jeuline, em Gotemburgo, Suécia, estava prestes a dar à luz, mas o bebê do sexo masculino que ela estava gestando foi diagnosticado com uma deficiência cardíaca rara e grave, que certamente afetaria a função do coração e dos pulmões. Os médicos temiam que o bebê não seria capaz de respirar sozinho quando nascesse, pois provavelmente seus pulmões teriam danos. E mesmo que fosse capaz de respirar, teria de ser forte o bastante para sofrer pelo menos três cirurgias nos vasos sanguíneos de seu coração.

Antes da data prevista, Jeuline pediu para ser incluída no círculo da Intenção da Semana. Após a intenção de nosso grupo, seu filho nasceu em condições bem melhores do que os médicos haviam previsto. Ficaram espantados com o fato de ele ser capaz de respirar sem suporte e com o aumento da saturação de oxigênio após a amamentação, pois geralmente acontece o contrário em crianças com problemas cardíacos. Ele continuou a ganhar peso e se manteve saudável para uma cirurgia, dois meses e meio depois, e após a intervenção manteve-se bem. "Os médicos estão surpresos com a saúde e a aparência dele", escreveu-nos a mãe dele na ocasião. "Ele vem se mostrando mais saudável do que outras crianças com condições cardíacas similares. Um rapazinho muito contente, calmo e feliz."

Uma adolescente tinha fugido de casa e tornou a se reunir com seus pais. Juracy, do México, escreveu-nos para falar de sua filha de 16 anos que havia fugido de casa. Ela estava indo mal em matemática, passava todo o tempo livre em festas que só acabavam nas primeiras horas da manhã e socializava com amigos que sua mãe desaprovava. Nossa comunidade enviou a intenção para que a filha e sua mãe fossem mais amáveis, se comunicassem de forma mais sincera e respeitassem mutuamente suas diferenças. Após várias semanas, recebi uma mensagem efusiva de Juracy dizendo que sua filha havia voltado para casa três semanas depois do início das intenções e que começaram a conversar de forma mais sincera e franca. A filha mudou as páginas de suas redes sociais, antes sombrias e desafiadoras, passando-as para um tom rosado claro.

Eu não sabia o que estávamos testemunhando aqui — se uma cura bem-sucedida ou mera coincidência. O fato de o processo funcionar com um bebê — e até com um feto — e também com pessoas inconscientes ou ignorantes ao fato de estar sendo feito um esforço em seu benefício tendia a descartar o efeito da expectativa. Será que teria alguma relação com o poder amplificado da intenção coletiva?

Só estou relatando isso.
Não estou fingindo que compreendo o que é "isso".
Estou aprendendo com vocês.

Durante anos, esse foi meu padrão de isenção de responsabilidade nos workshops de Poder dos Oito, como que dizendo: *Não sou uma agente de cura. Aqui, sou apenas a jornalista.* Depois de testemunhar tantas mudanças milagrosas na vida das pessoas, cheguei a ficar indiferente durante algum tempo. *Hmmm. Outra cura milagrosa. Grande coisa.*

Ao mesmo tempo, fiquei obcecada tentando encontrar um precedente para esses efeitos coletivos de cura. *Alguém tinha de ter pensado nisso antes de mim.* Com certeza, hoje os círculos de prece fazem parte da maioria das igrejas cristãs modernas. Mas meus grupos de Poder dos Oito e de Intenção da Semana, em alguns casos, estavam produzindo curas imediatas. O que haveria em um grupo de pessoas mantendo o mesmo pensamento ao mesmo tempo para produzir efeitos tão dramáticos? Esse ritual deve ter sido descoberto e empregado numa civilização anterior.

Comecei a procurar círculos antigos usados para cura e comecei com o círculo mais famoso de todos: Stonehenge, o gigantesco círculo pré-histórico de pedras eretas da Planície de Salisbury, na Inglaterra. Os arqueólogos ainda estão intrigados com o verdadeiro propósito de Stonehenge e o que levaria uma civilização neolítica a transplantar 82 pedras de arenito cinza-azulado de Carn Menyn por 250 quilômetros, desde as Montanhas Preseli do sudoeste de Gales até seu local atual na Planície de Salisbury, cada pedra pesando até três toneladas e exigindo cerca de trinta homens para carregá-las ou puxá-las com cordas de couro, transferi-las para barcos que percorreram o rio Avon e depois o Avon de Salisbury até chegar a seu destino. Muitos pesquisadores ainda se baseiam no primeiro arqueólogo de Stonehenge, William Stukeley (1687-1765), que concluiu que a estrutura mesolítica era um local de adoração; como escreveu no começo da década de 1720: "Quando você entra na construção e lança o olhar à sua volta, sobre as ruínas monótonas, é tomado por um devaneio extático que ninguém consegue descrever". Outros convenceram-se de que o círculo de pedra forma um enorme calendário, pois as posições das pedras permitem a identificação precisa dos solstícios de verão e de inverno, o que teria sido essencial para o plantio e a colheita agrícolas numa época em que não havia outros meios de assinalar as estações.

Mas no mês anterior ao nosso primeiro workshop, como descobri depois, os professores Timothy Darvill (1957--2024) e Geoff Wainwright (1937-2017), dois dos principais arqueólogos da Grã-Bretanha, haviam rompido com os colegas após iniciarem um projeto de escavação de três anos e reunirem suas descobertas com o número indevidamente grande de ossos escavados previamente, mostrando evidências de algum tipo de dano traumático. "O propósito todo de Stonehenge é que era uma Lourdes pré-histórica",* disse Wainwright. "As pessoas vinham aqui para se sentirem bem." "Inicialmente, parece ter sido um local para os mortos, com cremações e memoriais", acrescentou Darvill, "mas depois de 2300 a.C., aproximadamente, sua ênfase mudou e seu foco passou para os vivos, um lugar onde curadores especializados e os profissionais da saúde de sua época cuidavam dos corpos e almas dos doentes e enfermos."

Darvill e Wainwright se concentraram nas pedras e na antiga crença de que eram dotadas de poderes místicos de cura, principalmente das águas de fontes e poços de Gales que haviam sido jogadas sobre elas. Mas fiquei intrigada

* Referência à cidade francesa de Lourdes, um dos principais destinos de peregrinos católicos, que lá buscam curas físicas e espirituais. [N. E.]

com o poder de sua disposição. Seu posicionamento não foi realizado ao acaso. O eixo principal estava alinhado com o nascer do sol do meio do verão, com as pedras azuis formando um círculo dentro do qual há hoje uma formação de ferradura com dois anéis de pedra.

Arqueólogos descobriram trechos de solo sugerindo que pode ter havido outras pedras no local. Talvez se imaginasse que a cura era realizada não só pelas pedras, como pela disposição dos curadores em um círculo, com o próprio círculo dotado de poder de cura. Como há centenas de círculos antigos de pedra e de madeira espalhados pela Grã-Bretanha, Darvill não duvida que os círculos tenham tido um papel importante na cura, mas ele não encontrou evidências que provem que as pessoas em pé no círculo faziam parte integral do processo de cura, tanto quanto as próprias pedras.

Ao longo dos séculos, pequenos círculos de pessoas tiveram importância especial em muitas culturas e religiões, desde a Wicca pagã até o cristianismo místico. Dizem que a lenda arturiana da Távola Redonda e a fraternidade medieval dos rosa-cruzes teriam incorporado tanto práticas arturianas quanto as dos essênios, antiga seita mística de ascetas que tinham a reputação de terem educado Jesus.

Entrei em contato com Klaas-Jan Bakker, grande mestre emérito da ordem rosa-cruz AMORC (sigla para Antiga e Mística Ordem Rosae Crucis), que me explicou que os rosa-cruzes acreditam que empregam métodos de cura usados antes pelos essênios e ensinados a Jesus. O paralelo mais próximo de meus círculos de Poder dos Oito foi a Comissão de Conforto, cujos membros são escolhidos especificamente para curar indivíduos. Geralmente, os membros do conselho se conectam com a pessoa doente para se certificarem de que ela está receptiva e depois enviam pensamentos de cura em momentos específicos do dia, entrando num estado mental focado e visualizando a pessoa a ser curada. Além das curas individuais, todos os dias, ao meio-dia, em todos os templos rosa-cruzes, ocorre uma cerimônia ritualística da Comissão de Conforto, na qual os integrantes enviam uma intenção positiva de cura para os necessitados e para o planeta. Várias outras práticas ofereciam alguns paralelos com a internet psíquica que eu tinha descoberto em nossos experimentos e círculos.

Como os rosa-cruzes afirmaram que herdaram suas práticas do cristianismo místico, comecei a explorar usos religiosos mais tradicionais do círculo.

Muitos livros da Bíblia, como Atos, Esdras e Jonas, falam do poder da prece coletiva para conjurar a orientação e a proteção divinas e impedir desastres, e Santa Teresa de Ávila teria sido a pioneira no uso de pequenos grupos de preces na Igreja Católica. Os muçulmanos fazem a Hajj, a peregrinação a Meca, onde formam círculos concêntricos para rezar em torno da Caaba, o centro sagrado do islamismo. No judaísmo, todas as sinagogas fazem uso dos *minians*, grupo com no mínimo dez pessoas (todas homens, no caso dos ortodoxos), e uma de suas funções é orar em conjunto pela cura de um membro da congregação. Quando os membros da congregação recitam a prece de gratidão judaica Birkat HaGomel para agradecerem por terem sobrevivido a uma experiência traumática ou a uma doença que ameaçou a vida, deve haver um *minian* presente. "Minian" vem da palavra hebraica *maneh*, relacionada à palavra aramaica relativa a "mene", ou número, conotando a necessidade de certa massa crítica de pessoas. Claramente, os grupos de oração foram amplamente utilizados na maioria das religiões.

Enquanto estudava o uso de grupos de prece no cristianismo, encontrei um antigo sermão do pregador batista inglês Charles Spurgeon (1834-1892) discutindo o significado de certos trechos de Atos dos Apóstolos, livro do Novo Testamento, sobre a narrativa de como os apóstolos construíram a primitiva Igreja cristã. Spurgeon concentrou-se em Atos 1:12-14, relacionado com a história de como os doze apóstolos de Cristo realizaram sua primeira reunião de preces. Eles haviam voltado de uma jornada até a proximidade do Monte das Oliveiras, perto da Cidade Velha de Jerusalém, e se dirigiram a uma sala no andar de cima (alguns historiadores da religião acreditam que essa sala seria o Cenáculo do Monte Sião, em Jerusalém, local da Última Ceia), onde todos se puseram a rezar.

Muitos eruditos bíblicos concluíram que o Novo Testamento foi escrito em grego helênico, e, segundo Spurgeon, São Lucas, médico helênico e reputado autor de Atos que pode ter estado presente durante alguns dos eventos, escolheu a palavra grega *homothumadon* para descrever seu método de prece em grupo.

Homothumadon é mencionada doze vezes na Bíblia, especialmente em Atos, sempre para descrever a natureza da prece dos apóstolos. A versão autorizada da Bíblia do rei Jaime traduz *homothumadon* com a locução anêmica "com um acorde", mas Spurgeon afirma que *homothumadon*, um advérbio, na verdade é uma expressão musical que significa "golpear as mesmas notas juntas". Em outro lugar, foi traduzido como "com uma mente e com uma paixão", e Spurgeon entende que os apóstolos oravam "unanime, harmoniosa e continuamente".

Esta última definição também não traduz a profundidade do original, conforme descobri ao pesquisar a definição de *homothumadon*. A própria palavra grega é composta por duas palavras: *homou*, cuja tradução literal é "em uníssono" ou "juntos no mesmo lugar ao mesmo tempo", e *thumous*, que significa "explosão de paixão", ou mesmo "correr junto", e muitas vezes destina-se a transmitir intensidade de algum tipo: "ficar aquecido, respirar violentamente", ou até ira. Combinadas, as duas palavras evocam a imagem musical, digamos, de uma sinfonia de Beethoven, com notas que correm apaixonadamente juntas de maneiras diferentes, mas que se combinam em tom e timbre para uma harmonia perfeita, caminhando para um final culminante. A palavra enfatiza que os apóstolos deviam rezar como uma unidade apaixonada, com uma só voz. "Eis um segredo negligenciado dos primórdios da igreja", comenta Spurgeon. "Lucas enfatiza várias vezes que aquilo que faziam, faziam juntos. Todos eles. Unidos e unânimes."

Segundo Spurgeon, Jesus considerava a oração um ato comunitário. Ele queria que seus apóstolos rezassem juntos, com os mesmos pensamentos e palavras — como uma intenção afirmada em conjunto —, e muitos outros estudiosos da história bíblica concordaram com ele. Albert Barnes (1798-1870), pastor presbiteriano norte-americano e estudioso da Bíblia do século 19, disse que *homothumadon* enfatiza que os apóstolos operavam "com uma mente. A palavra denota toda a harmonia de suas visões e sentimentos. Não havia desacordos, não havia interesses divididos, não havia propósitos discordantes".

Rezar dessa maneira pode até ter aproximado mais os apóstolos, dando um senso de indivisibilidade a eles; na vida e em suas preces, os apóstolos estavam "ligados por um vínculo mais forte do que a morte", segundo Robert Jamieson (1802-1880), Andrew Robert Fausset (1821--1910) e David Brown (1803-1897), autores de uma versão comentada da Bíblia publicada no fim do século 19. Jesus pode ter sugerido isso, sabendo que os apóstolos estavam prestes a enfrentar uma enorme luta, algo que equivaleria essencialmente a uma revolução religiosa. Matthew Poole (1624-1679), teólogo não conformista inglês, acreditava que o uso da palavra *homothumadon* assinala seu sólido senso de unidade diante das dificuldades, levando a uma "grande determinação, apesar de toda a oposição e contradição com que se depararam", que, sem dúvida, enfrentaram quando formaram a igreja.

Muitos estudiosos da igreja estão convencidos de que Jesus usou especificamente esse tipo de prece em um grupo pequeno como modelo para ajudar os apóstolos a mostrarem aos membros da igreja incipiente qual seria a nova maneira preferível de rezar, e como um sinal de fraternidade cristã. O clérigo britânico, decano de Canterbury e arquidiácono de Westminster Frederic William Farrar sugere que Jesus ensinou-os a orar dessa maneira com a intenção de afastá-los da "mera súplica individual": "Fazia muito, os discípulos tinham feito o pedido, 'Senhor, ensina-nos a orar' (Lucas 11:1), e durante os três anos de associação com Jesus, a forma dada a eles como exemplo pode muito bem ter se desenvolvido e atingido as proporções adequadas para o culto geral".

Isso sugeriria que o plano era que os primeiros membros da igreja rezassem em grupo, com uma só mente e coração. Mais recentemente, Peter Pett, ministro batista aposentado e professor universitário, afirmou que essa técnica de prece como unidade apaixonada deveria ser usada por toda a congregação da igreja.

"A unidade total da igreja inicial é enfatizada. Discípulos e discípulas compartilham uma igualdade que não era conhecida habitualmente fora dos círculos cristãos. Eles rezam como um só. Provavelmente, a maior parte da prece em si acontecia sobretudo no Templo onde se reuniam diariamente com outros discípulos de Jesus" (Lucas 24:53).

O ministro presbiteriano e ex-capelão do Senado norte-americano Lloyd John Ogilvie (1930-2019) acreditava que o novo "movimento" cristão deveria fazer uso de um novo tipo de prece comunitária. "Em sua meta inicial para formar a igreja, eles se dedicaram a rezar juntos. Mais que a proximidade física, visavam a unidade espiritual." A prece, escreve Ogilvie, deve ser feita em relacionamento:

> Se queremos o poder do Espírito Santo como indivíduos, precisamos fazer um inventário dos relacionamentos: Todos estão perdoados? Há restituições a se fazer? Alguma necessidade de transmitir a cura para alguém? Como congregações, não podemos ser capacitados até que tenhamos uma só mente e um só coração, até nos amarmos como Cristo nos amou, e até consertarmos todos os relacionamentos rompidos.

Alguns estudiosos afirmam que os Evangelhos e os Atos da Bíblia foram escritos originalmente em aramaico, a língua materna de Jesus. Se for assim, uma palavra que aparece é *kahda*, advérbio que significa tanto "junto" quanto "ao mesmo tempo".

Pequenos círculos de oração foram uma parte essencial da formação inicial da Igreja cristã. Na verdade, pequenos círculos de intenção podem ter sido empregados, se não inventados, por Jesus Cristo.

Muitas das referências na Bíblia sobre os apóstolos serem "concordes" mencionam um ato de cura coletiva. Em Lucas (9:1), Jesus dá a seus apóstolos "poder e autoridade... para curarem enfermidades" e enviou-os em sua primeira viagem missionária juntos, de aldeia em aldeia da Galileia, para "pregar o reino de Deus, e para curar os enfermos", e São Mateus também comentou que, quando enviava os apóstolos para as "ovelhas perdidas da Casa de Israel", eles deviam "curar os enfermos". Em Atos, uma "multidão da cidade" viajou para Jerusalém "transportando enfermos", e "cada um deles era curado". Em seu comentário, Adam Clarke (1782-1832), estudioso bíblico e metodista britânico, também falou do *homothumadon*: "Quando uma assembleia do povo de Deus se encontra no mesmo espírito, podem esperar todas as bênçãos de que necessitam".

Pensei nas palavras de Clarke, que certa vez escreveu isto sobre o *homothumadon*:

> Esta palavra é muito expressiva: significa que todas as suas mentes, afeições, desejos e vontades estavam concentrados num só objeto, tendo cada homem a mesma finalidade em

vista; e, tendo um só desejo, tinham uma prece a Deus, e todos os corações a pronunciavam. Não havia ninguém desinteressado, ninguém despreocupado, ninguém morno; todos estavam empenhados; e o Espírito de Deus desceu e encontrou sua fé e oração unidas.

Quando seus pensamentos estavam focados e concentrados e em comunidade.

Pode ser que o *homothumadon* seja o estado mental necessário para um círculo de intenção de cura realizado como prática em Igrejas cristãs, sem a compreensão plena de seu poder especial. Tudo isso sugere que Jesus compreendeu o poder da prece coletiva e estava passando essa ideia para seus discípulos. Ou talvez, como acredito, estava apenas tentando dizer que Deus está dentro de cada um de nós, mas esse poder é amplificado em um grupo.

Consultei a palavra do grego bíblico *ekklésia*, que aparece na Bíblia cerca de 115 vezes, mas que parece ter sido mal traduzida na versão do rei Jaime como "igreja". Uma tradução mais próxima seria uma "assembleia ou congregação convocada de pessoas que se reúnem com um propósito específico — um grupo com um propósito unificado, unido em um só corpo". Nesses primeiros tempos, igreja não significava a edificação em si e nem mesmo uma ampla organização, mas uma pequena assembleia, como os apóstolos, "convocados" a se reunir e a orar como unidade apaixonada.

A ideia original de "igreja" para Jesus pode ter sido algo parecido com o Poder dos Doze. Comecem com os doze, aprendam a rezar juntos e depois divulguem a palavra. Num dos primeiros capítulos de Atos, os doze apóstolos, depois de suas próprias orações juntos, rezam com um grupo de 120 que inclui a mãe de Jesus, Maria, e seus irmãos, reunindo aqueles que se juntavam lentamente e ensinando-os a fazerem o mesmo.

Na verdade, nesse mesmo capítulo de Atos (1:15–26), a primeira atividade dos apóstolos após a Ressurreição foi encontrar um substituto para Judas. Costuma-se supor que Jesus escolheu doze apóstolos para representar as doze tribos de Israel, mas pode ter havido uma razão adicional para manter o grupo com doze membros, mesmo que o mais novo não tivesse testemunhado os ensinamentos de Jesus.

O número dos doze apóstolos pode ter sido tão importante quanto a própria prece.

Essa "assembleia convocada" encaixa-se perfeitamente na minha definição de um círculo de cura. Na verdade, *homothumadon* e *ekklésia* são metáforas perfeitas, como percebi, para um grupo de Poder dos Oito: um punhado de indivíduos rezando apaixonadamente juntos como uma única entidade, tendo o mesmo pensamento de cura no mesmo momento. Quando as pessoas estão envolvidas numa atividade apaixonada como um círculo de cura, transmutam-se de uma voz solitária em uma sinfonia estrondosa.

CAPÍTULO 6

O EXPERIMENTO DA INTENÇÃO DE PAZ

No verão de 2008, eu estava cansada de lidar com sementes, folhas e passinhos de bebê em meus experimentos globais, pronta para dar um salto gigantesco. Se um pequeno grupo, orando em conjunto numa voz unificada, entusiasmado e singular, criou algum tipo de entidade virtuosa, quão distantes estaríamos de levar essa força de cura para uma escala maior? Fui inspirada por minha amiga Barbara Fields, diretora da Association for Global New Thought, que havia criado o Peace Project, incentivando a formação de grupos pacifistas em diversas cidades, e também com planos para assinalar o Dia Internacional da Paz em setembro de 2008. Liguei para Gary Schwartz e disse que já era hora de testarmos se essa mente coletiva que estávamos medindo nos experimentos globais teria o poder de curar algum problema grave do mundo real. Vamos fazer alguma coisa grande, eu disse. Vamos ver se conseguimos reduzir a violência e restaurar a paz numa zona de guerra. Afinal, o pessoal da

Meditação Transcendental já realizou mais de quinhentos estudos examinando se grupos de meditadores podem ter algum efeito na redução dos conflitos, produzindo alguns resultados intrigantes.

"Se você está tentando afetar alguma coisa dessa magnitude, não dá para mandar uma única intenção de dez minutos e esperar que ela funcione", disse Gary. Então, como deveríamos proceder? Como todo bom cientista, o impulso de Gary sempre é começar replicando qualquer estudo que tenha funcionado antes nessa área. "Você deveria se basear no trabalho da organização de MT", disse ele. Um estudo com 24 cidades demonstrou que, quando 1% da população meditava regularmente, a taxa de criminalidade caía quase 25%. Quando a organização da MT estendeu o estudo para outras 48 cidades, obtiveram resultados similares. Eles também puderam demonstrar que, quando uma massa crítica de praticantes avançados de MT focou sua meditação em Washington, DC, em 1993, durante um surto de crimes violentos, a taxa de criminalidade se reduziu.

A organização chegou até a tentar diminuir o conflito no Oriente Médio em 1983, e descobriu que quanto maior o número de pessoas meditando sobre o conflito entre árabes e israelenses na Palestina, menor o número de fatalidades e da violência em geral, tanto em Israel quanto em seu país vizinho, o Líbano.

Ao longo dos anos, a organização lidou com rumores de manipulação dos dados, mas sua pesquisa parece ter sido bem feita e bem controlada, levando em consideração muitos fatores, desde clima e estação do ano até esforços jurídicos. Poderíamos aprender muito com eles. Todos os estudos tinham sido publicados em periódicos com revisão por pares e por isso foram submetidos a estudos científicos independentes. Naturalmente, porém, a maior parte do trabalho tratou do efeito de uma atividade coletiva passiva, como a meditação, que apenas almeja a paz do indivíduo. Eu quis levar isso um passo adiante para ver o que aconteceria se um grande grupo de indivíduos estivesse deliberadamente disposto a diminuir o número de mortos e de feridos.

Por acaso, Gary estava familiarizado com o protocolo do estudo usado pela organização de MT, que, segundo acreditava, daria a nosso Experimento da Intenção de Paz um esboço de modelo inicial. Alguns estudos haviam examinado o efeito da raiz quadrada de 1% da população mundial, que, segundo a ideia do grupo de MT, seria a menor massa crítica necessária para realizar mudanças, o que representava 7 mil meditadores localizados no mesmo lugar e praticando meditações diárias durante certo tempo, tal como havíamos feito em nossos experimentos iniciais. Fazia sentido continuarmos com a janela de intenção de dez minutos já estabelecida anteriormente. "Os estudos da MT duraram oito dias, no mínimo", segundo me disse. "Você deveria fazer o mesmo."

Antes de falar com Gary, eu tinha escrito para um contato da organização de MT que esteve envolvido em muitos de seus estudos, para pedir conselhos informais como amiga. "O primeiro desafio nesse tipo de pesquisa é encontrar fontes de dados", ele me respondeu no começo de julho. "É difícil encontrar dados diários confiáveis com números passíveis de interpretação. A maioria das estatísticas governamentais contém números mensais, na melhor hipótese, e bem desatualizados", disse. "Mas há algumas pessoas fazendo análises do conteúdo dos conflitos, e talvez você consiga obter acesso a seus bancos de dados." Ele me deu os nomes de alguns possíveis contatos.

Nessa época, eu tinha montado uma equipe dos sonhos informal com "anciões sábios", como os chamei: Gary Schwartz; Jessica Utts, professora de estatística da Universidade da Califórnia em Irvine; dr. Roger Nelson, antes na Universidade de Princeton e agora diretor do Global Consciousness Project; e, de Princeton, Robert Jahn e Brenda Dunne, do projeto PEAR (Princeton Engineering Anomalies Research Scientific).

Para mostrar se um efeito é maior ou menor do que o previsto, os estatísticos costumam usar um gráfico de análise de tendências, uma técnica da estatística que procura mostrar um padrão de comportamento subjacente ou um desvio desse padrão dentro de um período específico. Jessica Utts, especialista na análise estatística de pesquisas da consciência, planejou criar um modelo de previsão dos prováveis níveis médios de violência que poderíamos esperar nos meses seguintes à nossa intenção, caso os conflitos continuassem tal como haviam se mostrado nos dois anos anteriores. Se víssemos uma grande diferença, teríamos uma indicação convincente de que nossa intenção tinha tido um efeito.

Decidimos realizar o estudo de domingo a domingo, começando em 14 de setembro e culminando em 21 de setembro, Dia Internacional da Paz. Como esse era um experimento-piloto, nosso primeiro pensamento foi manter propositalmente baixo o número de participantes para impedir que o site travasse outra vez, mas as coisas estavam se encaixando bem e senti-me confiante de poder encontrar um alvo com facilidade. Por isso, resolvi provocar o destino e estimulei minha própria comunidade do Experimento da Intenção anunciando o evento em julho.

Para realizar essa atividade como um experimento legítimo e não apenas um exercício de boa vontade, é necessário encontrar algo quase impossível numa guerra: um meio muito preciso de registrar as vítimas. Isso eliminava imediatamente áreas da África e do Oriente Médio — na verdade, a maioria das áreas de conflito do planeta. Eu também precisava de um alvo razoavelmente obscuro — alguma coisa pela qual nenhum outro ocidental estivesse rezando —, de modo que qualquer mudança teria de se dever a nossas intenções e não a um monte de outras possibilidades.

Aquilo com que estávamos lidando era tão sutil que tínhamos de controlar qualquer situação inusitada, inclusive a possibilidade de termos a "contaminação" da intenção de pessoas que já estivessem rezando por nosso alvo antes de começarmos, o que nos impossibilitaria de afirmar que quaisquer mudanças no alvo se deviam apenas à influência mental dos participantes do experimento. Afinal, o primeiro experimento de Konstantin tinha exibido certa quantidade de "contaminação" mental quando os participantes conseguiram entrar no site com antecedência.

Jessica Utts quis utilizar dados reunindo mais do que alguns anos de violência semanal, começando dois anos antes de nosso experimento e indo até alguns meses depois, a fim de ter uma longa cauda estatística para comparação. Isso significava que estávamos procurando uma guerra na qual alguém estava contando cuidadosamente os corpos, fazia isso havia anos e estava disposto a me revelar os números reais.

Durante o verão, telefonei e mandei e-mails para todas as organizações de paz do mundo que me foram sugeridas. Telefonei para o Departamento de Pesquisa sobre Paz e Conflitos da Universidade de Uppsala, na Suécia. Falei com o Instituto da Paz dos Estados Unidos, em Washington. Procurei centros de gerenciamento de paz e conflitos de três universidades. Cada departamento tinha boas ideias, mas pouco acesso a dados. Alguém me sugeriu Joshua Goldstein, que acompanhou vítimas da guerra em Israel durante um mês em 2002, e um professor de Harvard chamado Doug Bond, que havia montado um sistema dedicado a coletar estatísticas de vítimas nas duas guerras em que os Estados Unidos participaram no Oriente Médio, mas não consegui me conectar com nenhum dos dois. Jason Campbell, da Brookings Institution, organização pública sem fins lucrativos sediada em Washington, DC, era uma excelente fonte de dados publicados sobre vítimas no Iraque, mas seus relatórios apresentavam apenas valores mensais e eu precisava de números diários ou semanais.

Naquele momento, o site do Worldwide Incidents Tracking System [Sistema de Rastreamento de Incidentes Mundiais], que acompanhava cada morte relacionada ao terrorismo no mundo, só oferecia informações até março de 2008. Teríamos de esperar cerca de oito meses após nosso evento para descobrir se tínhamos causado algum impacto. Quando resolvi telefonar para a organização para saber se poderia obter dados mais recentes, o site não tinha telefone, nem outras informações de contato — e tampouco informações online. Telefonei para todo o Departamento de Estado de Washington, DC, e ninguém parecia ter ouvido falar da organização. Fui passada de departamento em departamento até que finalmente entrei em contato com o National Counterterrorism Center do governo dos Estados Unidos, uma unidade "do tipo Jack Bauer"* dentro do Departamento de Estado. A pessoa do outro lado do telefone pareceu espantada por eu ter conseguido chegar até ela e se recusou a se identificar, mas ainda assim mostrou-se extremamente interessada no que eu estava planejando fazer com a informação sobre vítimas das guerras do Iraque e do Afeganistão ao longo de dois anos, e no fato de eu estar tão curiosa sobre atividades terroristas específicas. Depois de alguns minutos, ela se recusou a falar qualquer coisa comigo, exceto exigir mais informações a meu respeito e o meu número da Seguridade Social.

O site Iraq Body Count [Contagem de corpos no Iraque], que publica uma contagem diária razoavelmente atualizada de vítimas devidas à Guerra do Iraque (2003-2011), era administrado por voluntários com as mãos ocupadas, como me escreveram, "simplesmente documentando a carnificina diária no Iraque".

Eu estava começando a ficar desesperada. Nessa altura, estávamos no final de agosto, a dezenove dias do experimento, e eu ainda não tinha um alvo plausível, situação

* Referência à série de ação norte-americana *24 Horas*, conduzida pelo personagem que trabalha numa agência de contraterrorismo dos Estados Unidos. [N. E.]

particularmente enervante, pois eu já tinha 6 mil pessoas inscritas para participar. Naquele ponto, eu ainda não havia divulgado o evento de forma significativa porque não tinha certeza se o site funcionaria caso eu o sobrecarregasse e planejava manter o número de participantes abaixo de 20 mil, mas a notícia do projeto já havia viralizado. Diversas organizações de peso — Gaiam, H2Om, Association for Global New Thought, o pessoal por trás do filme *Quem somos nós?* e seu site oficial, a organização Oneness, a Brahma Kumaris, Intent.com — divulgaram o experimento para seus grupos, e centenas estavam se inscrevendo diariamente para participar. Como eu pude achar que seria fácil encontrar essa guerra perfeita e bem registrada?

Um de meus correspondentes sugeriu que limitássemos nossa pesquisa a partes do Sri Lanka, onde uma sangrenta guerra civil estava sendo travada havia mais de 25 anos. Com um foco tão intenso no terrorismo islâmico e do Oriente Médio, essa parte do mapa-múndi havia sido muito negligenciada pelos Estados Unidos. Poderia ser o alvo virgem perfeito. Eu poderia ter confiança no fato de estarem atraindo pouquíssimas preces ocidentais.

Depois de escrever para outras quatro organizações com sistemas de manutenção de registros, estava quase desistindo do experimento quando meu contato no Programa de Dados de Conflitos de Uppsala sugeriu que eu tentasse entrar em contato com a Foundation for Coexistence (FCE) em Colombo, Sri Lanka, que havia inaugurado um sistema de manutenção de registros, o Banco de Dados de Resposta Rápida, monitorando as vítimas no Sri Lanka durante muitos anos. Como monitoravam continuamente as duas áreas, levantando a cada dia os números de mortes e violências e alimentando todas as informações em primeira mão num banco de dados, seria fácil nos proporcionarem dados com o número de vítimas ao longo de dois anos antes de nosso experimento, com atualizações regulares após a semana do experimento. Segui uma trilha de indicações que me levou da Universidade Brandeis em Boston à Universidade de Manchester no Reino Unido, e finalmente a Madhawa "Mads" Palihapitaya, diretor de desenvolvimento em exercício do Massachusetts Office of Dispute Resolution [Escritório de Resolução de Disputas de Massachusetts] em Boston, representante da FCE nos Estados Unidos, que me direcionou para o antigo presidente da FCE, o renomado ativista e pacifista dr. Kumar Rupesinghe (1943-2022).

Rupesinghe era o Gandhi do Sri Lanka, ex-editor que ajudou a fundar e naquele momento dirigia a FCE, uma organização humanitária que focaliza a paz, a segurança humana e a resolução de conflitos. Sob a direção de Rupesinghe, a FCE produziu um modelo para resolução de disputas e coexistência entre os Tigres de Libertação do Eelam Tamil, mais conhecidos como Tigres Tâmeis ou LTTE, as bem armadas e treinadas forças rebeldes, e os muçulmanos e cingaleses, as duas comunidades majoritárias de religiões diferentes. Ao abordar as reclamações de todas as partes, a FCE ajudou a reduzir a violência na Província Oriental do Sri Lanka, e, como consequência, Rupesinghe estava tentando convencer organizações e governos do mundo todo a desenvolver programas similares para sistemas de alerta precoce, construção de coalizões e compartilhamento de encargos em guerras civis.

Apesar dessas primeiras incursões, em 2008 ainda não havia término à vista para a violência ou para a guerra. Os Tigres Tâmeis tinham surgido em resposta à discriminação das populações majoritárias contra os tâmeis no Sri Lanka, e durante 25 anos fizeram campanha para criar um Estado independente no norte e no leste para a população tâmil. Ao longo desse quarto de século, os Tigres se tornaram uma máquina militar bem engrenada, com diversas primazias em atividades terroristas: a primeira organização a inventar e a fazer uso regular do cinto suicida; a primeira a recrutar crianças à força para atividades terroristas; a primeira a escolher mulheres como bombas suicidas. Na época de nosso Experimento da Intenção de Paz, já haviam cometido trezentos atentados com bombas suicidas, o maior número de todas as organizações terroristas, e os mais audaciosos assassinatos terroristas, inclusive de dois líderes mundiais — o primeiro-ministro indiano Rajiv Gandhi (1944-1991) e o presidente do Sri Lanka, Ranasinghe Premadasa (1924--1993) —, e um atentado fracassado contra a líder Chandrika Kumaratunga, então presidenta do Sri Lanka, que acabou por perder seu olho direito em um atentado. Dez meses antes de nosso experimento, numa tentativa de assassinar um ministro do Sri Lanka, Douglas Devananda, uma mulher, Sujatha Vagawanam, havia detonado uma bomba escondida dentro de seu sutiã, tentativa que se mostrou fracassada mas que foi inteiramente captada pelo celular de alguém e publicada no YouTube.

Ao longo dos anos, as negociações de cessar-fogo foram interrompidas quatro vezes, a última em janeiro de 2008; depois de maio, o governo do Sri Lanka desistiu e decidiu simplesmente exterminar a organização por quaisquer meios necessários. No apogeu de seu poder, os tâmeis controlavam três quartos do território do Sri Lanka; na época de nosso experimento, as forças governamentais haviam recuperado o leste, mas a violência ainda era grande e os tâmeis sufocavam o norte do país, onde mantinham seu reduto, deslocando mais de 200 mil pessoas. Cerca de 340 mil pessoas haviam morrido no decorrer do longo conflito e meio milhão vivia em campos de refugiados naquela época. Em dezembro do ano anterior, tanto o Observatório dos Direitos Humanos quanto a Anistia Internacional imploraram em conjunto ao Conselho de Direitos Humanos da ONU que acabasse com os abusos aos direitos civis de ambos os lados.

Quando descrevi nosso projeto para Rupesinghe, ele ficou encantado em compartilhar seus dados sem custo algum. Na verdade, naquele mesmo mês, a FCE havia começado uma iniciativa chamada Não à Violência com pessoas indo de casa em casa, culminando numa cerimônia à luz de velas que se realizaria no Dia Internacional da Paz — na noite após nosso experimento. "Vamos convidar o país todo a erguer bandeiras nas casas com o símbolo de nossa campanha e depois acender uma lâmpada e orar ou meditar por cinco minutos", escreveu. "À noite, teremos vigílias em massa em todo o país, com velas e lâmpadas." Ele convocou bispos católicos, líderes cristãos, monges budistas, swamis hindus e imãs muçulmanos a fazerem o mesmo e liderarem seus seguidores em preces. "Como vai cair num domingo, os cristãos irão à igreja e vamos lhes pedir para tocar os sinos", disse. "Todas as religiões serão convidadas a tocar seus sinos." Ele solicitou que eu pedisse a nossa rede para seguir seu exemplo e acendesse uma vela na noite daquele último domingo.

Não pude acreditar na sincronicidade de nossas duas campanhas terminarem no mesmo dia. “Isso”, escrevi de volta, “parece inspiração divina”.

CAPÍTULO 7

PENSANDO A PAZ

Agora, eu precisava de outra dose de intervenção divina na forma de um novo site.

O maior desafio restante era descobrir exatamente como esse experimento deveria funcionar na internet. Ning tinha sido uma excelente solução de baixo custo para nossos experimentos menores e nossa primeira tentativa de usar o poder do servidor vinculado, mas eu não tinha confiança na capacidade de nossa configuração atual poder suportar um experimento desse porte. Como antes, planejamos realizar o experimento numa plataforma e não em nosso principal site do Experimento da Intenção, com suficiente energia de rede distribuída para lidar com os números. Meses antes, havíamos sido apresentados a Jim Walsh, proprietário de uma empresa chamada Intentional Chocolate, que se ofereceu generosamente para pagar um servidor com mais capacidade.

Jim tinha em mente um webmaster para criar o site e realizar o evento e lhe enviamos todas as nossas especificações, mas ele escreveu dizendo que, embora tivéssemos um servidor, seu colega não poderia hospedá-lo. Estávamos sem um site e sem webmaster. Não podíamos pagar milhares de dólares pela equipe que havia nos auxiliado nos primeiros experimentos com folhas e sementes.

Nesse momento, estávamos em 4 de setembro — faltavam dez dias. Novamente, vi-me diante da perspectiva de cancelar o evento quando me lembrei de que, num encontro anterior daquele verão, apresentaram-me Sameer Mehta e seus colegas, um grupo de web designers experientes da Copperstrings, um site de mídia que funcionava na Índia e era organizado por Tani Dhamija, um conhecido nosso no Reino Unido. Peguei seu cartão de visitas e conversei com Joy Banerjee e Sameer. Quando expliquei minha posição, eles se ofereceram generosamente para doar tempo da empresa para montar o experimento e rodá-lo na plataforma da Copperstrings, grande o suficiente para lidar com milhares de visitantes. Eu não pude acreditar. Desta vez, o experimento não iria nos custar nada.

Sameer e sua equipe criaram um site e uma página de inscrição separados, mas com uma grande mudança: sua equipe criaria páginas que seriam atualizadas automaticamente durante os diversos estágios do experimento a fim de minimizar problemas em computadores individuais e aumentar a chance de ter o maior número possível de participantes. E ninguém entraria antes da hora, como havia acontecido com o primeiro experimento de Konstantin com a água.

Quando finalmente chegou o dia 14 de setembro, um técnico da Copperstrings ficou de sobreaviso para ajudar qualquer um que estivesse tendo dificuldade para acessar a página inicial do site. Nossa trilha sonora de *Reiki Chants* fora programada para tocar durante os dez minutos do experimento. A maioria das pessoas — inclusive eu — conseguiu acessar a página. Fiquei radiante ao ver as páginas virando no momento certo, primeiro para revelar o alvo, que incluía um mapa mostrando o Sri Lanka, que "sofre um dos conflitos mais mortais em curso na Terra", dizia.

Cinco minutos depois, a página tornou a virar e agora via-se nossa página de intenção, mostrando a foto de três meninos, um tâmil, um muçulmano e um sique, com cerca de 10 anos de idade, de braços dados, ao lado da imagem de uma bela cachoeira — o símbolo perfeito da paz restaurada.

Pedimos a nossos participantes para manterem a seguinte intenção: "que a paz e a cooperação sejam restauradas na região Wanni do Sri Lanka e que toda violência relacionada com a guerra seja reduzida em 10%, no mínimo". Quantifiquei nosso pedido principalmente por causa de nosso Experimento de Germinação, que mostrou que quanto mais específicos fôssemos, maior a chance de sucesso.

Tudo parecia funcionar perfeitamente, mas depois do primeiro dia do experimento descobri que alguns milhares de pessoas tinham tido problemas para fazer login em virtude do tamanho do público que tentou acessar o site. Mais de 15 mil pessoas tinham se inscrito, e no final participaram 11.468. Muitos milhares mais que não conseguiram entrar nos sites participaram depois de receber a URL da equipe técnica da Copperstrings.

Tivemos participantes de mais de 65 países e de todos os continentes exceto a Antártica, com os maiores números nos Estados Unidos, Canadá, Reino Unido, Holanda, África do Sul, Alemanha, Austrália, Bélgica, Espanha e México, mas também tivemos mentalizadores de lugares como Trinidad, Mongólia e Nepal, Guadalupe, Indonésia, Mali, República Dominicana e Equador. Tivemos quase o dobro da raiz quadrada de 1% da população mundial. Como o servidor Apache, mais uma vez, teve mais pedidos do que capacidade, pedimos à equipe do servidor da Media Temple para aumentar a capacidade para as sessões seguintes, particularmente para o fim de semana final.

O primeiro feedback sobre o efeito de nossos esforços foi alarmante. Na semana seguinte, li alguns relatórios preliminares dos noticiários e os primeiros números do associado da FCE, Hemantha Bandara, sobre o número de vítimas na semana de nosso experimento, que sugeriu que a violência havia *aumentado* muito durante a semana da intenção — na verdade, fora a maior dentro da janela de dois anos que estávamos estudando. Os níveis de violência no norte aumentaram drasticamente bem no começo de nossos oito dias de intenções. O norte sofreu um surto repentino de ataques e mortes, causados principalmente pelo governo do Sri Lanka, representados por ataques por terra, mar e ar para desalojar os Tigres Tâmeis de seus últimos redutos no norte da ilha. A marinha do Sri Lanka afundou dois barcos dos Tigres Tâmeis durante uma batalha naval que irrompeu na costa nordeste, e matou 25 membros da unidade dos Tigres Marinhos da LTTE numa batalha de três horas na costa noroeste. Além disso, 48 rebeldes foram mortos em ofensivas do exército a cerca de vinte quilômetros do quartel-general dos rebeldes no norte, e a força aérea alvejou o esconderijo dos líderes mais importantes da LTTE. O governo também levou o combate para o reduto rebelde no distrito de Kilinochchi, matando dezenove rebeldes e três soldados. Os rebeldes tâmeis, por sua vez, repeliram um avanço do exército na região de Wanni, ao norte, após combates que duraram quatro horas, tirando a vida de 25 soldados.

Com todo esse aumento da atividade governamental, o número de mortos e feridos subiu repentinamente, com 461 assassinatos e 312 pessoas sofrendo ferimentos graves durante os oito dias do experimento, em comparação com 142 mortos e 38 feridos da semana anterior.

O governo anunciou que se recusava a negociar ou oferecer um cessar-fogo enquanto a LTTE não entregasse suas armas: estava decidido a repelir finalmente a LTTE em seu último reduto. Agências de auxílio começaram a deixar o distrito de Wanni porque sua segurança não podia ser garantida. Os novos bombardeios forçaram mais de 113 mil pessoas a saírem de suas casas. A ONU começou a pedir que os dois lados parassem de matar civis. Tudo me pareceu mais do que mera coincidência.

Oh, meu Deus, pensei. Será que nós *fizemos isso?*

Mas logo após o experimento, tanto o número de mortos quanto o de feridos caíram drasticamente, segundo os números semanais que a FCE nos mandou. A taxa de mortalidade caiu 74% e a de feridos, 48%. No curto prazo, quando comparada com os treze dias imediatamente anteriores ao experimento, a taxa de mortos pós-intenção não foi significativamente menor. O número médio de mortos caiu basicamente para os valores das duas semanas anteriores ao período da intenção. Contudo, os níveis de feridos mantiveram-se 43% inferiores ao que eram nos meses anteriores ao início do experimento.

Esse foi apenas o retrato imediato. Para que nossos dados tivessem algum significado, precisávamos de uma visão mais longa, tanto para a frente quanto para trás. A comparação entre nossos dados e aquilo que aconteceu dois anos antes e um ou dois meses depois nos mostraria se houve uma mudança significativa no longo prazo, para ver se a tendência de queda continuou ou se isso era tudo o que conseguiríamos. Também quisemos determinar se a intenção durou ou se afetou apenas os níveis de violência no período imediato após o envio da intenção. Será que afetaria o resultado da guerra no distrito de Wanni? A única maneira de descobrir isso era relaxar e aguardar algumas semanas pelo desenrolar dos eventos, enquanto enviava a Jessica Utts as estatísticas semanais de Hemantha, além das atualizações semanais entre agosto de 2006 e 2008 para as províncias leste e norte.

Com as estatísticas da FCE entre agosto de 2006 e o início do experimento, Jessica pôde criar um modelo de previsão dos prováveis níveis médios de violência que poderíamos esperar nos meses após nossa intenção, caso os combates tivessem prosseguido normalmente. Depois, usamos os dados das semanas seguintes ao experimento para comparar o modelo do que *deveria* acontecer com aquilo que *realmente* aconteceu naquele mês. Ela criou uma análise preliminar de séries temporais até a semana que terminou em 14 de setembro, usando um modelo de Média

Móvel Integrada Autoregressiva (ARIMA, da expressão em inglês Autoregressive Integrated Moving Average), que ajuda a compreender melhor os dados e a fazer previsões de eventos futuros, especialmente com dados como os nossos, que não ficam estáticos, mas flutuam com muitos valores discrepantes.

No final de novembro, Jessica apresentou uma análise de tendência quadrática, um modelo mais complexo que proporciona uma boa explicação estatística para o padrão geral dos dados até a época do experimento e um modelo plausível daquilo que provavelmente aconteceria durante e após nosso experimento. Ele revelou que, de fato, a violência havia atingido níveis bem superiores ao previsto durante a semana de nosso experimento, mas nas semanas após o experimento caiu bem abaixo do que o modelo predisse sobre o que deveria ter ocorrido nesse período. As mortes começaram a aumentar a partir da septuagésima semana do relatório de dois anos, aumentando firmemente quase semana a semana até o valor recorde de nosso experimento, caindo uma semana depois a níveis que não eram vistos desde antes da intensificação dos combates.

Naturalmente, tudo isso poderia ter sido coincidência. Tivemos de levar em conta que o aumento da violência aconteceu durante a semana de nosso experimento por acaso, e que a redução da violência foi simplesmente a calma que costuma resultar após uma batalha. Afinal, o exército do governo do Sri Lanka havia aumentado em cerca de 70% naquele ano, além de aumentar suas forças navais.

Nos meses que se seguiram, os eventos se desenrolaram de maneira ainda mais extraordinária. Sob a perspectiva desses dois anos e pouco, os eventos durante aquela semana de setembro foram um momento de inflexão em todo o conflito de 25 anos. Durante aquela semana, o exército do Sri Lanka venceu uma série de batalhas estrategicamente importantes, permitindo que mudassem todo o curso da guerra. Depois de nossa semana de setembro, o exército conseguiu levar os combates até o território dos próprios Tigres. Os combates se transformaram em luta corpo a corpo quando o exército lançou sua ofensiva implacável no norte.

No dia 2 de janeiro de 2009, o exército finalmente expulsou os guerrilheiros separatistas de sua cidade, Kilinochchi. Uma semana depois, o exército reconquistou a estratégica Passagem do Elefante e a cidade de Mullaitivu, abrindo o acesso a todo o norte da península de Jaffna. Pela primeira vez em nove anos, isso permitiu a conexão entre o principal território do Sri Lanka e a península norte, liberando, assim, todo o distrito de Wanni, que era o alvo de nossa intenção. Os terroristas dos Tigres Tâmeis restantes ficaram encurralados numa pequena área do nordeste da selva do Sri Lanka com cerca de 330 quilômetros quadrados. Após todas as vitórias decisivas em setembro e janeiro, a intratável guerra civil de 25 anos terminou de forma sangrenta em 16 de maio de 2009, nove meses após nosso experimento.

Nós fizemos isso?

Certamente, quando começamos em setembro, os rebeldes ainda mantinham um controle estrito sobre o norte e a guerra não tinha um fim previsível. Embora o exército tivesse feito algumas incursões em agosto, até recentemente, em maio, os comentaristas acreditavam que conversações de paz estavam fora de questão. Quando notou que o maior total semanal de violência e as batalhas mais decisivas de todo o período de 26 meses ocorreram durante nossa semana de intenções, Jessica teve apenas duas palavras a dizer: "Estranho, né?".

Eu quis alguma confirmação independente de que isso foi algo mais do que uma coincidência, e por isso telefonei para Roger Nelson, arquiteto do Projeto de Consciência Global e membro de nossa equipe científica. Antes psicólogo na Universidade de Princeton, o dr. Nelson estava fascinado com a ideia de poder existir uma consciência coletiva, para a qual podiam ser captadas evidências em máquinas REG, atual equivalente eletrônico de um jogador contínuo de moedas desenvolvido pela equipe PEAR, com resultados aleatórios que costumam produzir caras e coroas aproximadamente em 50% do tempo. Em 1998, Roger havia organizado um programa centralizado de computador para que REGs localizados em cinquenta lugares espalhados pelo planeta e funcionando continuamente pudessem despejar seu fluxo contínuo de bits aleatórios de dados num vasto núcleo central por meio da internet. Desde 1997, ele vinha comparando seus resultados com eventos de grande impacto emocional global. Métodos padronizados de análise estatística revelam qualquer demonstração de "ordem" — um momento no qual o resultado da máquina exibe menos aleatoriedade do que o normal — e se o momento em que isso foi gerado correspondia a algum evento mundial importante.

Ao longo de décadas, Roger comparou as atividades de suas máquinas com centenas de eventos importantes do noticiário: a morte de Diana, princesa de Gales; as comemorações do milênio; as mortes de John F. Kennedy, Jr. e sua esposa, Carolyn; a tentativa de impeachment de

Clinton; a tragédia das Torres Gêmeas em 11 de setembro; as eleições dos presidentes George W. Bush, Barack Obama e Donald Trump; a invasão do Iraque e a deposição do regime de Saddam Hussein. Emoções fortes, positivas ou negativas — mesmo diante de decisões presidenciais — pareciam produzir algum tipo de distanciamento da aleatoriedade.

Pedi a Roger para analisar o que havia acontecido com as máquinas REG durante nosso experimento.

Diversas análises revelaram que as máquinas foram afetadas dentro da janela de vinte minutos de meditações durante os oito dias de nosso Experimento da Intenção de Paz, e que essas mudanças eram similares àquelas que ocorriam durante momentos de meditação em massa em determinadas áreas na tentativa de reduzir a violência. Mas as mudanças foram mais notáveis durante os dez minutos de nosso experimento em si, no momento exato em que estávamos enviando a intenção.

O resultado do Experimento da Intenção de Paz foi convincente, mas não pôde ser considerado definitivo. Como qualquer cientista diria, um resultado como esse não prova muita coisa. Havia muitas variáveis: a ofensiva do governo do Sri Lanka, o curso natural do conflito, o aumento e depois a queda da violência. Mesmo assim, não há dúvida de que a semana de setembro na qual o Experimento da Intenção foi realizado foi, possivelmente, a mais crucial de todas durante os 25 anos do conflito. O governo ganhou força vital em seu progresso, o que lhes permitiu mudar todo o curso da guerra.

Nós fizemos isso?

Resposta curta: Quem sabe?

Seria necessário repetirmos o experimento algumas vezes a fim de mostrar que nossas intenções haviam afetado a guerra de maneira definitiva.

Mas eu tinha feito uma descoberta importante. Pela primeira vez, resolvi fazer uma pesquisa com todos os participantes em meados de outubro para saber o que acharam do experimento e principalmente para ver quão bem o site Copperstrings havia se saído, e se nossos participantes tiveram acesso a todas as páginas da web.

Outra razão para a pesquisa foi o fato de eu ter ficado intrigada com a experiência de um dos mentalizadores de um experimento anterior. No dia 10 de agosto de 2007, um quiropraxista chamado Tom escrevera a Gary após participar do Experimento da Intenção com a Folha em agosto, na conferência de Los Angeles. Tom disse que viu a aura da folha e viu uma mudança no brilho onde ela tinha sido furada. "Também me vi em um profundo estado alterado de consciência. A sala toda ficou muito escura, e a principal coisa que observei na sala foram as auras das outras pessoas. Consigo ver auras razoavelmente; a intensidade ali é que estava significativamente diferente."

Na época, não dei muita atenção a isso, considerando o caso como pensamento positivo (afinal, o sujeito disse que via auras o tempo todo), mas sua carta gerou uma grande pergunta que ficou no fundo da minha mente durante meses. Além do efeito sobre o alvo, o público também estava sendo afetado?

Quando as respostas começaram a vir de nossos participantes, ficou claro que alguns dos efeitos também os afetavam.

CAPÍTULO 8

O INSTANTE SAGRADO

É como se o meu cérebro estivesse ligado a uma rede maior.

Um dos participantes do experimento escreveu isso em sua resposta à pesquisa. E milhares deles descreveram fenômenos similares. Não eram relatos entusiásticos de participantes satisfeitos. Eram descrições de nada menos do que um estado de êxtase místico. Para o mundo todo, pareceu que meus participantes haviam entrado num estado de *unio mystica*, o estágio do caminho espiritual onde o *eu* sente uma fusão completa com o Absoluto. É o momento, como escreveu Santa Teresa de Ávila (1515-1582), em que estamos "encasulados no amor divino"; em que, como disse um xamã indígena certa vez, "as coisas costumam parecer arder em chamas"; o momento, como descreveu o místico cabalista Isaac de Acre (1250-1340), no qual seu "jarro d'água" torna-se indistinguível do "poço que transborda". Os sufis e outros místicos islâmicos, os kahuna no Havaí, os maoris, os q'ero dos

Andes, os índios nativos americanos, sábios como G. I. Gurdjieff (1866-1949) e incontáveis outras culturas vêm buscando esse momento, além do tempo e do espaço, no qual todo senso de individualidade desaparece e você existe num estado de união extática. O livro *Um curso em milagres* refere-se a ele como "o instante sagrado". Ele é, em essência, um orgasmo espiritual, e um bom número de meus participantes, sentados sozinhos diante de seu computador, aparentemente o sentiram.

"Eu me senti como se houvesse uma corrente de energia palpável entre meus braços e mãos, parecendo ser dotada de direção, força e massa."

"Todo o meu corpo estava formigando e eu senti arrepios."

"Senti uma corrente forte no meu corpo."

"Tive a impressão de que todos estavam conectados com a minha pele."

"Foi como se tivesse um sólido campo magnético de força em torno de mim."

"Eu não quis largar a experiência... foi profundo."

"Isso parou logo depois do experimento."

O que diabos estava acontecendo aqui? Ou eu tinha hipnotizado momentaneamente 15 mil pessoas, ou o ato de uma experiência coletiva os havia mergulhado num estado alterado de consciência. E a parte mais estranha de tudo isso foi que meus participantes haviam entrado nesse estado sem esforço, simplesmente mantendo-se apegados ao poder de um pensamento coletivo. A maioria dos relatos da *unio mystica* descreve experiências que ocorrem individualmente e não em grupos, exceto as cerimônias indígenas ou cultos carismáticos em igrejas, mas não são tão raros quanto se imagina. No final de sua vida, o psicólogo Abraham Maslow (1908-1970) voltou sua atenção para essas "experiências de pico", como as chamou, considerando-as um elemento comum da condição humana e não apenas uma exclusividade do místico. Ele discordou veementemente de relatos históricos dessas experiências como algo sobrenatural. "É muito provável, na verdade quase certo", escreveu, "que esses relatos mais antigos, descritos como revelações sobrenaturais, eram, de fato, perfeitamente naturais".

O parapsicólogo dr. Charles Tart referiu-se a esse estado como "consciência cósmica", expressão criada pelo psiquiatra Richard Maurice Bucke (1837-1902). Tart estudou as características individuais desse estado em muitas culturas e, como Maslow, descobriu certos tópicos em comum. O santo, o profeta, o místico, o canalizador, o nativo indígena, todos haviam descrito o momento transcendente de modo similar, com certas características definíveis.

A maioria das experiências místicas inclui um componente profundamente físico — como diz Bucke, um "senso de luz interior", e, no caso dos participantes da Paz, uma sensação palpável de energia. Antes do experimento começar, eu também senti uma energia forte, quase insuportável, emanando do meu computador, como um poderoso campo de força, mas descartei isso como minha própria projeção até ler a pesquisa. Muitos narraram sensações físicas bem intensas: mãos formigando, cabeças doendo, membros doloridos ou pesados, emoções à flor da pele, e uma energia poderosa e infecciosa pareceu emanar do computador. Lori, de Washougal, Washington, teve sensações físicas no peito — “uma abertura”. Teresa, de Albuquerque, descreveu a sensação como se fizesse parte de um surto de força, “como o que imagino que seria ficar presa por um raio trator, como aquele descrito em *Star Trek*”, escreveu. “Eu estava sendo puxada por essa gigantesca onda de energia e também fazia parte da causa da onda.”

Os participantes também relataram visualizações estranhas e muito detalhadas, quase como alucinações, e até outras sensações, como odores:

“Uma brancura luminosa que me chocou até a consciência” (Susan, Wolfe Island, Ontário, Canadá).

“Uma visão da ‘Rede de Indra’ de luz envolvendo o globo, com um feixe saindo dela e se concentrando no Sri Lanka” (Elizabeth, Port Townsend, Washington).

“Soldados de ambos os lados deixando suas armas numa pilha, e depois cultivando suas lavouras em paz” (Marianne, Bournemouth, Reino Unido).

“Um grande grupo de refugiados meditando e comunicando-se com os soldados” (Coril, Pomona, Califórnia).

“A imagem clara de flechas indo de um lado para outro no escuro, e depois uma chuva torrencial de amor centrada no Sri Lanka” (Kathleen, Sonoita, Arizona).

“Um leve cheiro de açaí, madressilva ou baunilha. Não temos flores aromáticas no nosso quintal nem nos dos vizinhos” (Lisa, Las Vegas).

A maioria de meus participantes chorou durante todos os experimentos, não como eu havia suposto inicialmente, por causa de compaixão ou identificação com os habitantes do Sri Lanka, mas por causa do poder da conexão. “No primeiro dia, comecei a soluçar”, escreveu Diana, de Nova

Orleans, "não de tristeza, mas porque foi avassalador me sentir conectada com tanta gente. Foi PODEROSO".

A emoção intensa, disse Verna, de Llanon, Gales, veio do "poder do experimento, durante a Energização. Nunca tinha experimentado algo parecido".

A maioria dos participantes teve a sensação de que não tinha controle sobre essa experiência ou mesmo sobre seus próprios corpos. A energia, a intenção em si e a situação coletiva entraram neles e, essencialmente, dominaram--nos. Eles não estavam mais respirando por conta própria. Apareceram imagens no olho da mente, disseram, que não eram nada que tivessem criado sozinhos. Entraram num "intenso estado alterado", "instalado e pronto para ser acessado", "um canal para um poder espiritual superior", segundo Shyama, da cidade de Nova York. Na verdade, sentiram até que não poderiam voltar, mesmo que quisessem. "Você tinha de ficar ali", disse Lisa de Frisco, Texas.

"Isso meio que veio sobre mim. Preencheu-me e procurou uma saída", escreveu Geertje, de Lierop, Holanda.

"Foi como se eu estivesse no piloto automático", escreveu Lars, de Braedstrup, Dinamarca. "Eu realizei o experimento e ele 'me realizou'."

Enquanto olhava pela janela da Apolo 14 a caminho da Terra, o falecido astronauta Edgar Mitchell (1930-2016), sexta pessoa a caminhar na Lua, teve uma *unio mystica*. Ela começou com uma sensação maciça de conexão, como se todos os planetas e todas as pessoas de todas as épocas estivessem ligados por uma rede invisível. Ele teve a sensação de fazer parte de um imenso campo de força, conectando todas as pessoas, suas intenções e pensamentos, e toda forma animada e inanimada da matéria: tudo que ele fazia ou pensava influenciaria o resto do cosmos, e toda ocorrência no cosmos teria efeito similar nele. Foi uma sensação visceral, como se estivesse se estendendo fisicamente aos confins mais longínquos do Universo.

Segundo Maslow, quando você entra plenamente na experiência de pico, com cada poro do seu ser, abandona sua essência corpórea. Edgar Mitchell havia se movido até um lugar além da noção de aqui e agora, e o mesmo aconteceu com os participantes da Paz: "Como sempre", escreveu um veterano de nossos experimentos após sua conclusão, "o tempo parece ter parado".

Milhares de participantes do Experimento da Intenção de Paz descreveram um senso de unidade similar, palpável, com todas as coisas parecendo um "todo sem emendas", como escreveu certa vez William James (1842-1910). Eles tinham experimentado uma potente sensação de unidade uns com os outros e com os cingaleses — "tão intensa que eu quase pude 'vê-los', e com certeza os senti", escreveu Marianne, de Bournemouth, Reino Unido, e um acúmulo de amor compassivo, "um fluxo de energia da terra e de bem, bem além — universal", escreveu Gerda, de Antuérpia, na Bélgica, até a sensação de ser puxado "para uma onda de luz", escreveu Ramiro, do Texas. Foi a sensação de "ser luz e de me unir a milhares de feixes de luz, tornando-nos uma vasta entidade brilhante", escreveu Filippa, de Mariedfred, Suécia, de "fazer parte de uma mente coletiva", disse Eoin, de Dublin. A maioria relatou que foi tomada por um surto de amor compassivo, uma forte sensação de unidade com os outros participantes, ou uma poderosa sensação de conexão com os cingaleses.

Maslow também detalha outro fenômeno, um senso de conhecimento interno, "a percepção direta da natureza da realidade que é autovalidada", como William James se refere a isso, como se o recebedor tivesse obtido acesso a uma extraordinária chave secreta para o Universo, cujo vislumbre deixa o indivíduo com a sensação de sua perfeição e uma certeza permanente sobre o futuro. Bucke descreveu sua própria experiência mística como uma sensação de que "o Universo é de tal modo construído e organizado que [...] todas as coisas trabalham juntas para o bem de cada um e de todos, que o princípio fundamental do mundo é o que chamamos de amor e que a felicidade de todos é, a longo prazo, absolutamente certa". Geralmente, há a sensação de Deus, mas mais como o "Absoluto" do que como o deus antropomórfico de algumas religiões organizadas, e um sentimento subjetivo de imortalidade ou eternidade.

Em seu *As variedades da experiência religiosa: um estudo sobre a natureza humana*, William James descreveu a experiência de um clérigo cujo episódio místico pareceu um confronto face a face com Deus:

> [...] minha alma se abriu, por assim dizer, para o Infinito, e dois mundos, o interno e o externo, pareceram fundir-se num só [...]. O senso comum das coisas ao meu redor desapareceu. Por um momento, nada permaneceu além de uma alegria e uma exaltação inefáveis. É impossível descrever plenamente a experiência. Foi como o efeito de

> uma grande orquestra, quando todas as notas separadas se fundem numa harmonia transbordante, deixando o ouvinte consciente de nada mais, exceto de que sua alma está sendo levada para cima, quase explodindo com a própria emoção.

Edgar Mitchell experimentou esse momento como uma cegante epifania de significado, a sensação de que não havia nada ao acaso e nenhuma oportunidade de prejudicar aquela perfeição; a inteligência natural do Universo que esteve ativa por bilhões de anos e forjou as próprias moléculas de seu ser também era responsável por sua viagem atual. Tudo era perfeito e ele tinha seu lugar nessa perfeição. Muitos participantes do Experimento da Intenção de Paz tiveram uma sensação similar da perfeição da vida e um vínculo com tudo que existe. Clare, de Salt Point, Nova York, escreveu que foi como uma sensação de "Conexão!!! Com o Universo. Sem conflito. Sem dúvida. Completa na Quietude". Foi, escreveu Geertje, de Lierop, Holanda, uma sensação de certeza, de se sentir "conectada e em casa".

Em última análise, a experiência havia sido indizível, como se a pessoa tivesse atingido uma dimensão diferente no Universo, que não pode ser comparada com nada mais terreno. Foi tão diferente de qualquer outro estado de consciência que haviam experimentado que não tinham linguagem para descrevê-la, nem mesmo por metáforas. Ana, de Cheriton, Virgínia, sentiu uma poderosa elevação da energia, algo que apareceu subitamente à noite sem que estivesse fazendo qualquer coisa para que isso acontecesse. A sala pareceu "carregada" dessa energia edificante. Ela se perguntou depois se teria experimentado isso simplesmente porque havia resolvido participar e a "energia" foi fornecida. "Não foi algo que se pode analisar." Helmie, de Lierop, Noord Brabant, Holanda, sentiu que estava "crescendo e crescendo, ficando grande, algo que não posso descrever".

Stephen, de Northampton, no Reino Unido, vivenciou não só uma poderosa sensação de unidade com os outros participantes, como também uma sensação muito forte de conexão com o objetivo específico do experimento, "MUITO mais do que 'será bom se eu fizer isso' — quase como se eu estivesse, fisicamente, não apenas engajado nesse processo, mas como se eu o possuísse, fizesse parte dele e ele, parte de mim — algo bem profundo, e difícil de se descrever — bem além de estar apenas 'plenamente envolvido'".

No livro *Ecstasy: A Way of Knowing* (Êxtase: uma forma de saber), o sacerdote católico e sociólogo Andrew Greeley (1928-2013) cita as características que definem um estado alterado de consciência elencadas pelo psicólogo Arnold Ludwig, que, segundo Greeley, aplicam-se ao êxtase místico, inclusive alterações no pensamento; noção distorcida do tempo; perda de controle; mudanças na expressão emocional; mudança na imagem corporal; distorções perceptivas, inclusive visualizações e alucinações; mudanças de significado ou importância, particularmente no que se refere ao próprio estado místico, como um momento *eureka!*; um senso do inefável e sensações de rejuvenescimento. A maioria dos participantes da Paz que me responderam experimentaram a maioria, se não cada um, desses estados.

Na visão de Greeley, cada um que passa por esse estado tem a percepção de uma realidade maior.

O efeito sobre os participantes do Experimento da Paz foi algo além do poder da sugestão. Foi como entrar numa dimensão diferente.

CAPÍTULO 9

CÉREBROS MÍSTICOS

Durante os workshops que comecei a realizar regularmente, os grupos do Poder dos Oito estavam vivenciando um estado transcendental idêntico ao dos participantes do grande Experimento da Intenção de Paz quando enviavam uma intenção: a mesma conexão física extraordinária, sentindo a essência da pessoa para quem estávamos enviando energia de cura, os mesmos efeitos físicos sobre os receptores ("senti um formigamento nas minhas mãos e nos pés e um calor por todo o corpo"), as mesmas sensações poderosas com os emissores, experimentando a "sensação palpável e forte da doação de uma bela e pura energia saindo do grupo todo", a mesma sensação de ser algo "maior do que o meu corpo", os mesmos efeitos a longo prazo — "sensações físicas e emocionais ficaram comigo por horas" — a mesma sensação poderosa de "chegar em casa".

Eles falaram de um calor insuportável e de sensações de energia, de estarem em um estado meditativo mais profundo do que nunca, de conexões com os outros membros do grupo mais profundas do que jamais sentiram.

E estavam começando a agir "como uma só mente". Durante as intenções de cura, imaginaram o receptor saudável e bem em todos os sentidos, e muitos registraram a mesma visualização que outros membros do grupo, ou, no mínimo, algo notavelmente similar. Num workshop na Holanda, um grupo estava enviando intenção para curar os problemas nas costas de uma mulher chamada Jan. A maioria dos membros do grupo teve uma visualização idêntica e muito detalhada da coluna da receptora sendo levantada do corpo e infundida com luz.

Num workshop no Kuwait, enquanto enviavam intenção para um membro do grupo com asma e febre do feno, três membros do grupo tiveram uma imagem idêntica do receptor caminhando livremente num parque sem ser afetado pelo pólen. E no Brasil, Fernanda havia participado de um grupo que enviou intenção a alguém com dores no quadril esquerdo. Durante a intenção, Fernanda sentiu uma coceira intensa no mesmo lugar à esquerda de seu próprio quadril, e acordou no meio da noite com dores no mesmo lugar. No dia seguinte, a dor havia desaparecido. Mais tarde, naquela manhã, ela descobriu que o receptor de sua intenção tinha acordado no mesmo momento da noite e que, no dia seguinte, sua própria dor também tinha sumido.

Portanto, talvez os estranhos efeitos físicos e mentais vivenciados por membros dos Experimentos Globais da Intenção e dos grupos de Poder dos Oito estivessem sendo causados por um estado místico. Durante algum tempo, pensei que meus participantes estavam simplesmente descrevendo um estado cerebral coerente devido ao ato de meditação coletiva profunda, mas não tardei a abandonar essa ideia. No caso do Experimento da Paz, ninguém se conectou junto com outros. Cada um dos vários milhares de participantes estava sentado diante de seu monitor de computador, a maioria sozinhos, conectados com os demais apenas por um site da internet.

Eu tinha o quem, o quê, o quando e o onde — os componentes essenciais e fáceis de encontrar da lista de verificação do repórter —, mas não o porquê ou como os participantes experimentaram um estado de consciência tão profundo. Fui consumida pela necessidade de encontrar algum tipo de explicação científica. Estudos feitos durante estados místicos sugerem que, de fato, o cérebro passa por uma extraordinária transformação.

Eugene d'Aquili (1940-1998), da Universidade da Pensilvânia, e seu colega Andrew Newberg, *fellow* do programa de medicina nuclear do hospital da universidade, passaram suas carreiras examinando a neurobiologia do Instante Sagrado. Como escreve Newberg: "Sabemos que práticas contemplativas suaves como meditação da atenção plena prenunciam melhorias no humor, na empatia e na autopercepção da pessoa. Mas a Iluminação é outra coisa, marcada por uma mudança súbita e intensa na consciência". D'Aquili e Newberg realizaram um estudo de dois anos examinando as ondas cerebrais de monges tibetanos e freiras franciscanas em oração usando SPECT (sigla em inglês para tomografia computadorizada por emissão de fóton único), uma ferramenta de imagem do cérebro de alta tecnologia que detecta padrões de fluxo sanguíneo nesse órgão. Newberg descobriu que sentimentos como calma, unidade e transcendência, tais como os que ocorrem durante essas experiências de pico, aparecem como uma diminuição súbita e drástica da atividade nos lobos frontais do cérebro (atrás da testa) e nos lobos parietais, na parte de trás do topo da cabeça.

O propósito do lobo parietal é orientar-nos no espaço físico, permitindo-nos saber que lado fica para cima ou quão estreito é o corredor para podermos percorrê-lo. Essa parte do cérebro também realiza uma função crítica, possivelmente a mais crítica de todas: deduz onde você termina e onde começa o resto do Universo, e faz isso obtendo sinais neurais constantes de todos os sentidos do corpo a fim de distinguir o "não eu" do "eu". Em cada estudo da experiência de pico, Newberg e D'Aquili descobriram que o botão "você/não você" foi bastante virado para baixo. "No momento que experimentaram a sensação de unidade ou perda de si mesmo", escreve Newberg, "observamos uma queda súbita de atividade no lobo parietal". Segundo seus cérebros, seus monges budistas e suas freiras franciscanas estavam tendo dificuldade para localizar a fronteira entre eles mesmos e o resto do mundo. "A pessoa", escreveu Newberg depois, "sente literalmente que seu próprio eu está se dissolvendo".

Em última análise, os meditadores e as freiras em oração experimentaram um "desligamento total" da entrada neural nos lobos parietais direito e esquerdo, levando a uma sensação subjetiva de ausência absoluta de espaço, uma "sensação de espaço infinito e eternidade", e também um senso ilimitado de si mesmo. "Na verdade", escreve Newberg, "não há mais nenhum senso de si mesmo".

Com a redução de atividade nos lobos frontais, lógica e razão também se desligariam, observa Newberg.

"Normalmente, há um diálogo constante entre seus lobos frontais e parietais", escreve, mas se a atividade muda radicalmente em qualquer área, "a consciência cotidiana muda radicalmente".

Na meditação ativa, na qual o objetivo é focalizar intensamente um pensamento ou alvo específico da intenção, Newberg descobriu que o limite entre "eu" e "não eu" fica borrado, mas a área de atenção, de certo modo, assume o comando. Pediu-se também a participantes dos grandes Experimentos da Intenção globais e dos grupos do Poder dos Oito que focalizassem intensamente um alvo específico, e, de certo modo, o alvo pode ter assumido suas mentes.

O lobo parietal esquerdo mostra uma restrição da entrada neural, causando um desfoque do senso de si mesmo, enquanto o lobo parietal direito, que recebe instruções para se concentrar mais intensamente no objeto de atenção, é privado de qualquer entrada neural que não seja esse objeto da intenção. Ele não tem escolha, escreve Newberg, exceto criar uma realidade espacial a partir do objeto de contemplação — em nosso caso, a intenção pela paz —, ampliando-o "até ele ser percebido pela mente como toda a profundidade e largura da realidade", e a pessoa se sente completa e misticamente absorvida pelo objeto de sua intenção. De fato, muitos de nossos participantes registraram essa sensação de união mística com o Sri Lanka.

Newberg é rápido em comentar que essa atividade cerebral reflete um estado de consciência específico — essencialmente uma assinatura dele, não sua causa. Ele se distancia dos materialistas estritos, que alegam que esses estados são totalmente induzidos pelo cérebro, e enfatiza que sua pesquisa científica "apoia a possibilidade de que a mente possa existir sem ego, que a percepção possa existir sem um eu" e que seu trabalho oferece simplesmente "suporte racional" para esses conceitos espirituais e para a espiritualidade mística.

O trabalho de Newberg foi amplificado pela pesquisa de Mario Beauregard, neurocientista do Departamento de Psicologia da Universidade do Arizona, que usou imagem por ressonância magnética funcional (fMRI) para analisar a atividade cerebral em tempo real de um grupo de freiras carmelitas durante intensas experiências espirituais. Os resultados desses experimentos mostraram claramente que foram ativadas regiões diferentes do cérebro, relacionadas com emoção, representação do corpo no espaço, autoconsciência, imagens visuais e motoras e até percepção espiritual, produzindo estados cerebrais totalmente distintos daqueles da consciência comum de vigília. Houve fortes evidências, disse Mario, de pessoas saindo literalmente da mente e entrando num estado alterado de consciência durante uma experiência mística.

Teria o estado alterado sido provocado pela música que coloquei durante todos os grupos e experimentos? Alguns estudos mostram que um ritmo como o do cântico reiki que tocamos pode provocar um estado místico alterando a atividade normal dos lobos temporais. Mas em meus próprios experimentos, um bom percentual dos participantes não conseguiu obter acesso a todos os aspectos do experimento: a música não funcionou, perderam a Energização inicial ou não conseguiram entrar em certas páginas do Experimento da Paz. E, ao que parece, isso não fez diferença em sua experiência. Isso significa que o elemento essencial, a coisa que deve ter ativado tudo, foi a participação num grupo dedicado à ideia de enviar uma prece em uníssono.

Por que o pensamento coletivo induziria um estado de transformação tão extremo?

A prece e a meditação em grupo certamente promoveram a sensação de unidade entre os praticantes, mas não da forma intensa experimentada pelos participantes do Experimento da Paz. Tentei pensar noutras experiências que podem induzir esse tipo de estado alterado extremo, particularmente aquelas nas quais as ondas cerebrais dos participantes tinham sido estudadas.

Uma situação similar pode ser uma experiência da Igreja Pentecostal, na qual os participantes acabam tão enlevados que falam em línguas. O movimento pentecostal, iniciado na década de 1900 e ampliado nas igrejas carismáticas, constitui hoje um quarto de todo o mundo cristão. Os membros da Igreja Pentecostal acreditam que, se recebem o dom de "falar em línguas", possuem dons do Espírito Santo e são capazes de curar os outros e de profetizar o futuro. Os membros da igreja descrevem a experiência como se as palavras fossem produzidas *através deles* e não emanando de fato deles. Geralmente, esse estado é induzido por músicas e cantos num ambiente de grupo, dentro de uma congregação. Acontece que Andrew Newberg havia estudado os estados cerebrais de um pequeno grupo de membros da Igreja Pentecostal antes e depois de entrarem no estado de falar em línguas para ver se seus padrões cerebrais refletiam os monges e freiras que ele havia estudado enquanto estavam numa experiência transcendente.

Tal como em seus estudos anteriores, Newberg descobriu uma queda súbita da atividade do lobo frontal, mas não uma redução da atividade do lobo parietal, e, de fato, seus sujeitos pentecostais descreveram a experiência como se fosse uma conversa com Deus, na qual não perdem a noção de si mesmos, mas preservam a sensação da alteridade de Deus.

Newberg também usou tecnologia SPECT e fMRI para estudar as ondas cerebrais de médiuns e de mestres sufis realizando uma meditação com cânticos e movimentos chamada Dhikr e descobriu uma assinatura cerebral idêntica à de seus monges e freiras: uma desativação da atividade dos lobos frontal e parietal, em particular do lado direito do cérebro. Esse estado cerebral facilitaria o acesso à imaginação criativa, diz Newberg, e a um senso de unidade. E quanto maior a redução na atividade dos lobos frontal e parietal, maior a probabilidade de os participantes experimentarem todos os estágios da iluminação. As maiores mudanças ocorreram nos lobos frontais direitos, a área do cérebro associada a pensamentos negativos e à preocupação, o que pode explicar por que aqueles que experimentam um estado de iluminação costumam descrever uma sensação de felicidade suprema.

Além dessa sensação de unidade, meus participantes também tiveram a forte sensação de terem feito parte de um esforço profundo e significativo. "Senti que eu era importante fazendo uma coisa como essa", escreveu Mónica da Cidade do México. Eles se sentiram esperançosos, uma sensação de "solidariedade humana", um fim a seus sentimentos de isolamento, parte de uma "profunda sensação de Conexão. Posicionamento. Propósito", um "importante projeto global", uma "obrigação" que eles deveriam levar "muito a sério", com uma "profunda sensação de saudade" após o término do experimento. "Senti um senso de propósito maior que o de minha pequena vida", escreveu Barbu, de Greenwich, Connecticut. "Senti-me compelida", escreveu Lynne, médica em Seattle, "a fazer isto".

Em seu livro clássico *Misticismo: estudo sobre a natureza e o desenvolvimento da consciência espiritual do ser humano*, Evelyn Underhill (1875-1941) escreve que o misticismo

> não é individualista. Implica, de fato, a abolição da individualidade, da separação dura, esse "Eu, Mim, Meu" que torna o homem uma coisa isolada. Essencialmente, é um movimento do coração, buscando transcender as limitações do ponto de vista individual e, assim, entregar-se à Realidade última; sem qualquer ganho pessoal, sem satisfazer a curiosidade transcendental, obter alegrias de outro mundo, mas puramente por um instinto de amor.

Talvez a oportunidade de se unir a estranhos naquilo que seria essencialmente a prece dos dias de hoje crie um poderoso estado de completude para os indivíduos, e talvez seja isso que Jesus quis dizer com a ideia da prece *homothumadon*. Afastamo-nos de nosso estado isolado de individualidade e adentramos um vínculo puro com outros humanos — um estado que é familiar quando sentido, mas raramente experimentado nos tempos atuais. Do ponto de vista neurológico, como Newberg o descreve, "Quando a atividade do seu lobo frontal cai súbita e significativamente, a lógica e a razão se desligam. A consciência diária fica suspensa, permitindo que outros centros cerebrais experimentem o mundo de formas intuitivas e criativas". "Decréscimos na atividade do lobo parietal", acrescenta, "também permitem que a pessoa tenha sentimentos intensos de unidade da consciência".

Os resultados do Experimento da Paz tinham sido provocativos mas, em última análise, sem significado, a menos que eu realizasse muitos outros experimentos, o que planejava fazer depois que a poeira deste assentasse e eu pudesse reunir mais recursos. Mas, como comecei a perceber, a questão de saber se havia "funcionado" ou não parecia estar cada vez mais fora de questão. Talvez o sucesso do experimento não tivesse nada a ver com o resultado em si.

A intenção em grupo criou o que só poderia ser descrito como o êxtase da unidade — uma sensação palpável de unicidade. Parecia que um poder cósmico atuou através de nós, proporcionando um sentimento muitas vezes descrito como "voltar para casa". As reações dos participantes sugerem que a experiência da intenção em grupo elimina a separação entre indivíduos, permitindo-lhes experimentar a "consciência de Deus" da conexão pura. Muitos a consideraram profundamente transformadora, a abertura para uma realidade que não sabiam que existia.

Eu podia aceitar que as pessoas ficaram tocadas, até modificadas pela experiência, sentindo-se conectadas às outras pessoas e ao alvo, mas então comecei a ler respostas como estas:

"Tive experiências de cura muito específicas todos os dias."

"Tenho me sentido mais conectado e até mais moderado ultimamente. Mais produtivo e autodeterminado."

Nunca pensei que a experiência poderia ter efeitos residuais. As respostas dos participantes à pesquisa pareciam ser o ponto principal aqui, e isso virou de cabeça para baixo muitas suposições confiantes da Nova Era sobre o poder da intenção — com foco exclusivo no objeto do desejo.

O verdadeiro ponto não teve nada a ver com o resultado do experimento e tudo a ver com o ato de participação. Talvez a prece em grupo permita um vislumbre da totalidade do cosmos, o mais perto que podemos chegar da experiência de algo milagroso. E pode ser que esse estado, como uma experiência de quase morte, mude você para sempre.

CAPÍTULO 10

ABRAÇANDO ESTRANHOS

Sylvie Frasca, tradutora nascida na Itália e residente em Roanne, na França, sempre teve muitos compromissos, mas sua agenda de trabalho na semana anterior ao Experimento da Intenção de Paz estava tão pesada que ela teve de trabalhar o dia todo e prosseguir noite adentro. Na segunda-feira, o segundo dia do Experimento da Paz, ainda exausta da intensa atividade da semana anterior, ela participou da intenção coletiva do dia e, subitamente, sentiu-se mais leve e fisicamente muito melhor. Essa sensação aumentou drasticamente com o decorrer da semana, e ela sentiu um vínculo especial crescente entre os outros participantes do experimento e os cingaleses. Na terça-feira, seu humor ficou flutuante e ela sentiu que sua preocupação constante com o trabalho desapareceu. Na quarta-feira, percebeu que suas prioridades haviam mudado completamente. Naquela noite, ela fez um pacto consigo mesma: nunca mais se permitiria trabalhar noite e dia como fizera na semana anterior.

Seu relacionamento com seu parceiro também estava mudando. Embora ela praticasse reiki, seu parceiro, um ateu que sempre se orgulhou de sua mente lógica, recusava-se a permitir que ela aplicasse a técnica nele por mais do que alguns minutos. Na quinta-feira, pela primeira vez, ele se entregou a uma sessão de uma hora. Eles se conectaram de um modo que nunca haviam sentido antes. No dia seguinte, tiveram a discussão mais profunda que já haviam tido sobre reiki, espiritualidade e a cura espontânea da sinusite crônica do pai de Sylvie. Pela primeira vez, sua discussão não foi forçada e ele compartilhou a conversa em vez de tentar mudar de assunto.

No dia final do experimento, sabendo que estaria voltando da França para a Itália durante o horário do experimento, Sylvie planejou enviar sua intenção do carro, mas pediu ao seu parceiro que acendesse uma vela por ela e que ele mesmo participasse da cerimônia de Paz. Pouco depois da intenção de dez minutos, seu parceiro telefonou para Sylvie para lhe dizer que tinha acontecido algo realmente fora do comum. Enquanto estava olhando para a foto da cachoeira no site do Experimento da Intenção de Paz, ele se sentiu puxado até ela por uma sensação forte, acolhedora e reconfortante, e saiu do experimento tomado por sentimentos positivos. Desde então, ele a tem importunado para obter mais informações sobre o experimento, tentando descobrir exatamente o que teria acontecido com ele.

Para mim, já estava claro que a experiência da intenção coletiva causou alguma espécie de mudança importante na consciência individual. Mas um processo alquímico ainda mais complexo parecia estar acontecendo ali. Alguma coisa na prece em grupo causou transformações psicológicas profundas, possivelmente permanentes em muitos participantes, e melhorias em sua vida cotidiana. Para a maioria de meus participantes, a experiência parece ter perdurado muito depois do término do experimento, como se tivessem sido tocados por algo imensamente profundo. Na verdade, muitos participantes ficaram chocados com esse "benefício emprestado", como disse um mentalizador. "Eu não estava esperando nada em particular e fiquei deliciosamente surpreso", disse Joey, de Yachats, Oregon, sobre a melhora em seus relacionamentos. Esse estado extático parece ter sido tão poderoso que abriu a possibilidade de milagres individuais: relacionamentos curados, importantes transformações na vida, vidas curadas.

Enviar a intenção de paz parece ter instigado algum efeito rebote, fazendo com que uma sensação maior de tranquilidade se infiltrasse em suas vidas. Quase metade dos milhares que responderam à pesquisa disseram que sentiram mais paz do que o normal, e que essa sensação de paz afetou seu contato com outras pessoas. Mais de dois terços notaram mudanças em seus relacionamentos; mais de um quarto sentiu mais amor por seus entes queridos, e outro quarto disse que estava se entendendo melhor com pessoas de que não gostava ou com quem costumava discutir. Estavam se conectando "mais, e mais profundamente, com as pessoas", "esforçando-se para diminuir as diferenças", sentindo-se "mais abertos para as pessoas", mais dispostos a fazer novos amigos e permitindo-se serem amados, tendo "mais clareza sobre os relacionamentos que deveriam ser mantidos e quais deveriam abandonar".

Pessoas que os incomodavam antes do experimento "não estão aparecendo com tanta frequência" em suas vidas. "Tashie Delek [uma bênção tibetana] costuma estar sempre nos meus lábios", disse alguém. Essas mudanças pacíficas parecem quase infecciosas, afetando outros membros de suas famílias, mesmo aqueles que não participaram.

Mas alguma coisa ainda mais fundamental na capacidade de conexão com as pessoas foi transformada nos participantes, uma abertura do coração que pareceu ser indiscriminada e universal. Quase metade deles afirmaram que sentiam mais amor por todos com quem tinham entrado em contato, e quase um quinto disse que estava se dando melhor com estranhos. A experiência de se unirem a milhares de desconhecidos com um propósito comum parece ter dado a muita gente permissão para se abrir com pessoas que não conheciam — e esta prontidão para a conexão continuou após o término do experimento. "Recentemente, comecei a fazer uma prece rápida (para mim) dirigida a todas as pessoas com quem converso. Eu rezo: 'Deus o abençoe e lhe dê uma vida longa, saudável e feliz'", escreveu Frances, de Bay Ridge, Nova York. "Venho sentindo um aumento na paz e no amor em cada pessoa com quem converso. Percebi, somente agora, que essa prática começou depois do Experimento da Intenção."

O Experimento da Intenção de Paz provocou nelas alguma coisa tão poderosa que elas conseguiram sentir mais amor pelo mundo todo.

"Meu amor por todos aumentou."

"Sinto mais interesse em conversar com desconhecidos. As pessoas parecem mais atraídas em conversar comigo."

"Vejo meu coração pacífico ressoando com os outros quando entramos em contato."

"Uma conexão maior com meus colegas de todas as partes, com mais aceitação do que julgamentos."

"Tenho mais coragem para mostrar a estranhos o amor que sinto, com olhares bondosos."

Alguns se viram agindo de forma mais pacífica no mundo, em todos os sentidos, e pensando maior — "afastada de minhas próprias preocupações mesquinhas", como disse Sallie Lee. Um participante resolveu passar o dia de votação de 2008 em oração. "Como nação, estamos muito polarizados. Não alimente o ódio de Bush." Outro conseguiu lidar mais facilmente com a votação da Proposição 8 da Califórnia, que proibiu o casamento de pessoas do mesmo sexo: "Estou fortemente energizado, e não com raiva".

A maioria relatou mudanças extraordinárias nelas mesmas, a capacidade de tolerar diferenças de opinião e de lidar com elas de maneira bem mais comedida:

"Ouço mais."

"Aceito o que existe e peço a ajuda de algo intangível para melhorar ou redirecionar as circunstâncias."

"Perdoo mais. Sinto compaixão pelos outros."

"Fiquei mais objetiva com relação a algumas situações na minha vida."

"Mais objetividade e honestidade."

"Maior capacidade de me expressar de maneira pacífica."

"Mais confiança, mais tranquilidade e menos incômodo pela pressão externa."

"Menos afetado pelas coisas que são ditas ou feitas para me 'provocar'."

"Tento dar mais espaço para a discordância como opção."

"Estou mais atento à política do escritório e a como ela é desnecessária e infantil."

"Condeno menos e me relaciono com as pessoas com a mente mais aberta."

"Eu me dou conta muito mais rápido de conflitos desnecessários e abro mão de discussões com os outros. Em vez disso, respeito-os."

Vários relataram resultados positivos após experimentarem essas mudanças de atitude em situações da vida real. "Na semana passada, lidei com uma posição aparentemente sem saída no trabalho, e as duas partes se entenderam livremente, sem concessões, apenas esclarecendo as coisas", escreveu Tony, de Dallas. "Foi como um milagre."

Para muitos, a participação no experimento lhes permitiu ser mais generosos consigo mesmos também: "mais amoroso"; "menos crítico"; "mais satisfeito com a vida"; "mais calmo, mais equilibrado e moderado"; "mais fortalecido e conectado com as circunstâncias"; "mais clareza do propósito do coração". Agora, muitos se sentem tanto "mais à vontade com o mundo" quanto mais satisfeitos com suas próprias vidas e suas escolhas. Seguem exemplos de depoimentos:

"Mais em paz comigo mesma e mais satisfeita com minha vida em geral."

"Mais grato pela vida abençoada que tenho e mais compassivo com outras pessoas do mundo."

"Mais 'em paz', embora minhas realidades externas, especialmente a financeira, estejam no ponto mais baixo dos últimos tempos."

"Mantenho-me perto de mim mesmo, ao mesmo tempo que me sinto mais conectado com o outro."

"Uma certa confiança histórica, em algum nível, de que sou um ser separado de quaisquer circunstâncias nas quais me encontre."

Durante muitos meses, continuei a me perguntar o que aconteceu nessa experiência para torná-la tão profunda para seus participantes. Foi o pensamento de participação numa intenção internacional pela paz? Ou o envolvimento num evento de massa? O fato de Jesus ter defendido a prece em grupos deveria ter sido um endosso suficiente, mas eu ainda precisava de uma explicação do século 21.

Certa vez, o dr. Andrew Newberg realizou uma pesquisa com mais de 2 mil pessoas que tinham tido a experiência da iluminação, descobrindo que pessoas de todas as crenças religiosas (e até muitos ateus) compartilhavam cinco características, independentemente do caminho que tinham seguido até aquela experiência: um senso de unidade, uma experiência de intensidade extraordinária, uma sensação de clareza e de nova compreensão, a aceitação de que não estavam no comando, a sensação de que "alguma coisa — minhas crenças, minha vida, meu propósito — tinha mudado de forma súbita e permanente". Muitos — na verdade, a maioria — dos participantes da Paz tinham experimentado esses cinco efeitos.

As transformações observadas pelos participantes do Experimento da Paz poderiam ter sido o choque de uma experiência tão extrema. Diversos pesquisadores consideram o êxtase místico uma das experiências humanas mais poderosas e emocionantes. Como escreveu Abraham Maslow, é assim "que o mundo se parece quando a experiência mística ocorre de fato. Se você passou por essa experiência, pode estar mais no aqui e agora do que em todos os exercícios espirituais que existem". Com certeza, há evidências de que uma experiência transcendente é psicologicamente boa para você. Andrew Greeley descobriu que as pessoas que passaram por uma experiência mística encontraram novo sentido em suas vidas e registraram níveis bem superiores de bem-estar psicológico do que aquelas que não tinham tido essa experiência. Newberg também descobriu evidências de que pessoas que experimentaram estados místicos têm níveis de saúde psicológica bem mais elevados e desfrutam de relacionamentos melhores, saúde melhor e um sentido e propósito mais profundos na vida. Com efeito, num estudo, pacientes com câncer terminal que se submeteram a um estado místico induzido por medicamentos desfrutaram de melhorias na saúde mental que costumam ser vistas na psicoterapia. A literatura científica contém muitos estudos de caso de pacientes que experimentaram curas espontâneas de diversas condições, até do alcoolismo, após uma experiência mística.

Mas fiquei rodando em círculos. Teriam sido as técnicas de meditação que eu havia empregado? Os rituais que pedi que meu grupo de intenção realizasse tinham alguns paralelos com os rosa-cruzes e até com algumas tradições místicas ocidentais, como a Sociedade Antroposófica. Todas essas organizações usavam a intenção mental remota, com etapas que incluíam técnicas não muito diferentes de meu procedimento de Energização — concentração inicial intensa, visualização, abordagem centrada no coração, um pedido muito específico para o Universo. Nessas tradições, afirma-se que essas técnicas proporcionavam um transporte até o divino.

Mas restou uma pergunta básica. Tivemos uma situação de prece em massa, mas os efeitos sobre as pessoas que rezaram eclipsaram os efeitos sobre o alvo. Qual tradição do passado encontrou os mesmos efeitos rebote? Essa pergunta levou-me a Jeff Levin, professor na Universidade Baylor. Levin é cientista biomédico e epidemiologista, além de estudioso da religião, com cátedra e diretoria do Programa de Religião e Saúde da População do Instituto de Estudos da Religião em Baylor, além de professor adjunto de Psiquiatria e Ciência do Comportamento na Faculdade de Medicina da Universidade Duke. Como religioso devoto e membro de uma congregação judaica conservadora, ele foi o primeiro cientista a fazer um estudo sistemático da literatura a respeito do efeito da religião sobre a saúde física e mental, particularmente o efeito do judaísmo sobre a saúde. Além de seu amplo estudo sobre os efeitos da cura religiosa, Levin também é um dos poucos a fazer outra pergunta muito básica: A experiência transcendente em si tem algum efeito sobre a saúde? Além da religião, Levin é apaixonado pela cura, estudou todas as principais tradições esotéricas de cura e continua a investigar exatamente o que, na transação entre curador e curado, é responsável por apertar o botão certo.

No debate conturbado entre ciência e religião, Levin tem sido importante para dar início à conversa.

Se alguém poderia explicar o que estava acontecendo com os participantes do Experimento da Paz e do Poder dos Oito, seria Jeff Levin.

CAPÍTULO 11

REVISÃO COLETIVA

Jeff Levin nunca tinha ouvido falar de qualquer coisa parecida com os efeitos rebote experimentados por nossos participantes. Tampouco Larry Dossey, médico e autor de diversos livros sobre prece e cura. Nem outros especialistas que consultei. A maior parte das pesquisas que puderam me apresentar sobre transformação e cura examina o poder do ritual para provocá-las. Muitas tradições esotéricas falam da capacidade da própria experiência mística, induzida por meio de alguma prática extrema, para eliminar males psicológicos. Na tradição hindu, o objetivo da ioga (união) é o *Samadhi*, a união mística com tudo que existe, e parte da pesquisa de Levin descobriu o poder de cura de diversos rituais da ioga para "reduzir" o estresse psicológico e ajudar a levar a pessoa de volta aos ritmos naturais da saúde.

Ele reiterou principalmente aquilo que eu já sabia sobre círculos de prece: eram usados por nativos norte-americanos e outros grupos indígenas, por congregações carismáticas católicas e pentecostais modernas, bem como por muitas igrejas protestantes. O paralelo mais próximo do efeito de meus círculos de intenção que Levin conseguiu oferecer foi a pesquisa que descobriu, mostrando que certos rituais de cura podem produzir mudanças na emoção, na autopercepção e no senso de si mesmo e da capacidade daqueles que estão participando, além de provocar melhorias em mecanismos neurobiológicos como neurotransmissores e marcadores de imunidade, todos capazes de produzir relacionamentos mais saudáveis. Mas cada uma das práticas de cura em que pensou contavam com certos rituais extremos para produzir seus efeitos. Como observou a ativista Barbara Ehrenreich (1941-2022) em seu livro *Dançando nas ruas: uma história do êxtase coletivo,* as práticas extáticas têm sido parte central da maioria das culturas desde tempos pré-históricos, mas invariavelmente envolvem elaborados cerimoniais e rituais.

Até mesmo rituais de grupos seculares, como os usados em acampamentos da Wicca para lésbicas ou bissexuais que sofreram violência sexual, valem-se de diversos rituais: encantamentos de cura, cânticos e imersão na água. Deborah Glik, professora de Ciências da Saúde da Comunidade na Universidade da Carolina do Sul, estudou os efeitos de grupos de cura, tanto Nova Era quanto grupos religiosos tradicionais, em Baltimore, descobrindo que geralmente esses tipos de rituais provocavam estados alterados de consciência com efeitos de cura. Ted Kaptchuk, diretor do Programa em Estudos Placebo e Encontro Terapêutico de Harvard, afirma que rituais de qualquer espécie — sejam relacionados a círculos navajo ou mesmo à medicina ocidental, particularmente aqueles dotados de elaboradas cerimônias, trajes, sons, movimentos, toques e símbolos — criam poderosos mecanismos de cura no corpo dos participantes através de "camadas de sensações e comportamentos":

> Rituais de cura deixam a pessoa receptiva suscetível às influências de "poderes" autoritários culturalmente sancionados. O curador proporciona ao sofredor informações imaginativas, emocionais, sensoriais, morais e estéticas derivadas dos símbolos e procedimentos palpáveis do processo ritual — fundindo, através deste, a narrativa peculiar do sofredor com um *mythos* cultural universal. Os rituais de cura envolvem um drama de evocação, encenação, incorporação e avaliação, numa atmosfera carregada de esperança e incerteza.

O antropólogo Roy Rappaport (1926-1997) aprofunda-se nessa ideia. Esses tipos de prática são tão poderosos e eficazes, escreveu, porque proporcionam "uma evocação de espaço, tempo e palavras separada do habitual; um caminho de encenação que orienta e envolve o paciente; a incorporação concreta de forças poderosas; a oportunidade de avaliação de um novo status".

Portanto, remover as pessoas de seu ambiente cotidiano, infundir sons, ritmos e cerimônias pouco familiares a elas, guiá-las através de certas experiências sensoriais poderosas e envolventes, com algumas evidências da ação de poderes sobrenaturais e oferecendo uma poderosa expectativa de mudança, podem promover a cura emocional focalizando as emoções no que Rappaport chamou certa vez de "intensificação calculada" da mensagem. De certo modo, todos esses pesquisadores estavam sugerindo que esse tipo de experiência sensorial poderosa funciona através de algo que é, em essência, o poder da sugestão. A experiência de transformação é provocada quando a mente desenvolve forte expectativa de mudança. De fato, Kaptchuk afirma que os efeitos placebo são "os efeitos 'específicos' de rituais de cura".

Nada disso ofereceu uma explicação adequada para o efeito de nosso Experimento da Paz. Nossos participantes não foram afastados do cotidiano, mantendo-se em ambientes familiares e usando equipamentos familiares. Comparados com o cerimonial de um ritual navajo de cura, as visões e sons que proporcionamos através de nosso site e do "Choku Rei" foram bem austeros. O único símbolo que oferecemos foi a foto de alguns garotos adolescentes de religiões diferentes e de braços dados — o que não se enquadra nas "forças poderosas" que "envolvem" e acabam sobrepujando aqueles que participam de uma experiência sensorial maciça. Não houve um ambiente emocionalmente carregado de forças poderosas porque não estávamos sequer experimentando esses rituais de forma coletiva, no mesmo recinto. Além disso, não tínhamos uma "mensagem" a ser "intensificada de forma calculada" e nem uma figura de autoridade com "poderes culturalmente sancionados"; no Experimento da Paz, eu não tinha uma presença forte no site. O mesmo se aplica aos grupos do Poder dos Oito em meus workshops. Embora os participantes estejam presentes no mesmo recinto, não participam de um ritual ou trabalho com uma presença autoritária. Geralmente, os grupos funcionam sozinhos, após algumas instruções iniciais que passo, e, quando organizo as pessoas em círculos, geralmente me distancio dos efeitos. Nunca afirmei que meus participantes teriam quaisquer efeitos benéficos. Até onde eles sabiam, sua participação no Experimento da Intenção de Paz ou num grupo de Poder dos Oito foi um ato inteiramente altruísta.

Bem, e se não foi o ritual, ou o xamã encarregado, ou a sobrecarga visual e sonora, poderia ter sido algum tipo de efeito coletivo? Nossos participantes teriam experimentado efeitos positivos da experiência de fazer parte de algo coletivo, aquilo que o psicólogo social Jonathan Haidt da Universidade de Nova York chama de "hipótese colmeia"? A teoria de Haidt é que as pessoas atingem o nível mais alto de florescimento humano ao se perderem em um grupo maior. Haidt apoiou-se no trabalho do cientista social Émile Durkheim (1858-1917), um dos primeiros a estudar o efeito da comunidade sobre o indivíduo, referindo-se ao efeito do ritual sobre um grupo como "uma efervescência coletiva".

"O próprio ato de congregar-se é um estimulante excepcionalmente poderoso", escreveu Durkheim. "Quando os indivíduos estão reunidos, sua proximidade gera uma espécie de eletricidade e leva-os rapidamente a uma extraordinária exaltação elevada. Cada emoção expressa ressoa livremente nas consciências abertas para impressões externas, criando um eco mútuo entre elas."

Durkheim também argumenta que, depois que um indivíduo experimenta esse estado, desfruta de níveis mais elevados de felicidade.

Esse tipo de "efervescência coletiva" ficou mais do que evidente em encontros de massa, como peregrinações. Todos os anos, cerca de 100 milhões de participantes se reúnem nas margens do rio Magh Mela, no norte da Índia, para se banharem em suas águas, consideradas sagradas, durante a peregrinação a Allahabad. Ao contrário de todas as expectativas, os participantes registram níveis mais altos de bem-estar físico e mental do que o normal, apesar de maiores riscos para a saúde decorrentes de doenças transmissíveis, de instalações sanitárias precárias e das condições de vida difíceis e temporárias de uma reunião de massa. Pesquisadores do Centre of Behavioural and Cognitive Sciences da Universidade de Allahabad descobriram que, na verdade, os participantes gozavam de mais saúde ao cabo da peregrinação do que quando chegaram, mesmo quando as condições físicas eram severas. Os cientistas concluíram que um ingrediente importante na associação entre bem-estar e crença ou prática religiosa envolve "a dimensão coletiva".

A mesma inoculação contra doenças ocorreu em Woodstock, o lendário festival de música de 1969 no interior do estado de Nova York. Apesar das condições extraordinariamente superlotadas e insalubres, do mau tempo e da falta de provisões, não houve brigas ou tumultos e os quase 500 mil participantes experimentaram um sentimento transcendente de conectividade.

Os nativos maoris relatam que sentem a "euforia do caminhante do fogo", um aumento nos batimentos cardíacos e a elevação nos níveis de felicidade durante rituais coletivos de caminhada sobre o fogo. Até eventos coletivos que usam sons repetitivos como tambores são curativos, causando a redução nos níveis de hormônios do estresse e a melhoria na função do sistema imunológico, como aumentos na atividade das células assassinas naturais.

Será que nosso Experimento da Paz criou uma espécie de efeito Woodstock? Tive de descartar essa hipótese também. Nenhuma das teorias de colmeia poderia explicar o que tinha acontecido com nossos participantes. Eles não tinham ficado juntos no mesmo espaço físico; tinham experimentado a "eletricidade" coletiva de Durkheim apenas de forma virtual. Não tinham participado de um ritual de cura envolvendo um indivíduo e sim um que focalizou um alvo de mudança social. Apesar de não ter sido uma verdadeira comunidade no sentido autêntico, esse círculo virtual havia estabelecido uma conexão profunda uns com os outros e passou a curar muitos dos relacionamentos importantes em suas vidas.

Será que mudanças cerebrais importantes e duradouras causadas pela experiência de intenção coletiva foram responsáveis por essas transformações? Com certeza, sabe-se que meditação e rituais xamânicos afetam o cérebro. Segundo o dr. Stanley Krippner, professor de psicologia da Universidade Saybrook na Califórnia que realizou um amplo estudo de rituais indígenas, os rituais xamânicos criam importantes mudanças neurais, fazendo com que as duas metades do cérebro se sincronizem, levando a uma maior integração entre aquilo que geralmente se considera a parte executiva do cérebro (o córtex) e o centro emocional (o sistema límbico), e a uma maior síntese entre pensamento, emoção e comportamento. Essencialmente, rituais coletivos ajudam o cérebro a se tornar emocionalmente mais maduro, ajudando a pessoa a agir melhor com os outros. Durante estados transcendentais como meditação profunda, o cérebro torna-se mais coerente e a parte executiva do cérebro torna-se mais capaz de tomar decisões.

O dr. Fred Travis, neurocientista e diretor do Centro para o Cérebro, Consciência e Cognição da Escola Maharishi de Administração, descobriu isso após fazer leituras do cérebro de meditadores com eletroencefalograma (EEG). Tal como acontece em rituais xamânicos, depois desse tipo de experiência seu cérebro fica mais organizado, e diversas partes do órgão — o centro intuitivo e o prosencéfalo cognitivo — comunicam-se melhor umas com as outras. A Consciência Cósmica se espalha para a vida cotidiana e o cérebro melhora a navegação pelo mundo pessoal. Isso poderia explicar por que os participantes registraram melhorias em seus relacionamentos. O ato físico da intenção coletiva, que se inicia como uma meditação em massa, induz um estado que, essencialmente, treina o cérebro para melhorar as reações às outras pessoas, ajudando os indivíduos a melhorarem em seus relacionamentos. Entretanto, efeitos desse tipo só costumam ser mensuráveis após meses ou mesmo anos de meditação regular. As mudanças radicais em nossos participantes do Experimento da Intenção de Paz apareceram após oito dias de sessões de intenção de dez minutos.

Agir em sincronia, envolver-se em uma declaração de intenção comum ou até na mesma atividade rítmica com uma intenção compartilhada, leva a um maior vínculo social, e isso, por si só, pode ter um poderoso efeito de cura. Harvey Whitehouse, titular da cadeira de antropologia social da Universidade de Oxford e especialista em ciência da religião, escreveu que rituais que envolvem "grupos muito agitados" levaram historicamente à formação de pequenas comunidades coesas. Amplas evidências mostram que fazer parte de qualquer tipo de comunidade melhora a cura. Quando estudei o estresse e seu efeito sobre doenças, descobri que a maior causa de doenças psicológicas ou físicas é a sensação de isolamento — dos outros, de nossas famílias, de nosso Deus. Consequentemente, um poderoso curador do estresse em qualquer área da vida é apenas a formação de uma conexão forte. Por exemplo, em pesquisas examinando o nível de estresse entre pessoas com dificuldades financeiras, até latino-americanos nas mais baixas faixas de renda sentiam bem menos depressão se fossem regularmente à igreja e participassem da comunidade religiosa, e latinos idosos se mantinham mais robustos, por maior que fosse seu nível de pobreza, desde que vivessem em bairros unidos.

Eu senti que estava me aproximando da primeira grande pista sobre a causa das espantosas transformações experimentadas pelos participantes da Paz, e tinha relação com o significado exato de "saúde" e de "cura". Muitas dessas tradições esotéricas definem saúde como algo muito maior do que a ausência de qualquer coisa fisicamente errada. Para elas, a verdadeira saúde requer a integração pura e total ao todo, um senso de conexão absoluta, enquanto a doença resulta de um senso de alienação dessa fonte. Isso sugere que a gênese da maioria das doenças não são os pequenos estresses de nossa vida, mas o estresse gerado por nossa reação global diante da vida: como percebemos nosso lugar no mundo, particularmente dentro de nosso ambiente imediato. Se esse for o caso, conectar-se com outros para um propósito singular seria profundamente curativo, um lembrete palpável de que você faz parte de um todo maior.

Acreditar em alguma coisa maior do que você mesmo já tem poder de cura. Em sua pesquisa sobre muitas crenças religiosas, Jeff Levin descobriu que o fundamento central de todas essas tradições diferentes é que o Universo não está sujeito a processos aleatórios, possuindo uma ordem divina, e essa crença num plano divino, a ideia de que existe um propósito em tudo que acontece no mundo, é, em si, bastante transformadora em todos os sentidos. Esses dois pensamentos ecoaram repetidamente entre os participantes do Experimento de Paz:

"Meu mantra para a vida cotidiana é este: eu sou livre, eu sou Amor, e esta é a minha intenção para todos que conheço, porque somos UMA FAMÍLIA GLOBAL."

"Sinto a unidade da existência — um fio comum que nos entrelaça juntos de verdade."

"Sinto-me encorajado quanto ao futuro — que esse tipo de atividade pode criar uma mudança poderosa para melhor."

"Agora acredito que há esperança para o meu país."

"Isso muda minha visão sobre mim e a vida. Me dá a esperança de um mundo melhor."

"Eu me sinto mais fortalecido, mais conectado com o planeta."

"Vejo-me mais positiva com relação às mudanças que estão acontecendo no mundo, e a direção que estamos seguindo é a da unidade."

Maslow distingue dois tipos de experiência mística: o tipo "verde" — uma experiência de êxtase num pico transiente — e o tipo "maduro", que produz uma mudança transformadora e mais duradoura na pessoa. "Em sua forma madura, [a experiência transcendente] representa a expressão máxima da autorrealização e integração social", escreve Jeff Levin. "Nesse contexto, as definições de saúde, bem-estar espiritual e desenvolvimento pessoal parecem se intersectar." Sob essa perspectiva, Levin acredita que a experiência mística do tipo "maduro", como Maslow a define — o tipo experimentado por meus participantes —, é um poderoso preventivo físico e psicológico, pois representa o senso máximo de pertencimento e de propósito no mundo. Muitos especialistas em experiência mística concordam que a experiência transcendente tem o poder de fazer mudanças permanentes no indivíduo, em todos os sentidos, levando à sensação de um chamado para fazer algo altruísta. Maslow diz que aqueles que passam por essa experiência sentem invariavelmente "amor abrangente por tudo e por todos, levando ao impulso de fazer algo de bom pelo mundo", e Evelyn Underhill descreve-o como sendo o "chamado para uma vida mais ativa, porque mais contemplativa, do que a dos outros seres humanos". O guru indiano Sri Aurobindo (1872-1950) afirmou certa vez que trazer até o indivíduo a "supramente" e a "sobremente" mostra-se curativo não apenas para ele como para todo o seu ambiente.

Após o Experimento da Intenção de Paz, um bom número de nossos participantes sentiu-se compelido a mudar algo de importante em sua vida.

"Inscrevi-me no Corpo da Paz."

"Assinei o pacto de não violência."

"Eu me sinto mais comprometido com meditações coletivas regulares e mensais."

"Estou formando uma equipe para desenvolver uma fórmula para a paz com base no que conheço do Sri Lanka."

"Comecei imediatamente a procurar um lugar para iniciar minha própria prática particular de medicina energética. Larguei meu emprego no hospital."

Pode ser que um Experimento da Intenção em larga escala atue como um poderoso lembrete daquilo que deveríamos ser. A perfeita sensação de integração, simbolizada por um círculo gigantesco de estranhos rezando juntos, oferece um senso de propósito — o Universo "tem significado e ordem e ele ou ela tem um lugar nessa ordem", como disseram certa vez as cientistas sociais Deirdre Meintel e Géraldine Mossière da Universidade de Montreal. Pergunto-me se os efeitos de cura experimentados por meus participantes teriam relação sobretudo com um sentimento de perfeita confiança global, aquela rara sensação vivenciada de que a vida realmente nos ama.

Talvez a chave para os efeitos de cura tenha sido mesmo essa sensação de confiança. James W. Pennebaker, presidente do Departamento de Psicologia da Universidade do Texas, passou mais de três décadas estudando o poder da confiança nos outros. Sua pesquisa revelou o poder de nos "abrirmos". Pessoas que conseguem confiar nos outros a ponto de serem vulneráveis desfrutam de melhorias na função imunológica, na atividade do sistema nervoso autônomo e no bem-estar psicológico, e vão menos ao médico. Testemunhei isso sobretudo em nossos círculos de Poder dos Oito, onde os participantes revelaram detalhes íntimos de seus problemas de saúde uns aos outros. Daniel descreveu o que aconteceu com sua coluna; Rosa, seus problemas de tireoide. Nessa circunstância, tanto o divulgador quanto o receptor de algum segredo de vida exigem um nível de confiança que, por si só, pode ser curativo. Pennebaker também estudou a dinâmica social da abertura e a vê como o principal motor da terapia, talvez até como o principal agente dos círculos de prece. Revelar consiste em contar nossa história para alguém, disse Pennebaker.

Se é assim, o que estávamos fazendo em nossos círculos de cura era editar a história, reescrever os detalhes juntos, oferecendo a possibilidade de um final mais feliz. Talvez o processo coletivo de revisão, a ideia de que você pode reescrever a história de uma vida ou até a história de um país ferido, mostre-se curativo para todos, tanto para o protagonista quanto para aqueles que estão com o lápis na mão.

CAPÍTULO 12

ÁGUA BENTA

Fiquei mais ousada em meus experimentos com toda aquela ideia da internet psíquica. Se estávamos fazendo todas essas conexões virtuais durante os experimentos em larga escala, e não importava se estávamos juntos no mesmo ambiente ou espalhados pelo planeta, eu quis ver até onde poderíamos levar o efeito virtual com um grupo de Poder dos Oito. Eu tinha visto algumas evidências do poder das conexões virtuais em nossas Intenções da Semana, mas... e se criássemos grupos de Poder dos Oito menores, virtuais, cujo único ponto de contato permanente fosse uma linha telefônica?

Comecei a brincar com grupos reunidos durante cursos em seminários online e chamadas coletivas. Cada um dos membros desses grupos estava espalhado numa localização geográfica do planeta, conectado apenas por uma placa-mãe de teleconferência Maestro, que tem a capacidade de dividir o público em pares ou grupos de qualquer tamanho, que então só ouvem uns aos outros e podem realizar conversas ou exercícios por conta própria. Eu apresentei workshops interativos de noventa minutos ao longo de seis sábados sucessivos, oferecendo instruções sobre a chamada para todo o público; depois, Joshua, meu mestre de cerimônias durante esses eventos, reuniu os participantes em pequenos grupos de oito para fazerem exercícios interativos de intenção, tal como os grupos de Poder dos Oito faziam em meus workshops.

O fato de esses grupos de seminários online não estarem fisicamente presentes uns com os outros não fez nenhuma diferença. Os participantes do grupo virtual de Poder dos Oito relataram efeitos idênticos aos dos grupos que estavam no mesmo espaço físico em meus workshops: a conexão, os efeitos físicos, as emoções intensas, a sensação de fazer parte de algo muito maior do que eles mesmos, a mesma intensidade de experiência cotidiana sentida por aqueles que haviam passado pela *unio mystica*. "Eu me senti muito segura e confiante sobre tudo, acreditando que tudo é possível", disse Simone depois de ter sido alvo de um grupo virtual de Poder dos Oito por sua tireoide. "E tudo o que eu estava olhando era muito bonito, as árvores eram de um verde muito lindo, o asfalto da estrada era de um cinza muito bonito. E senti simplesmente essa certeza." E as mesmas melhorias aconteceram entre cônjuges, irmãos e irmãs, o mesmo desejo de mais conexões com estranhos, as mesmas melhoras físicas sentidas tanto por receptores quanto por emissores: "Sinto dores intermitentes no pescoço devido a ferimentos recebidos numa colisão traseira. Durante a sessão, senti a dor se intensificar e depois a dor sumiu".

"Tenho um tremor na mão direita que melhorou significativamente depois de receber as intenções de cura."

"Costumo sentir dores nas costas ou nas juntas do quadril. Não senti essas dores nas últimas duas semanas."

"Minha anemia passou e a ansiedade melhorou."

"Meu joelho esquerdo não dói quando eu o dobro."

"Minha pressão arterial estava muito elevada e vem diminuindo direto."

"As dores no peito sumiram durante a noite."

"Menos gás, inchaço e os sintomas da síndrome do intestino irritável melhoraram de modo geral."

"Enquanto enviava bem-estar ao receptor, percebi energia na minha cabeça, maxilar e pescoço, e no dia seguinte a dor que estava sentindo no maxilar diminuiu muito e tem se mantido assim."

Membros de grupos virtuais de Poder dos Oito também comentaram efeitos posteriores similares aos dos participantes dos Experimentos da Intenção globais: relacionamentos sanados, perdão próprio, vidas curadas, renovação do propósito de vida. Num dos primeiros encontros com seu grupo, o pedido de Hilde Palladino, de Oslo, Noruega, foi para fechar negócio com uma importante editora norueguesa para a publicação de seu primeiro romance de fantasia para jovens adultos. Um mês depois, ela assinou um contrato com uma das maiores editoras do país.

Logo que seu grupo online foi formado, Hilde evitou falar de diversos problemas de saúde relacionados com o câncer, até outro membro do grupo revelar informações sobre sua própria saúde e Hilde se sentir segura para compartilhar. Embora ainda estivesse em imunoterapia como um exercício de limpeza após a quimioterapia, no começo ela só disse ao grupo que tinha alergias porque não queria que os membros do grupo pensassem nela como paciente de câncer. Com o tempo, Hilde contou sua história ao grupo e pediu-lhes que incluíssem suas queixas de saúde nas intenções para ela. Ao cabo de um mês, Hilde conseguiu parar de tomar a medicação que deveria ficar tomando nos dez anos seguintes. Seus médicos lhe disseram que ela havia tolerado notavelmente bem o tratamento do câncer e ela voltou a recuperar plenamente a saúde em tempo recorde. "Tenho mais energia, força e resistência, e minha saúde tornou-se muito estável", diz.

O grupo chegou a ajudá-la a sair de um problema financeiro de curto prazo. Durante uma viagem de negócios a Xangai, Hilde resolveu se dar um presente e reservou um hotel cinco estrelas pela internet, embora fosse bem mais caro do que poderia pagar. Mesmo assim, Hilde desfrutou sua estada e pagou o valor elevado com seu cartão de crédito.

Depois de voltar para casa e passar por alguns reveses financeiros, Hilde examinou suas contas e percebeu que faltavam 1.500 dólares. Ela resolveu pedir uma intenção a seu grupo para recuperar ou receber esse valor. Pouco depois, Hilde descobriu uma gigantesca disparidade entre o preço atual da estada na internet e o preço que ela havia pagado originalmente. Ela telefonou para o hotel e pediu uma explicação. O funcionário do hotel respondeu: "Obviamente, cometemos um engano e por isso vamos lhe reembolsar a diferença".

Juliette, de Toulouse, na França, passou por uma série de eventos síncronos depois de pedir a seu grupo uma intenção para coordenar sua terapia de reabilitação por um ferimento na coluna com as necessidades de seu emprego e a criação de um novo negócio próprio. Juliette havia localizado um quiropraxista na Espanha que era famoso por tratar de situações como a dela, mas não tinha recursos para viajar regularmente para lá e ficar num hotel. Acontece que uma amiga de Juliette, com quem ela estava trabalhando num projeto, estava morando na Espanha, na mesma área que o quiropraxista, e convidou Juliette espontaneamente a ficar hospedada com ela pelo tempo que precisasse. E seu irmão, de quem andava afastada e com quem mantinha contato mínimo, procurou-a sem motivo aparente e a convidou a ficar em seu apartamento na Costa Brava. As datas que propôs caíam na mesma semana de suas férias no trabalho, para as quais ainda não tinha planejado nada. Esse convite permitiu que ela chegasse até seu quiropraxista e sua parceira de projeto mais facilmente, nadasse regularmente (uma reabilitação necessária) e, melhor de tudo, se reconectasse com seu irmão e sua família.

Daphne tinha sido pianista profissional mas teve de parar de tocar após ser diagnosticada com a Doença de Parkinson seis anos antes. Ela pediu a seu grupo para fazer a intenção de voltar a tocar piano e escrever com facilidade. Alguns meses depois, embora não tenha voltado a seu padrão técnico profissional, ela começou a tocar com "expressividade" durante uma hora por dia. "E neste ano", disse, "escrevi mensagens em meus cartões de Natal!" Tudo isso era fascinante, até milagroso, mas por mais que estivesse começando a duvidar que o teste duplo-cego, controlado por placebo, pudesse me dizer muito sobre o que estava acontecendo nesses círculos de Poder dos Oito, virtuais ou não, ainda assim me mantive casada com o método científico. Ainda acreditava que nada seria considerado significativo a menos que eu pudesse oferecer mais algumas provas no laboratório. Para mostrar que estávamos mudando alguma coisa básica nas pessoas, precisávamos de outro tipo de experimento global, mais simples, que pudéssemos quantificar facilmente. Essa possibilidade surgiu em um pedido por telefone bastante formal — "Dr. Masaru Emoto gostaria de solicitar a honra de uma reunião com você em uma hora" — poucos momentos depois de eu ter chegado ao Marriott de Hamburgo, onde deveria falar numa conferência no dia seguinte. Emoto se considerava um "missionário" da água, acreditando que a água mantinha um relacionamento íntimo com nossa mente e que curando a água nós curaríamos o mundo. Nunca tínhamos nos encontrado, embora conhecêssemos nossos respectivos trabalhos. Na verdade, certa vez ele me pediu para representá-lo e falar em seu lugar numa conferência na Espanha quando estava doente, e me apresentou num vídeo feito em seu leito de hospital como sua "alma gêmea".

O dr. Emoto chegou ao bar do restaurante cercado por ajudantes e um tradutor. Após uma elaborada apresentação formal, ele compartilhou sua ideia ousada comigo. Ele queria levar seu trabalho a um estágio adiante, realizando um Fórum Global da Água e da Paz no dia 22 de março de 2010 — o Dia Mundial da Água, designado pelas Nações Unidas — no lago Biwa, o "Lago Mãe" do Japão. Um dos corpos d'água mais antigos do mundo, Biwa fornece água para 14 milhões de japoneses, mas desde 1983, após a rápida urbanização das terras vizinhas, resíduos domésticos e industriais mudaram a população de micro-organismos do lago, causando surtos de marés vermelhas, proliferação de algas e ervas daninhas aquáticas. Durante a conferência, ele esperava contar comigo para fazer um Experimento da Intenção internacional, mostrando que pensamentos de cura poderiam ajudar a purificar as águas altamente poluídas do lago.

A cerimônia no lago Biwa deveria ser altamente simbólica, disse Emoto, uma demonstração simples de que poderíamos avançar na solução de problemas relacionados com a água "considerando o aspecto da água que está conectado com nossa mente, pensamentos e emoções".

Gostei da ideia dele, mas tive algumas dúvidas importantes. Eu tinha meus próprios planos grandiosos para tentar purificar a água poluída; na verdade, Gary Schwartz e eu estávamos pensando na ideia de pegar algum organismo biológico que aparece em águas poluídas, como bactérias nocivas, e transformá-lo em sua forma benigna. Não era algo tão improvável quanto parecia. Vários experimentos de laboratório tinham demonstrado que intenções positivas poderiam estimular a mutação de bactérias nocivas de *Escherichia coli*, e intenções negativas podiam impedir isso. Até bactérias eram altamente sensíveis ao poder de um pensamento. Mas minha maior preocupação tinha a ver com o desafio que estávamos assumindo.

Substância mais comum do planeta e que também contém a segunda molécula mais comum do mundo (depois do H_2), a água continua a atormentar os cientistas, até mesmo aqueles que trabalham diariamente com ela no laboratório. Esta estrutura molecular aparentemente simples — dois átomos de hidrogênio para cada átomo de oxigênio — contraria sua singularidade. A água é um anarquista químico, comportando-se como nenhum outro líquido da natureza, exibindo nada menos do que 72 anomalias físicas, materiais e termodinâmicas, aparentemente com muitas outras esperando para serem desmascaradas. A água é uma das substâncias mais misteriosas, pois é um composto formado por dois gases, mas é líquida sob temperatura e pressão normais. É o mais leve dos gases e bem mais densa como líquido do que como sólido. A água quente se comporta de forma diferente da água fria; congela mais rápido do que a água fria, e a densidade do gelo aumenta quando você o aquece, mas ele encolhe quando derrete. A água tem pontos de fusão e de fervura excepcionalmente elevados. A lista de maus comportamentos prossegue alucinadamente. É a maior parte daquilo de que somos feitos (os humanos são compostos por 70% de água; as plantas, 90%), há cem vezes mais moléculas de água dentro de nós do que todas as outras moléculas reunidas, cobre três quartos do planeta e a vida na Terra é impossível sem ela. Mas ainda não estamos mais próximos de compreender exatamente seu comportamento. Tentativas de criar um modelo para a água continuam a fracassar. Você poderia passar toda a sua carreira — e muitos cientistas o fazem — brincando com água e sentir que não está chegando a lugar algum.

Embora o lago Biwa fosse um alvo perfeito para o primeiro experimento ao vivo de curar um aspecto do ambiente global, eu queria tentar mais alguns experimentos básicos antes de me lançar nessa tarefa por um bom motivo: até aquela época, os três únicos Experimentos da Intenção que não tinham apresentado um resultado positivo referiam-se à água.

Nossas primeiras tentativas de experimento com a água, feitas com Konstantin Korotkov, levaram-me, por um amigo em comum, a Rustum Roy (1924-2010), cientista de materiais da Universidade do Estado da Pensilvânia e possivelmente um dos maiores especialistas em água do mundo. As qualificações de Rusty Roy eram inquestionáveis: ele havia escrito mais de seiscentos trabalhos sobre muitos assuntos, desde cerâmica vitrificada até películas de diamante e nanocompósitos, e na época em que o conheci, era o membro mais velho da Academia Nacional de Engenharia dos Estados Unidos. A revista *Newsweek* referiu-se certa vez a ele como o "líder contrário" entre os cientistas norte-americanos; depois de um de seus testemunhos apaixonados, a Comissão de Ciência, Tecnologia e Pesquisa da Câmara dos Deputados aplaudiu-o de pé, o que não ocorria havia dezesseis anos. Um de seus entusiasmos típicos foi o trabalho sobre sua teoria da água estruturada. Rusty e seus coautores sintetizaram todas as pesquisas correntes da época sobre a estrutura da água, e concluíram que essas pequenas moléculas de H_2O são as principais instigadoras da anarquia da água em função da maneira como escolhem se agrupar.

Quando aplicada à água, "estrutura" se refere à posição no espaço tridimensional e aos arranjos moleculares das moléculas individuais de H_2O, que se agrupam como montagens interminavelmente variadas de Lego. Esses agrupamentos se mantêm estáveis durante algum tempo, seja uma fração de segundo, sejam várias semanas. Platão acreditava que a água deveria ser representada como um icosaedro, uma forma com vinte faces, e, 2.500 anos depois, alguns cientistas de ponta finalmente começaram a concordar, após descobrir que os aglomerados dessas moléculas não são uniformes em nenhuma amostra de água. Amostras quentes têm um formato diferente dos encontrados em amostras frias, por exemplo; algumas águas contêm agrupamentos moleculares com até várias centenas de moléculas cada. Descobriu-se que pequenos agrupamentos podem se agrupar ainda mais, criando agrupamentos simétricos com 280 moléculas e interligando-se com outros para formar um complexo mosaico subatômico. Como me explicou Rusty, a "cola" que faz com que essas moléculas de água tenham aderência momentaneamente umas às outras não é simplesmente a ligação entre os átomos de hidrogênio, mas está relacionada com uma ampla gama de ligações muito fracas que existem entre os diferentes "formatos de Lego". Estes são conhecidos como forças de Van der Waals, assim chamadas em homenagem ao físico holandês Diderik van der Waals (1837-1923), que descobriu que as forças de atração e repulsão operam entre átomos e moléculas por causa da maneira como a carga elétrica é distribuída, uma propriedade que permite que certos gases se transformem em líquidos.

"Essa gama de ligações muito fracas poderia explicar a notável facilidade com que a água muda de estrutura, o que, por sua vez, poderia explicar a meia dúzia de anomalias mais conhecidas de suas propriedades", conforme Roy me escreveu. "Em sua forma mais sutil, essas ligações fracas também explicariam as mudanças de estrutura causadas por campos elétricos e magnéticos e por toda espécie de radiação, inclusive, e possivelmente, as energias ditas sutis" — como pensamentos.

A ideia de que as moléculas de água se estruturam não é, de forma alguma, universalmente aceita, mas, como argumenta Rusty de forma convincente, é a estrutura, não a composição, que controla em grande parte as propriedades de uma substância, e se a estrutura é modificada, pode alterar completamente a substância sem qualquer mudança na composição. Exemplo perfeito disso é a composição do diamante e do grafite. Ambos têm composição idêntica, mas o diamante é uma das substâncias mais duras da terra e o grafite uma das mais macias. A diferença depende totalmente de quais moléculas decidem se unir, e de que maneira.

Quando o conheci, Rusty tinha acabado de ser filmado para um documentário sobre a água, no qual um artista havia criado ilustrações gráficas da possível aparência da água estruturada. A água comum era representada como aglomerados assimétricos e amontoados de moléculas flutuando sozinhas, como rodas com alguns raios quebrados, mas na representação artística da água estruturada, as moléculas haviam formado dois círculos concêntricos perfeitos. Na água estruturada, as moléculas se comportavam tal como um grupo de estudantes sentados diante de uma mesa redonda.

Segundo Rusty, as pesquisas mostraram que a água estruturada pode ser produzida através de diversas formas de energia: calor, luz, som, radiação e, como acredita Rusty, o poder de um pensamento. Por estranho que possa parecer, há precedentes. Estudos canadenses mostraram que, quando a água usada para irrigar plantas recebe uma intenção de curadores, a ligação do hidrogênio entre as moléculas muda de maneira similar ao que ocorre com a água exposta a magnetos, e pesquisas russas demonstraram que, quando a cura é enviada a uma amostra de água, as ligações hidrogênio-oxigênio das moléculas de água sofrem distorções em sua microestrutura cristalina.

Quando estávamos dando os primeiros passos no desenho do experimento, Rusty me disse que a água estruturada é encontrada no citoplasma de tecidos saudáveis do corpo, e pode tê-los feito saudáveis porque ela tem alta solubilidade para minerais do corpo, mas também é encontrada em águas curativas. "Esta parece ser a estrutura compartilhada por águas curativas muito diferentes, desde alguns spas de cura até a Aquasol de prata usada no mundo inteiro", escreveu. Vamos testar se podemos modificar sua estrutura para que se pareça mais com a água desses spas, disse.

Precisei de alguns instantes para compreender o que Rusty estava me propondo. Nosso experimento tentaria transformar água de torneira em algo equivalente a uma fonte em Lourdes.

Planejamos fazer nosso experimento da água com a equipe do laboratório de Rusty na Universidade do Estado da Pensilvânia. Embora Rusty e outros cientistas de materiais tenham sido prejudicados em suas tentativas de encontrar equipamentos que pudessem demonstrar corretamente mudanças na estrutura da água, ele acreditou que um espectrômetro Raman seria sensível o suficiente para captá-las.

Em 1928, um físico chamado Chandrasekhara Venkata Raman (1888-1970) descobriu que, quando a luz é transmitida através da matéria, partes de luz se espalham aleatoriamente e uma pequena porção tem frequências diferentes (geralmente mais baixas) que a da fonte luminosa. O efeito Raman costuma ser causado por uma mudança sutil na vibração de uma molécula, e esse processo de "rerradiação" oferece informações importantes sobre o modo como a água é estruturada — os estados vibratórios das ligações de hidrogênio relativos ao oxigênio da água, por exemplo — e, examinando mudanças na intensidade e forma da ligação molecular, os cientistas podem descobrir quaisquer alterações estruturais. Eu estava particularmente ansiosa para usar a espectroscopia Raman, porque o uso de um sistema de medição reconhecido universalmente pela comunidade científica tornaria nossos resultados inatacáveis. As moléculas de água estão sempre se movendo, como uma pessoa que fica levantando halteres de mão constantemente numa academia, em diversas direções. Imagine o único átomo de oxigênio presente em toda molécula de água como a sua cabeça e os dois átomos de hidrogênio como seus braços. As direções vibratórias assemelham-se ao levantamento dos halteres de mão, movendo-os ritmicamente para longe do corpo, para a frente ou para o lado, ou mesmo num movimento de tesoura acima da cabeça, com os braços movendo-se alternadamente ou ao mesmo tempo. Quando imerso na água, o equipamento Raman envia uma luz laser e mede o número de fótons de luz infravermelha que voltam ao detector e são "contados". Em geral, a energia dos fótons laser aumenta ou diminui segundo as diversas maneiras com que os "braços" de hidrogênio estão se movendo, muitas vezes representadas por quatro "caroços" visíveis num gráfico.

Quando decidiu usar esse equipamento, Rusty inspirou-se em um trabalho da Universidade Tsinghua de Pequim que mediu o efeito de Qi, ou energia vital, enviado pelo dr. Yan Xin, o mais conhecido grande mestre de Qigong da China, a uma amostra de água do laboratório da universidade desde um lugar situado a mil quilômetros dali. Depois que Xin enviou sua intenção, ocorreram picos de energia inexplicavelmente fortes resultantes de ondas de luz infravermelha de longo comprimento de onda, sugerindo que o Qi de Xin afetara de forma definitiva a estrutura molecular da água. Depois de ler sobre esse experimento, Rusty fez seus próprios experimentos preliminares envolvendo um mestre Qigong e conseguiu produzir resultados inconclusivos com um medidor de pH, convencendo a equipe de que, se queriam tentar testar energias envolvidas com a intenção de cura, precisariam de equipamentos mais sofisticados.

Para nosso próprio experimento, a equipe científica de Rusty preparou quatro béqueres de vidro, rotulados A, B, C e D, dos quais três serviriam de controles, e preencheu-os com água. O béquer A foi posto na sala do laboratório no final do corredor, o béquer B numa caixa de blindagem de mu-metal para isolar quaisquer campos magnéticos que pudessem afetar a amostra de água, e o béquer C ficou a 1,80 metro da instalação experimental. Então, a equipe introduziu a sonda Raman no béquer D com nossa amostra de água e fez medições a cada dez minutos durante uma hora. Um cabo longo conectando a sonda a uma câmera CCD muito sensível no instrumento sentiria a fraca dispersão Raman das moléculas vibrando em resposta a uma luz laser vermelha dirigida à amostra de água. A equipe fez medições idênticas nos três béqueres de controle, antes e depois da hora de medição de nosso béquer-alvo.

A ideia de modificar a estrutura da água é tão abstrata que é difícil construir uma intenção que um público leigo possa entender prontamente. Ela não pode ser reduzida a uma ideia simples como as instruções para "crescer" que fizemos em nossos Experimentos de Germinação. Os cientistas da Universidade da Pensilvânia recomendaram que mostrássemos ao nosso público um gráfico com uma curva azul, representando as vibrações moleculares presentes em nossa água "normal" — uma linha plana com uma única ondulação pequena que se ergue subitamente, gerando uma forma que se assemelha à corcova dupla dos camelos. Pedimos aos nossos participantes que tivessem a intenção de ajustar as medições da água para que se assemelhassem a outra linha verde, seguindo a mesma forma de pico duplo da linha azul, mas deslocada para baixo no gráfico, supostamente representando as vibrações moleculares da água consideradas "curativas". Essencialmente, estávamos pedindo ao nosso público que diminuísse a luz refletida da água. Quando Rusty e seus colegas, os drs. Manju Rao e Tania Slawecki, examinaram pela primeira vez os resultados colhidos pela sonda Raman, descobriram que a luz em nosso béquer-alvo realmente tinha diminuído. Isso apareceu na forma de uma queda significativa na intensidade da corcova dupla de camelo nos gráficos, com as primeiras grandes mudanças ocorrendo durante nosso período de Energização e no começo de nossa janela de intenção de dez minutos. Essa mudança descendente na direção dos gráficos aproximou-se da linha verde almejada durante o tempo do experimento, e a amostra retornou a seu estado original após uma hora, totalmente correlacionada com o ritmo de nossa intenção. Mudanças desse tipo não foram registradas no béquer A (no final do corredor) e, embora tenham sido registrados efeitos nos béqueres B (na caixa de mu-metal) e C (a 1,80 metro da instalação), suas mudanças não foram tão intensas quanto as de nosso béquer-alvo. Mesmo assim, os cientistas tiveram algumas dúvidas sobre o equipamento em si, impedindo-nos de chamar isso de sucesso absoluto. Quando a equipe da Universidade da Pensilvânia realizou vários estudos próprios com mestres e curadores Qigong, descobriram que os curadores estavam emanando radiação que também foi captada pelo espectômetro Raman. No experimento do próprio Rusty envolvendo o mestre Qigong, o pH da água havia sofrido fortes oscilações pouco antes de sua chegada, embora os cientistas não tivessem certeza se foi o efeito do Qi ou de alguma instabilidade no equipamento. Não podíamos descartar a possibilidade de estarmos usando o equipamento errado ou de o equipamento disponível não ser suficientemente sensível ou estável para medir algo como a água estruturada.

Fatores ambientais também poderiam ter tido um papel em nossos resultados. Às cinco da tarde, uma trovoada intensa atingiu a área e Tania se perguntou se teria alguma relação com as fortes mudanças registradas. “Talvez, como resultado da pressão barométrica em queda e do excesso de íons livres, nossas amostras de água desionizada não tenham sido tão estáveis quanto deveriam”, escreveu-me.

Ou pode ser que a intenção não afete a estrutura da água, ou mesmo que a estrutura da água não mude. As mudanças que registramos, disse Tania, foram como olhar para o feixe de luz de uma lanterna na parede, vendo-o diminuir exatamente quando estávamos enviando a intenção. Se a bateria da lanterna começa a descarregar, o feixe de luz na parede vai esmaecer um pouco. Não significa que a parede mudou. Tínhamos de dar espaço para a possibilidade de nossa hipótese original estar simplesmente errada. E não tínhamos como saber qual dessas possibilidades estava correta. Era um pouco como a superposição quântica: qualquer uma e todas elas poderiam ser verdadeiras, de fato.

Por fim, Rusty e sua equipe determinaram que, apesar desses resultados positivos, o espectrômetro Raman não era estável o bastante e o laboratório precisava obter um equipamento mais sensível.

Mas uma coisa era certa, ele disse, o que provou ser o mais inquietante de tudo: em termos de tempo e efeito — a redução da luz do espectrômetro Raman ajustando-se exatamente ao momento de nossa intenção coletiva — *o laboratório havia visto resultados que nunca tinha visto antes com seu equipamento*. Podemos ter feito alguma coisa com a sonda ou com a amostra de água, mesmo que ainda não soubéssemos o que era.

CAPÍTULO 13

BALDES FURADOS

Enquanto a equipe da Universidade da Pensilvânia pensava em como deveria prosseguir, voltei a Gary Schwartz. Refletimos sobre o que tinha dado certo em nossos primeiros ensaios com o Experimento da Intenção de Germinação e os Experimentos da Intenção com Korotkov e a água. Por que não mesclar os dois, realizando um Experimento de Germinação na Água? Desta vez, enviaríamos as instruções de "crescer" à água e não diretamente às sementes. Havia diversos precedentes científicos para isso. Pesquisas tinham mostrado que o estado mental de uma pessoa quando está segurando água usada para regar plantas pode afetar seu crescimento. O biólogo Bernard Grad (1920-2010) havia realizado um pequeno experimento regando sementes de cevada com água salgada, que geralmente prejudica o crescimento das plantas. No entanto, ele só regou as sementes depois de cada frasco com água ter sido segurado por uma de três pessoas: um homem jeitoso com plantas e dois pacientes com depressão. As plantas de crescimento mais rápido foram regadas pelo curador com "dedo verde", seguidas por aquelas regadas por um dos pacientes com depressão, mas que ficou entusiasmado com o experimento. A planta de crescimento mais lento foi regada pelo frasco que estava na mão do paciente mais deprimido. Embora fosse um experimento pequeno, teve uma grande implicação, sugerindo que a atitude da pessoa poderia afetar a água, e, por sua vez, afetar qualquer coisa regada por ela.

Depois de nosso primeiro Experimento de Germinação na Água, quando Gary analisou o nível médio de crescimento, as trinta sementes regadas com a "intenção de crescimento" ficaram mais de um décimo de centímetro mais altas que as noventa sementes de controle na água de controle (4,77 cm x 4,66 cm), uma diferença de 0,11 centímetro. A análise estatística desses números mostrou uma significância limítrofe.

Contudo, notamos um fenômeno interessante. Normalmente, num Experimento de Germinação, nem todas as sementes brotam. No último experimento, apenas 90% das sementes em cada um dos grupos de controle brotaram, mas todas as sementes do grupo-alvo, regadas com a água que recebeu intenção, brotaram. Tentamos fazer isso outra vez, mas tivemos de desqualificar o estudo em função de problemas com o procedimento no laboratório.

Tínhamos obtido alguns resultados encorajadores, mas dessa vez concordei com Gary que devíamos proceder lentamente antes do evento do lago Biwa. Decidimos prosseguir com outro experimento preliminar, que chamamos de "Experimento da Água Limpa", e desta vez voltamos ao básico. Examinaríamos se seríamos capazes de mudar a maneira como os raios de luz atravessam a água — outra forma de analisar se fizemos mudanças na estrutura de agrupamento das moléculas de água — e ver se essas mudanças poderiam ser captadas por uma câmera sensível.

Nessa época, Gary estava usando seu GDV para examinar e fotografar os padrões de luz produzidos por amostras de água, e descobriu que amostras com purezas variadas produziam padrões diferentes. Água mineral e água da torneira, por exemplo, têm imagens de GDV bem diferentes. De modo geral, a água engarrafada gera uma "gota" interna, ou área de brilho, maior, e uma "aura" externa muito menor e mais lisa que a água da torneira, enquanto a imagem da água da torneira é muito difusa, como a imagem da lua durante um eclipse numa noite particularmente nublada. Como ele já tinha feito experimentos com isso, um possível experimento simples seria pedir ao nosso público para tentar transformar o brilho da água da torneira, tornando-o mais parecido com o da água mineral. De fato, era uma declaração de intenção com a qual nosso público poderia lidar facilmente.

Mark, o técnico de laboratório de Gary, preparou quatro placas de Petri com água da torneira, fotografou cada placa e me enviou as imagens por e-mail. Essas amostras de água ficaram paradas durante cinco dias num local seguro até a data do experimento, para que todas as amostras ficassem estagnadas e seus padrões de energia fossem similares. A água é uma substância que precisa se manter em movimento. Quando a água de lagos, rios ou pântanos fica estagnada e para de fluir livremente, pode se tornar terreno fértil para a proliferação de bactérias e organismos como a espuma do lago, assim como ocorre num lago poluído como o Biwa.

Mark tirou fotos com GDV e as quatro imagens pareceram virtualmente idênticas, com uma aura difusa maior em torno de um centro borrado, situação que ocorre quando a água se torna estagnada.

Os dois Experimentos da Água Limpa tentando mudar a água estagnada deram certo, e era fácil ver os resultados. As quatro imagens GDV das quatro amostras de água eram muito parecidas antes, mas depois da intenção, a foto de nossa placa-alvo estava muito distinta, com uma gota central maior e uma aura mais lisa — muito parecida com a pegada de energia da água engarrafada. Os controles tinham gotas centrais menores e auras externas mais serrilhadas.

Tínhamos dado mais um pequeno passo para mostrar que a intenção pode ser capaz de afetar a água, mas para mim tudo isso parecia um tanto teórico. Antes de lidar com o lago Biwa, eu quis tentar um experimento com alguma aplicação à vida real, usando outra mensuração aceita universalmente pela comunidade científica.

A maneira mais fácil de demonstrar qualquer mudança na purificação é medir a mudança no pH. O pH de um líquido tem a ver com a concentração de íons de hidrogênio na água, comparada com um padrão universal, e mede a acidez ou alcalinidade da amostra. Quando a medida do pH fica abaixo de sete, que é o pH neutro, mais ácida é a substância, e quanto maior o pH acima de sete, mais alcalina será. O pH da água se mantém razoavelmente estável, e pequenas mudanças de um centésimo ou mesmo de um milésimo de unidade na escala de pH podem ser medidas; uma mudança de uma unidade ou mais na escala de pH representaria uma mudança imensa e é bem provável que não resultaria de uma medição incorreta. Na verdade, se o pH de seu corpo se reduz apenas uma unidade inteira, provavelmente você está morto. Havia um precedente para o uso de pensamentos para afetar o pH: o físico William Tiller, da Universidade de Stanford, havia realizado um experimento tentando alterar o pH da água pela intenção e conseguiu mover o pH para cima e para baixo em uma unidade inteira.

Embora o plano para o lago Biwa fosse tentar elevar o pH da água (quanto mais elevada a alcalinidade, mais pura a água, na maioria dos casos), primeiro tentamos reduzir o pH com um Experimento "Água em Vinho", principalmente porque eu quis divertir um pouco o público — o experimento seria realizado algumas semanas antes do Natal. Os participantes seriam solicitados a enviar a intenção de reduzir o pH de uma amostra de água comum da torneira para deixá-la mais ácida — mais parecida com o vinho. Fizemos o experimento duas vezes e em ambas funcionou, embora as mudanças tenham sido pequenas e nossos públicos modestos — cerca de mil pessoas. Gary fatiou o período para que até mudanças muito sutis aparecessem claramente. Nessa escala expandida, o pH de nosso béquer-alvo foi bem menor que o dos controles, e a redução em pH, exatamente no tempo em que enviamos a intenção, foi acompanhada por uma redução pequena, mas mensurável, na temperatura (em comparação com o respectivo controle). Definitivamente, alguma coisa estava acontecendo ali, mesmo que estivéssemos indo mais uma vez contra a natureza e tentando tornar mais ácida uma substância naturalmente alcalina. Com o Experimento do Lago Biwa, o plano era trabalhar com a natureza, tentando influenciar a água na direção oposta — e mais natural.

Enfim, eu me senti pronta para o Experimento do Lago Biwa. Convoquei Konstantin Korotkov, que também iria falar no evento do Fórum Global da Água e da Paz do dr. Emoto. Conduziríamos o experimento em pessoa com o público reunido, mas simultaneamente também online, num site especial da internet, novamente criado pela Copperstrings. No dia 14 de março, domingo, voei com meu marido, nossa filha mais nova, Anya, então com 13 anos, e sua amiga Helen, até Tóquio. Vários dias depois, entramos no trem-bala para Quioto, e por fim, num trem local, até o lago Biwa, onde fomos recebidos pela família do dr. Emoto numa recepção de gala no salão Biwako, local da conferência no dia seguinte.

Mais tarde, naquela mesma noite, meu marido e eu escalamos as rochas ao longo da margem do lago agitado, ainda congelante sob o ar de março, para recolher duas amostras de água em dois frascos de vidro diferentes, para servirem de alvo e de controle. Levamos as amostras a Konstantin, que mediu o pH da água e fez medições das emissões de luz com seu instrumento GDV. Naquele momento, as medições das duas amostras foram virtualmente idênticas.

Depois de Konstantin fotografar os dois frascos, ele me enviou as imagens por e-mail e eu enviei uma foto de um dos frascos, escolhido de forma aleatória por Anya e Helen, para nossa equipe de internet da Copperstrings na Índia, que preparou o experimento online para o dia seguinte. Mais uma vez, estávamos criando uma internet psíquica: um alvo no Japão, uma foto mantida num site na Índia, um público fisicamente presente no Japão, o outro virtual e espalhado em torno do planeta, todos nós conectados por um pequeno frasco de água.

Ao meio-dia, no horário do Japão, mostrei a foto das amostras-alvo de água em meu PowerPoint antes da interação ao vivo, ao mesmo tempo que nossa equipe da web a revelava para os que estavam online em nosso site do Experimento da Intenção. A instrução era a mesma: enviar uma intenção para elevar o pH da água, imaginando-a como um riacho na montanha. Também mostrei a eles a imagem de uma escala de pH que vai do vermelho (acidez) ao azul (alcalinidade), pedindo ao público que a movesse para a direita — para que fosse mais alcalina.

Não tivemos de esperar muito para conhecer os resultados; Konstantin pôde anunciá-los no final da minha apresentação. Depois da nossa intenção, nossa amostra-alvo mostrou um aumento no pH em quase uma unidade completa e uma mudança bastante significativa com o equipamento de GDV, comparada com a da água de controle. A partir dos dados, Konstantin mostrou uma diferença estatística no sinal e na intensidade da luz, em comparação com a água no frasco de controle. Enquanto continuou a medir a água, descobriu que a intensidade do sinal persistiu, sugerindo que tínhamos feito alguma mudança permanente.

Rusty Roy ficou fascinado pelo fato de a água ter desempenhado um papel central em rituais de grande importância ao longo da história. "Além de ser essencial para a vida, desde tempos antigos a água tem sido associada intimamente com a psique, a intuição e a cura", escreveu-me antes de nosso experimento conjunto.

"Embora este vínculo tenha sido ignorado pela pesquisa médica moderna, a maioria das tradições religiosas dá à água um lugar importante em seus rituais — desde batismos e unções até bênçãos especiais. Pode até ser que essas bênçãos, dadas com intenções verdadeiramente amorosas, mudem de fato a estrutura — e, portanto, as propriedades — da água."

Não tínhamos provado isso com nosso experimento, e, antes de podermos repeti-lo, Rusty ficou doente e morreu naquele verão. Mas eu pensei naquilo que ele estava sugerindo: a água era usada praticamente por todas as tradições religiosas, não só para lavar impurezas e pecados, mas também como parte de uma bênção. E isso significaria que muitas tradições religiosas e culturais consideravam como certa a ideia escandalosa, proposta por Emoto, de que a água pode incorporar um pensamento.

Eu tinha começado a realizar meus próprios experimentos informais com a água em meus grupos de Poder dos Oito em workshops, intrigada por evidências científicas sugerindo que a água é um gravador.

Meus experimentos tinham evoluído a partir de uma demonstração realizada pela dra. Melinda Connor da Universidade do Arizona, que consistia em pedir que dez membros da plateia meditassem durante meia hora, projetando mentalmente uma palavra (relacionada a um conceito, como "cão") para um pequeno pote de vidro de papinha preenchido com água. Os participantes deveriam escrever a palavra num pedaço de papel, dobrá-lo para que não fosse visível, envolver o pote com o papel e prendê-lo com um elástico. Depois, eu espalhava esses potes pela sala, dividia o público em dez grupos e pedia que passassem consecutivamente de pote em pote, tentando intuir em silêncio a palavra que estava "incorporada" a cada pote com água. Não importava onde eu estivesse no mundo, em workshop atrás de workshop, no mínimo metade do meu público identificava corretamente pelo menos uma das dez palavras "incorporadas", ou algo intimamente associado com a palavra (por exemplo, se a palavra era "cão", eles recebiam "osso").

Quando Peter transmitiu e incorporou a palavra "churrasco" num pote, Dorothy, em pé diante do frasco, subitamente recebeu a forte imagem mental de um hambúrguer sendo cozido ao fogo, e Sarah ficou muito quente, como se o calor estivesse saindo do pote.

Noutro workshop que realizei num retiro popular em Austin, Texas, Janet resolveu passar seu tempo de meditação na mata próxima da cabana onde estava sendo realizado o workshop. Na metade do processo de programar o pote com sua palavra, subitamente ela ficou assustada, pensando que poderia haver cobras subindo pelas árvores, mas, sabendo que a água poderia captar esses pensamentos, ela disse para si mesma várias vezes: "*Não pense em 'cobras'*".

Quando pedimos ao público para intuir a palavra em seu pote, várias pessoas mencionaram que receberam a sensação de alguma coisa comprida e viscosa, e alguns participantes do workshop identificaram efetivamente a palavra "cobra". Noutra situação similar em um retiro na Costa Rica, Annika estava enviando "leão" para seu pote quando viu uma grande iguana, o que a assustou. Depois, durante nossa sessão de palpites, Dimitri, um dos outros participantes, captou "juba de leão" e outros receberam animais, mas Diane, possivelmente afetada pela iguana, escreveu "jacaré verde".

Embora o retiro costa-riquenho de uma semana tenha envolvido apenas dezenove participantes, tivemos resultados ainda mais extraordinários do que o costume. Com nossa primeira palavra, "casca de concha", quatro dos dezenove escreveram "casca", Jolene escreveu "espiral" e Lissa "funil", e Dimitri desenhou a imagem de uma casca de concha sem perceber o que estava desenhando. Para "agulha", João captou "agulha", Nancy captou "uma coisa pontuda", Lissa anotou "algo com ponta", Jolene captou "pena de escrever" e Dimitri "porco-espinho". No caso de outro pote, imbuído de "bolinha de gude olho-de-tigre", um viu "olho" e outro um "círculo amarelo"; para "borboleta azul", um participante acertou em cheio e Will desenhou a forma de uma borboleta. Para "caranguejo", um captou "peixe", outro "água-viva"; Lissa viu "aresta afiada" e Dimitri "unhas afiadas". De nossos dezenove participantes e nove potes, catorze acertaram pelo menos uma vez, a maioria teve mais de um acerto, e Dimitri e Kay captaram palavras incorporadas a quatro dos potes.

Resolvi avançar um pouco mais e tentar fazer isso por telefone durante meus seminários online, sempre incorporando uma palavra no pote com água do tamanho de um pote de papinha de bebê, e pedindo para o público, quer ao telefone, quer numa página especial do Facebook, tentar captar a palavra.

Em um telefonema, segurei um pote no qual havia incorporado a palavra "banana", pedindo para o público adivinhar a palavra do pote. Após reunir os resultados, vi que um sexto do público falou da banana, uma fruta amarela (vários viram "limão") ou um objeto com a mesma forma:

"Vi a imagem de uma banana, senti o cheiro de uma banana fresquinha, pensei em picolés de banana, senti o cheiro de um pão de banana e o vi, imagens e odores fortes de banana."

"Vi a forma de uma lua crescente e amarela."

"Um desses frascos suíços curvos de vinho."

"Uma colher curva, parecida com uma banana."

"Um macaco comendo uma banana."

Tentei uma segunda vez com a palavra "estrela", imaginando especificamente uma estrela de cinco pontas. Desta vez, um quinto do público comentou a palavra ou algo com a mesma forma distinta:

"Vi a imagem de uma estrela-do-mar erguendo-se no céu e explodindo numa chuva de estrelas."

"Estrela-do-mar com cinco extensões."

"Uma estrela e o cosmos ou estrelas cadentes."

"Um anis-estrelado."

"O desenho de uma estrela."

Há cerca de 1 milhão de palavras na língua inglesa, e três quartos delas são substantivos. Se eliminarmos substantivos conceituais ou relacionados a pessoas, talvez restem umas 600 mil palavras. Não deve haver zeros suficientes para calcular as chances de as respostas que eu estava obtendo serem o resultado de simples coincidência.

O experimento com o pote teve muito mais implicações gigantescas do que podermos alterar o pH em uma unidade. A consciência humana parece ser como um balde furado, com nossos pensamentos vazando de nós e inserindo-se em tudo, desde outras pessoas até nossa comida. Lembre-se de que as plantas são 90% água e nós somos cerca de 70% água. Se imprimirmos certas informações na água e a dermos para que outras pessoas a bebam, será que esses pensamentos as afetarão? Os pensamentos que temos quando estamos preparando nossa comida afetam as pessoas que a comem? Quão longe podemos levar a gravação em nossa vida?

Seis dos sete Experimentos da Intenção com a água mais recentes haviam funcionado. Havíamos oferecido uma demonstração simples de que nossos pensamentos podiam mudar a água, e à distância, mesmo que as mudanças que conseguimos fossem pequenas e bem menos drásticas que os efeitos gigantescos que havíamos testemunhado com os potes com água nos workshops e seminários online. Sem dúvida, porém, essas pequenas mudanças eram notáveis por si mesmas. Alterar a qualidade da água e torná-la alcalina por uma unidade inteira é outra evidência de nossa enorme capacidade como criadores.

Para mim, mais interessante ainda foi o que *não* aconteceu durante esses grandes experimentos.

Fiz pesquisas com os participantes dos grandes experimentos com a água, mas nada de importante havia mudado para eles, durante ou depois, tal como haviam mudado durante o Experimento da Paz. Alguns tinham chorado de forte emoção e outros sentiram uma poderosa conexão com os outros mentalizadores, mas quaisquer visualizações experimentadas relacionavam-se principalmente com as placas de Petri ou, na melhor hipótese, corpos d'água ao redor do planeta. Ninguém parece ter passado pela dramática ascensão experimentada por aqueles que participaram do Experimento da Paz. Os mentalizadores podem ter sentido mais conexão com a água do mundo e mais otimismo com a possibilidade de limpar a poluição ou o ambiente — muitos de nossos leitores relataram que sentiram a unidade com a água, ou até tiveram a sensação profunda de degustar o vinho no Experimento da Água para o Vinho —, mas em todos os outros sentidos, nenhuma vida mudou. Exceto pela sensação de certa paz durante o experimento, a maioria das pessoas não sentiu mudança de longo prazo em seu humor, e quase ninguém experimentou o tipo de experiência mística ou as epifanias importantes que aconteceram durante e depois dos Experimentos da Paz. A maioria afirmou ter se sentido melhor no dia, gratos por terem feito algo que, no final, poderia ajudar o planeta ("tenho a esperança de que isso pode ajudar na limpeza geral do planeta"), mas logo se esqueceram disso. Muito poucos vivenciaram mudanças em seus relacionamentos ou mudanças neles mesmos. Ninguém teve a sensação de amor universal, ninguém saiu de repente pela rua abraçando desconhecidos, ninguém se sentiu impelido a buscar um novo propósito para a vida. Como escreveu um veterano da fase inicial de pesquisas, esses experimentos com a água tinham sido bem diferentes: “Com o Experimento da Paz, havia uma foto com crianças. Seus olhos falavam comigo”. Comecei a perceber que, para causar um efeito rebote, nossos alvos experimentais precisavam ter um elemento essencial: outros seres humanos.

CAPÍTULO 14

AS TORRES GÊMEAS DA PAZ

Eu também estava vendo o efeito rebote em meus grupos de Poder dos Oito. Lissa Wheeler se juntou a um grupo de Poder dos Oito para seguir um sonho — escrever um livro que ajudasse profissionais de trabalho corporal a tratar de pacientes com trauma. Lissa não era uma escritora nata, e, quando se juntou ao grupo, estava com seu terceiro editor, enfrentando dúvidas sérias sobre a possibilidade de conseguir fazer aquilo acontecer. Ela também se sentia intimidada pela perspectiva de comercializar o livro, promovendo-se em redes sociais e sendo alvejada por resenhas negativas.

A primeira brecha surgiu quando ela e seu grupo começaram a enviar intenção para Dinah, que precisava de apoio para superar o medo de não ter dinheiro suficiente. Dinah havia até começado a falar em ter de sair de sua casa e ir trabalhar em empregos que não desejava só para poder pagar as contas.

Lissa e os outros membros do grupo visualizaram Dinah recebendo todo o apoio de que precisava para mudar suas circunstâncias financeiras. Um dia, pouco depois disso, Lissa sentiu um impulso forte de ir a determinada loja, e, depois de entrar, viu um conhecido de muito tempo atrás, que tinha sido editor de livros. Lissa criou coragem para dizer *olá* e se abrir sobre a luta com o projeto do seu livro. O amigo se ofereceu para guiá-la por todo o processo, apresentando-a depois para um novo editor e um especialista em marketing. Então, Lissa conectou-se com um orientador de desenvolvimento pessoal para ajudá-la a lidar com suas dúvidas e fracionar o projeto em etapas controláveis. Dez meses depois, Lissa publicou seu livro, *Engaging Resilience* [Resiliência envolvente], que se tornou o mais vendido na Amazon em duas categorias logo após seu lançamento.

"Foi como subir numa escada rolante de apoio", escreveu Lissa sobre o efeito rebote da intenção em seu grupo de Poder dos Oito. "Não fizemos muitas intenções com foco no meu livro — duas, talvez. Mas a consistência de nos encontrarmos semana após semana e de visualizarmos o sucesso de quem quer que estivéssemos focalizando criou um músculo dentro de mim — a confiança em minhas próprias possibilidades."

Muita gente nos círculos de Poder dos Oito estava se conectando tão estreitamente com seus alvos que experimentou os mesmos efeitos. Num workshop no Oriente Médio, enviamos intenção para curar a artrite que atormentava Mahood em seu quadril direito. Quatro membros do grupo que sofriam de artrite também se sentiram bem melhor depois de enviar a intenção a Mahood. Eu queria testar esse efeito rebote com outro grande Experimento da Intenção de Paz e, já perto de setembro de 2011, eu teria um alvo óbvio. Como a maioria dos norte-americanos, eu tinha sido forçada a revisitar o terror de 11 de setembro de 2001 a cada aniversário nos nove anos anteriores, pois todos os canais de TV reprisavam incansavelmente a sequência familiar de eventos: o céu sem nuvens e azul demais de setembro; o primeiro voo espatifando-se na Torre Norte, como se fosse um engano catastrófico; o impacto do segundo avião na Torre Sul, dezessete minutos depois, confirmando que não havia engano algum em tudo aquilo; os corpos caindo das janelas de cem andares; a sanfona em câmera lenta das duas torres, a meia hora uma da outra, em uma nuvem fulminante de poeira escura. Foram imagens que nunca serão esquecidas, às quais os Estados Unidos acreditaram ser necessário se apegar para homenagear adequadamente os mortos. Porém, com a aproximação do décimo aniversário naquele verão, senti-me determinada a oferecer uma alternativa.

A ideia de um Experimento da Intenção de Paz 11/9 foi iniciada em um encontro casual, depois de ter concordado em reservar algum tempo para conhecer o amigo de uma amiga no retiro Miraval em Tucson, Arizona, onde eu estava hospedada para uma conferência. Tadzik Greenberg, um sujeito genial com dreadlocks e seus trinta e poucos anos, correu para se apresentar na área da recepção. Como fundador do Planet Coexist, disse, ele havia procurado esse encontro para discutir os planos ambiciosos que ele e seus amigos tinham para assinalar o décimo aniversário com um festival gigantesco em

Seattle chamado One: The Event [Um: o evento], com três dias de atividades globais procurando transformar um dia de medo em um dia de amor, perdão e unidade. One: The Event incluiria diversas atividades, oradores e música ao vivo em Seattle, na Universidade de Washington e no Estádio Memorial de Seattle, que também seria transmitido para o mundo através de uma *live* por meio de inúmeras organizações de paz. O plano era "transformar as marés de medo e raiva em amor e harmonia", segundo a organizadora do evento, Laura Fox, no comunicado oficial à imprensa, e também "explorar aquilo que está quebrado em nossos sistemas atuais" e "o que cada um de nós pode fazer para agir e levar soluções visionárias para o mundo".

Tadzik tinha ouvido falar no Experimento da Intenção e esperava que o evento culminasse em algum tipo de experimento pela paz global. Será que eu estava interessada? Olhei para a roupa de Tadzik, mistura de roupas largas de retalhos e sandálias velhas. Fiquei seriamente em dúvida se ele e seus colegas poderiam produzir um evento tão vasto e complexo, até ele começar a citar várias organizações de transformação e ativismo muito conhecidas e respeitadas cuja participação o festival One: The Event havia concordado em ter: a Shift Network, a Pachamama Alliance, Four.Years.Go., a igreja Ágape e muitas outras. À medida que a manhã passava, ele começou a me convencer — e por bons motivos. Nos meses seguintes, Tadzik iria se mostrar um networker extraordinário. Passei dias pensando no tipo de Experimento da Intenção que seria melhor para marcar a data de alguma maneira positiva, e subitamente pensei no dr. Salah Al-Rashed. Kuwaitiano de uma família árabe proeminente, Salah foi pioneiro, sozinho, do movimento do potencial humano no mundo árabe. Estudou no Reino Unido e nos Estados Unidos, e, após concluir o doutorado em psicologia na Universidade do Leste do Michigan, voltou para casa e criou um centro, compartilhando o que havia aprendido com o Ocidente, oferecendo workshops e programas de treinamento sobre autodesenvolvimento e espiritualidade. Salah também era conhecido por seu ativismo pela paz, pedindo a paz em lugares como a Palestina numa época em que outros, em posições proeminentes como a dele, exigiam represálias e a continuidade do conflito. Em 2010, ele deu início ao Grupo Salam (Paz), que naquele período tinha milhares de membros e grupos em quarenta cidades árabes espalhadas pelo Golfo, de Gaza e Cairo a Riad e Abu Dhabi, cada grupo reunindo-se todas as semanas, quer pessoalmente, quer pela internet, para enviar preces pela paz. Os próprios livros de Salah, que incluem um romance sobre a iluminação, têm sido bestsellers nos Estados do Golfo. Depois de lançar seus próprios programas de TV e de rádio, ficou virtualmente impossível para Salah, uma figura barbada, atípica, alta e imponente, com cabelos escuros penteados para trás em um rabo de cavalo curto, ir a qualquer lugar do Kuwait sem que alguém lhe pedisse um autógrafo. Ele é, para todos os fins e propósitos, o Deepak Chopra do Oriente Médio, e, de todas as pessoas, ele seria capaz de convocar uma grande participação árabe para o experimento. Eu o conheci em 2009, depois que participou de um de meus workshops, quando ele e sua esposa, Sarah, que administra o centro, visitaram o escritório de minha empresa em Londres para perguntar se poderiam me receber no Kuwait no ano seguinte. Ficamos impressionados com o belo casal e concordamos, e meu marido fez planos para me acompanhar.

Acontece que Bryan não conseguiu tirar uma folga e tive de viajar sozinha. Quando cheguei no aeroporto da Cidade do Kuwait, no mês de fevereiro seguinte, por um momento fiquei em pânico, vasculhando freneticamente a grande multidão de homens árabes em trajes tradicionais à procura de Salah, sua esposa ou alguém segurando uma placa com meu nome. Por fim, ouvi alguém dizendo o meu nome, mas a voz pertencia a alguém que eu não reconheci. Quando Salah e Sarah foram ao nosso escritório, trajavam roupas ocidentais, mas a pessoa que me chamava estava usando o *thwab* tradicional e um *keffiyeh* xadrez vermelho, e a mulher a seu lado estava coberta de preto da cabeça aos pés, com *hijab* e *niqab* completos, tendo os olhos como única pista para sua identidade. Quando chegamos ao hotel, Salah me mostrou a sala onde eu iria falar no dia seguinte e explicou alguns traços culturais. "Os homens vão se sentar de um lado e as mulheres do outro", disse. "Não estenda a mão para cumprimentar um homem. Quando fizer exercícios experimentais, certifique-se de segregar homens e mulheres e não peça para ninguém tocar alguém do sexo oposto, de modo algum. Deixe um tempo às onze da manhã para as orações."

Quando subi ao palco no dia seguinte com a minha tradutora, uma jovem da Síria coberta por algo que parecia ser um casaco cinzento com zíper e um lenço envolvendo totalmente a cabeça, deparamo-nos com um mar preto do lado direito, onde as mulheres decidiram se sentar, segregadas naturalmente, e branco e vermelho, onde os homens estavam sentados, à esquerda. Participantes de ambos os sexos tinham educação superior — entre os quais muitos médicos, advogados e outros profissionais — e tinham saído de todas as nações do Golfo, desde a Arábia Saudita até a Palestina. Olhei para o público — inteligente, educado e atento — e pensei no que estava prestes a lhes ensinar: o poder dos pensamentos para afetar sua realidade. *Aquilo ia ser interessante.*

Mas, à medida que o primeiro dia ia passando, fiquei impressionada com sua adesão entusiástica a essas ideias modernas sobre a nova ciência e o poder da intenção, que, para eles, se encaixavam perfeitamente com sua religião, cujos aspectos estavam presentes de algum modo em quase todas as conversas. Durante os intervalos na parte da manhã, os homens se dirigiam para um canto da sala, ajoelhavam-se, posicionando-se na direção de Meca, e se inclinavam para orar. Depois, voltavam discretamente para seus lugares, mesmo aqueles que vinham de países mais conservadores, como a Arábia Saudita, felizes por estarem se envolvendo com minhas ideias Nova Era, e muito ocidentais.

Meu público era muito inquisitivo, mas após dois dias, eu é que me tornei a maior aluna da sala: *Por que vocês oram às onze da manhã? Por que se cobrem? O que vocês usam debaixo desse manto preto?* (Resposta: Gucci.) *O fato de se cobrirem reduz a incidência de estupros? O que vocês acham do fato de não poderem dirigir? Como resolveriam o conflito entre árabes e israelenses?* A efusão de amor de todos eles em resposta à minha curiosidade foi extraordinária, uma gratidão pela tentativa de serem compreendidos. No final, tive de comprar uma mala para acomodar todos os presentes que me deram: fotos emolduradas de uma participante com o braço me envolvendo; joias sofisticadas de prata e turquesa; modelos de barcos tradicionais do Kuwait, antes um grande porto; artefatos religiosos, inclusive recordações da Caaba, localizada no centro de Meca, o lugar mais sagrado do islamismo.

Salah preparou mais alguns de meus workshops em Dubai e na Turquia, e adorei o público de todos os eventos. Seus seguidores eram o grupo perfeito para dar ao meu público ocidental um contraponto à Al-Qaeda.

Durante o verão, ele e eu idealizamos um plano para propor a construção de novas Torres Gêmeas do Oriente e Ocidente em comunhão e solidariedade pela paz. Abrir o evento pedindo desculpas em nome de todos os árabes foi ideia de Salah, mas eu lhe disse que o Ocidente também precisava se desculpar. Por mais que os Estados Unidos se sentissem justificados na invasão do Afeganistão após os ataques de 11 de Setembro, o fato era que os afegãos haviam perdido bem mais do que nós. A maioria dos ocidentais não reconhecia que cerca de 100 mil afegãos inocentes tinham sido mortos, feridos, detidos ou deportados por causa de uma guerra iniciada por um pequeno grupo de radicais árabes que também os aterrorizavam. Pacificadores como meu amigo James O'Dea, que foi diretor do escritório da Anistia Internacional em Washington e que havia testemunhado julgamentos públicos em áreas afligidas por guerras como Ruanda, me convenceram de que um dos caminhos mais rápidos para restaurar a concórdia é o pedido franco e público de desculpas por erros do passado.

Quando começamos a planejar nosso Experimento da Intenção de Paz 11/9, tomei o cuidado de usar um desenho idêntico ao do Experimento da Intenção de Paz de 2008. Repetiríamos nossa intenção todos os dias durante oito dias, como fizemos em 2008, e manteríamos os principais membros de nossa equipe científica original: Gary, Roger e Jessica Utts.

Salah e eu estávamos de acordo quanto ao alvo: tinha de ser o Afeganistão. Na época de nosso experimento, a guerra já durava quase dez anos. As províncias afegãs de Helmand e Kandahar, as duas maiores províncias do sul e os principais redutos do Talibã, haviam sofrido o maior número de mortos e feridos relacionados à guerra e ao terrorismo, entre militares e civis, de todas as províncias do país. Ambas as áreas tinham sido alvos recentes de atentados a bomba e homens-bomba, e, como o maior mercado de ópio do mundo, essa área do Afeganistão, que faz divisa com o Paquistão, também foi alvo de ataques terroristas estrangeiros. Os envolvidos na luta contra as forças da OTAN de "Guerra ao Terror" eram uma mistura de combatentes talibãs e grupos guerreiros tribais envolvidos no comércio do ópio. Após o fracasso da iniciativa de paz de 2010, tentada pelo governo afegão da época com o Talibã, e depois que a OTAN iniciou novas ofensivas em consequência disso, a violência se intensificou.

A Copperstrings projetou uma plataforma web virtualmente idêntica à que utilizamos para nosso Experimento da Intenção de Paz em 2008, mas com duas diferenças: teríamos duas versões das mesmas páginas da web, uma em inglês e a outra em árabe, e alugamos um servidor com capacidade ainda maior, como um seguro duplo para evitar que o site travasse. Como os organizadores de One: The Event queriam transmitir todo o evento de três dias pela internet, Tadzik colocou-nos em contato com uma mulher que havia criado uma estação de TV na internet e que se ofereceu para fazer uma cobertura diária com Salah e comigo após o experimento de cada dia, ligando nossa transmissão à *live* do evento.

Na transmissão, Salah começou desculpando-se abertamente em nome de todos os árabes por não terem sido mais vigilantes e por permitirem que os ataques acontecessem, e eu apresentei desculpas pela "resposta agressiva e violenta ao 11 de Setembro" do Ocidente, comprometendo-me a "trabalhar para evitar a violência e a exploração política e econômica, oferecendo uma alternativa à guerra e à supremacia econômica e política do Ocidente a qualquer custo". Nós dois também prometemos "trabalhar por maior tolerância às diferenças entre todas as religiões e crenças".

Quando chegou a hora de iniciar a intenção, as páginas da web mudaram, revelando agora a imagem de um garoto afegão cercado por pombas brancas e a imagem de um aperto de mãos caucasianas e árabes — um símbolo da união entre Oriente e Ocidente.

Desta vez, nossos Experimentos da Intenção de Paz 11/9 atraiu participantes de 75 países, da Islândia ao Brasil e da

Califórnia à Indonésia, e também de todos os países árabes do planeta. As pessoas participaram de maneiras engenhosas: pela tela gigante em One: The Event, do alto de uma montanha, durante uma cerimônia do cachimbo da paz de nativos norte-americanos.. Um participante que dirigia sempre seu carro no horário do experimento estacionava todos os dias para participar. "Eu podia sentir uma mudança na energia cerca de dez minutos depois do horário do início do experimento", disse. No final, muitos milhares participaram de One: The Event e das transmissões simultâneas, com mais 7 mil inscritos em nosso site e dezenas de milhares sintonizando-se em minha *live* diária. Sem dúvida, foi o maior experimento da mente sobre a matéria da história.

No terceiro dia do Experimento da Intenção de Paz, senti-me encorajada ao descobrir que os Estados Unidos tinham endossado planos para um escritório sediado no Qatar, em Doha, para que o Talibã começasse a propor conversações de paz com o Ocidente. Mas depois que o experimento terminou, em 18 de setembro, tivemos de embarcar novamente numa paciente expectativa de três meses e meio, permitindo o curso dos eventos no restante de 2011 a fim de determinar se nossa intenção teve algum efeito, enquanto eu tinha de tentar encontrar algum militar norte-americano disposto a me revelar dados reais.

Nenhum oficial participante de algum conflito norte-americano quer falar sobre o número de vítimas. Passei vários meses rondando oficiais em quase todos os organismos envolvidos na Guerra ao Terror: o Departamento de

Estado dos Estados Unidos; a UNAMA (Missão de Assistência das Nações Unidas no Afeganistão), que contava vítimas civis; o governo do Afeganistão; a missão de forças combinadas dentro do Afeganistão e diversos departamentos da OTAN, que, no final, sugeriram que eu falasse com a Força Internacional de Apoio à Segurança (ISAF, em inglês), missão liderada pela OTAN e formada inicialmente pelo Conselho de Segurança das Nações Unidas para treinar as forças afegãs, mas cujos poderes cresceram a ponto de liderar as operações de combate nas regiões.

A maioria das agências não liberava todos os seus números; a ISAF alegou que não tinha informações tabuladas que pudesse tornar públicas sobre baixas militares, mas tinha muitos dados sobre ataques dos inimigos e vítimas civis. A UNAMA tinha dados mensais de seções individuais do país sobre 2009 e 2010 — mas não sobre 2011. Depois de me transformar num estorvo para a ISAF, finalmente entrei em contato com seu porta-voz oficial, um general alemão chamado Carsten Jacobson, um pouco mais útil, embora cauteloso em liberar quaisquer dados. Ele me avisou que estatísticas sobre vítimas militares não são completamente confiáveis, já que o soldado ferido costuma ser transferido de volta a seu país natal e muitas vezes o exército combinado da OTAN não recebe notícias sobre sua sobrevivência ou óbito. Visando principalmente livrar-se de mim, ele acabou me mandando um relatório oficial do banco de dados da Rede de Dados de Informação da Missão Conjunta do Afeganistão, promovida pela OTAN, sobre o progresso da guerra ao longo de vários anos e datado de 13 de janeiro de 2012, e eu também consegui, por fim, obter o relatório anual de 2011 da UNAMA sobre vítimas civis. Os dois conjuntos de dados podem ter representado uma versão higienizada do número de vítimas, mas, como eu os estava usando para a totalidade da comparação, pelo menos seriam dados consistentes.

Em grande parte, os relatórios tinham feito o trabalho para nós: comparar as vítimas entre militares e civis, bem como os diversos tipos de ataques inimigos, com os anos anteriores, e fazer uma análise complexa de tendências nos diversos tipos de violência, para não precisarmos de um professor de estatística para produzir os valores finais. As estatísticas dos relatórios incluíam os números de ataques iniciados pelo inimigo em diferentes áreas do Afeganistão, inclusive no sul, alvo de nossa intenção, e também o número de dispositivos explosivos improvisados utilizados, inclusive ataques com minas, principal meio pelo qual os insurgentes afegãos executam ataques contra os militares da OTAN e causa de mais de 60% de vítimas civis, segundo a ISAF. Com todos esses números, pudemos analisar o que aconteceu em setembro de 2011 e nos dois meses seguintes em comparação com o que havia acontecido nos meses e anos anteriores ao nosso experimento. Mais uma vez, ficamos espantados pela grande queda no número de vítimas entre civis e militares depois do Experimento da Intenção de Paz 11/9, especificamente em nossas duas províncias. Entre vítimas civis, segundo as estatísticas da OTAN, 440 morreram em agosto de 2011, mas os números mensais caíram para 340 em setembro e continuaram a cair em outubro (290) e novembro (201), representando respectivamente quedas de 22%, 14% e 30% em relação aos meses anteriores. Os três valores ficaram bem abaixo da média mensal de vítimas (374) durante os 28 meses anteriores, com o número de outubro de 2011 estando 23% abaixo da média e o de novembro, 46% abaixo da média. Na verdade, novembro de 2011 representou a segunda maior queda percentual de vítimas civis desde o começo de 2009. De modo geral, entre setembro e novembro de 2011, as vítimas civis caíram em média 37%, comparadas com o número de agosto de 2011.

Em termos de ataques inimigos, os dados da OTAN mostram que ataques com dispositivos explosivos caíram 19%, mantendo-se nos mesmos níveis em outubro, e continuaram a cair mais 9% em novembro e mais 21% em dezembro. Esse valor final foi 16% mais baixo que o número médio de ataques entre setembro de 2009 e dezembro de 2011, dois anos antes, aproximadamente.

Talvez a tendência de queda mais interessante tenha a ver com ataques iniciados pelo Talibã, de modo geral. Os valores mensais para 2010 mostraram uma tendência ascendente firme de ataques (aumentando 80% em 2010, em média), mas depois essa tendência se estabilizou e mal se alterou até o começo de 2011, quando os ataques começaram a aumentar inflexivelmente até agosto. Após nosso experimento em setembro, os números iniciaram uma tendência acentuada de queda, caindo bastante entre outubro e dezembro de 2011, e os ataques iniciados pelo inimigo nos últimos três meses de 2011, de modo geral, foram 12% mais baixos em comparação com o mesmo período de 2010. Como observou o relatório com relação ao segundo semestre desse ano: "Esta é a maior tendência de queda prolongada nos ataques iniciados pelo inimigo e registrada pela ISAF".

Na verdade, em comparação com o resto do país, o sudoeste — alvo de nossa intenção — registrou o maior declínio em valores, comparados com setembro do ano anterior: uma extraordinária redução de 790% sobre o mês anterior e um declínio de 29% para o ano todo, comparado com 2010. Essa tendência prosseguiu em outubro (o número de ataques foi 500% menor), novembro (400% menor) e dezembro (300% menor).

O que tornou nossos resultados mais convincentes ainda foi o fato de as grandes reduções na violência que haviam ocorrido em nossas províncias-alvo, Helmand e Kandahar, não serem experimentadas da mesma forma no país. Os números gerais de vítimas para o país como um todo subiram em dezembro de 2011 após dois ataques suicidas durante as celebrações de Ashura em Cabul e Mazar-e-Sharif, e os ataques iniciados pelo Talibã aumentaram 19% no leste entre 2010 e 2011. Mas, mais uma vez, o que significa tudo isso? Quanto a 2008, nada de definitivo. *Você constrói uma hipótese e, quando ela funciona, precisa testá-la novamente. Você a testa outra vez, ela funciona, e você precisa testá-la mais algumas vezes. Só depois de replicar os resultados quatro, cinco, seis vezes é que você pode mostrar um padrão que começa a ficar interessante.* E, mais uma vez, um milhão e uma circunstâncias poderiam ter explicado as reduções na violência. Como exemplo, houve o fato de os Estados Unidos e a OTAN já terem começado a encerrar a guerra afegã, embora isso não explique a redução da violência concentrada em nossas duas regiões. Apesar de muitas variáveis potenciais, os resultados pareceram convincentes, particularmente se considerarmos que tínhamos quantificado a intenção — tal como fizemos em nosso Experimento da Intenção de Paz de 2008 pelo Sri Lanka — pedindo que a violência se reduzisse em 10%, no mínimo. Quando analisamos os dados do resto do país, eles mostraram consistentemente uma redução média nos números de vítimas em torno dos 10%.

Além de uma análise objetiva das vítimas, pedi também que Roger Nelson visse se houve o registro de algum efeito sobre a rede de geradores de eventos aleatórios do Projeto de Consciência Global durante os oito dias de nossa intenção coletiva, assim como fizera para nosso experimento de 2008. Nelson interligou os dados desses oito dias para formar uma sequência que incluiu a saída de todas as máquinas durante todos os períodos de vinte minutos dos oito dias, prestando atenção particularmente nas janelas de dez minutos diários da intenção propriamente dita. Após o terceiro dia, ele encontrou uma tendência muito firme — uma tendência geral de que os resultados que se acumularam durante cada segundo do período que estávamos analisando eram similares.

"A maioria dos desvios é negativa", escreveu-me, o que significa que a média era inferior a cem, o esperado, como jogar uma moeda e aparecer constantemente coroa. Quando Roger juntou os desvios, a linha do gráfico mostrou uma direção descendente contínua. "A tendência persistente ou 'firme' reflete a consistência", escreveu ele, "e isso, por sua vez, sugere um efeito que não é um mero acaso".

Roger me lembrou que o tamanho do efeito era muito pequeno em comparação com o "ruído" inerente — ou dados aleatórios. "Desvios que aparecem nas telas de nossos gráficos são uma combinação de possíveis efeitos e de flutuação aleatória normal", disse. Um experimento isolado como esse não pode ser interpretado sozinho de forma confiável.

Mas, quando ele comparou seus resultados com os do Experimento da Intenção de Paz de 2008, descobriu uma tendência negativa virtualmente idêntica no gráfico de desvio cumulativo. "Essa similaridade entre os dois experimentos ajuda a apoiar uma interpretação dos desvios negativos exibidos no atual conjunto de dados como um efeito relacionado com a Intenção", escreveu ele.

Definitivamente, parece que estava acontecendo alguma coisa ali, tal como ocorreu com nosso Experimento da Paz no Sri Lanka, mas outra coisa estava acontecendo também, algo que comecei a notar no Facebook, Instant Messenger e nas duas pesquisas que fiz com os participantes sobre sua experiência, uma em inglês e a outra em árabe. Ao que parecia, estávamos pondo fim à guerra de outra maneira.

CAPÍTULO 15

CURANDO FERIDAS

Desde o primeiro dia do Experimento da Intenção de Paz 11/9, os participantes formaram conexões extraordinárias uns com os outros, mais poderosas ainda do que durante o Experimento do Sri Lanka em 2008 — na maioria dos casos, foi a conexão mais extraordinária que já haviam experimentado. "Como se eu fosse um pedaço de metal sendo atraído por um magneto que não é deste mundo, desde meus cotovelos até a ponta dos dedos", escreveu Logan, da Suíça.

"Como se houvesse um brilho branco em torno do meu corpo, com um cilindro branco conectando meu corpo (e os dos demais) à região-alvo", escreveu Cathy.

"Como se estivesse no vértice de energia da prece de todos que estavam focalizando, como uma experiência fora do corpo", escreveu Linda, dos Estados Unidos.

"Como se nadasse num oceano de boa vontade, amor, esperança", escreveu Simona, da Romênia.

Todos pareceram "eletrizados" e muitos tremiam como "quando você está com muito frio e fica com 'calafrios'", com “ondas e ondas de tremores” no corpo. Começaram a perceber sons internos, como se “houvesse pessoas sussurrando” em sua mente. Muitos soluçaram abertamente durante e após o experimento, como se tivessem se “ligado a um corpo global de dor”, intensificando seus próprios sentimentos. “Eu não fui um corpo naquele mesmo (e longo) momento”, escreveu Saad. Depois de ler a intenção em voz alta, a garganta de Michael ficou tão dolorida que ele teve de parar de falar. “Foi o mais perto”, escreveu um participante, “que já me senti de ‘Deus’”.

Pouco antes de começar o experimento, Logan havia mandado uma mensagem de texto para sua irmã, perguntando se ela conseguiria acessar um computador, e enviou o link, embora ela não pratique meditação e nunca tenha tentado enviar intenções. Após o experimento, ela telefonou para lhe dizer que tinha ficado tão emocionada durante o experimento que seu parceiro ficou curioso para saber se ela tinha visto uma foto perturbadora, pois estava chorando muito. “Falei que foi exatamente isso que eu senti”, disse-me ele.

Tiveram alucinações com visões utópicas, estranhas e muito específicas segundo sua própria perspectiva, sentindo que estavam “DENTRO de seu corpo, mas também LÁ LONGE, na área-alvo” do Afeganistão:

“Uma energia branca de paz emanando de todos nós, mesclando-se no grande feixe de luz e esperança!”, escreveu Amal.

“Pessoas trabalhando juntas para reconstruir escolas, hospitais e vidas, e um país de amor e paz!!!”, escreveu Debbie.

"O Afeganistão como a fonte da nova Paz Global no mundo", escreveu Cornelia.

"Crianças correndo entre os rios... Ouvi os pássaros cantando e vi escolas e universidades em Kandahar e Helmand... Depois vi o Ocidente e o Oriente misturando-se normalmente, sem diferença alguma", escreveu Fatima.

"Todo o rancor em Washington DC e na política americana se dissolvendo como chocolate", escreveu Maridee.

"George Bush com Condoleezza Rice e [Donald] Rumsfeld vivos e sentados em meio a todo o povo afegão, tomando drinques juntos, como amigos", escreveu Marjorie.

"Árabes e americanos... todos jogando suas armas em uma enorme cratera, todos trabalhando para cobrir tudo com terra e colocando um cartaz sobre ela, dizendo, 'Aqui jaz a Guerra, foi-se para sempre'", escreveu Linda.

No decorrer da semana, milhares continuaram a se sintonizar na estação de TV da web com a qual eu havia feito uma parceria para apresentar uma atualização diária ao vivo do evento. Durante as transmissões diárias, que tinham uma sala de bate-papo com mensagens instantâneas, muitos dos participantes ocidentais começaram a enviar mensagens e a fazer amizade com pessoas dos países árabes que escreviam em inglês — e vice-versa. O ressentimento e a desconfiança com relação aos árabes estavam começando a se transformar em amor e aceitação. Os ocidentais começaram a desejar o bem dos árabes — "*Ante diemen fee kalbi*" ("Você está sempre no meu coração") — e, conforme começaram a se sentir conectados com os árabes, "como um suporte do lado direito em que podemos nos apoiar virtualmente, como se nos sentíssemos irmãos à distância", suas atitudes com relação ao Oriente Médio começaram a mudar: "o Afeganistão será para sempre sinônimo de Paz para mim". A dor do 11 de Setembro e o rancor persistente estavam sendo curados.

"A experiência de trocar mensagens instantâneas com pessoas do Egito, da Arábia Saudita e de muitos outros países do Oriente Médio — durante as mensagens, desejávamos paz uns para os outros e expressávamos amor —, isso me fez chorar", escreveu John, de Tucson. "Foi muito terapêutico para mim, um cidadão dos Estados Unidos."

À medida que nosso experimento foi sendo divulgado, começou a criar alguns efeitos positivos, mesmo entre aqueles que não tinham participado. May Lynn participou de seu clube de livros na semana do Experimento da Intenção de Paz 11/9. Seus amigos estavam comentando que se sentiam carregados de emoções negativas sobre o 11 de Setembro. "Pude dizer a eles que há um grupo grande de pessoas trabalhando para usar este aniversário para levar paz ao Afeganistão", escreveu ela, "e ficaram muito felizes por saber que esse experimento está acontecendo!"

Samuel, de Nova York, que dá aulas para muitos alunos do Oriente Médio, comentou nosso experimento com eles. "Eles ficaram bastante surpresos e agora querem continuar", escreveu.

Muitos dos participantes árabes procuraram fazer amizade com os ocidentais: "Somos irmãos, sempre estaremos com vocês. Embora não os conheça, sinto a conexão com suas almas puras".

"Este dia é o dia em que todos sentimos a perda e ninguém sentiu o ganho", escreveu Bahareh. "Seu Deus é o meu

Deus. Meu Deus é o seu Deus." Seguindo o exemplo de Salah, os árabes começaram a pedir desculpas aos americanos, um ponto de vista que "milhões de árabes e muçulmanos estão compartilhando com ele".

"Em seis minutos", escreveu Kholood, "ele disse o que venho tentando dizer há anos".

Eles começaram a levar o pedido de perdão para a sua própria vida. Um dos entrevistados, sentindo-se questionado por algumas pessoas que não concordavam com ele, desculpou-se por não compartilhar o ponto de vista deles. "De repente, eles aceitaram isso", escreveu. "Teria sido o pedido de desculpas?"

Os dois lados começaram a discutir ideias no Facebook sobre como criar a paz entre Oriente e Ocidente: "Parem de usar as palavras 'Oriente' ou 'Ocidente'", "mudem de Oriente e Ocidente para Mundo", chamem de "Ociriente".

Tal como no Experimento da Paz de 2008, a participação nesse experimento levou paz às suas vidas, particularmente a seus relacionamentos. Três quartos dos participantes falaram como a sensação recém-descoberta de paz melhorou seus relacionamentos em todos os sentidos:

"Relacionamentos familiares."

"Meus vizinhos."

"Minhas irmãs."

"Meu irmão gêmeo."

"Meus cachorros."

Estavam se entendendo melhor com clientes, ex-maridos, irmãos, vizinhos, pessoas com quem costumavam discutir, até empregadores. "Meu marido me procurou no meio da semana e disse que eu estava mais acessível e aberta. Pequenos problemas não me incomodavam." Muitos fizeram um pacto consigo mesmos para resolver conflitos persistentes com os outros e curar feridas, mesmo com aqueles que haviam lhes causado dor. Saad descartou a "energia negativa" com relação a um amigo e o perdoou. "No primeiro dia, eu estava de mãos dadas com uma amiga com que acabara de fazer as pazes, depois de um longo tempo em que ficamos sem nos falar", disse Susan, de Spokane. "Ficamos de mãos dadas durante o experimento, e, quando acabou, nós nos abraçamos."

Um terço dos participantes estavam se entendendo melhor com pessoas de quem normalmente não gostavam ou com quem discutiam. Um conflito em curso com um marido foi levado ao "confronto total, mas passou rapidamente para a resolução". Discussões sobre acidentes, locadores e cunhadas que já duravam anos foram resolvidas subitamente. Um deles tinha dificuldade para concordar com as posturas comerciais dos colegas ou de lidar com orientações dos gerentes de quem discordava, mas achou "mais fácil amá-los". Outros foram capazes de tolerar pessoas com quem não costumavam se entender: "Senti compaixão por meu chefe, que não é muito legal".

"Fiquei alternando entre as imagens da área-alvo e as energias 'belicosas' emanando de meu vizinho ao lado", escreveu Stephen, de Nova Orleans. "Senti que o Experimento da Intenção de Paz poderia curar *as duas* situações."

Tanto no Oriente quanto no Ocidente as pessoas experimentaram uma poderosa abertura do coração, e, mais uma vez, muitos estavam se apaixonando por todos com quem entravam em contato. Experimentaram um "sentimento mais pacífico com todos", uma "abertura do coração que continuou entre as meditações de intenção". Tornaram-se "mais abertos, confortáveis e tranquilos perto das pessoas" e "menos preocupados com o que pensam"; "senti mais clareza e gentileza em relação a questões pessoais", "senti cada vez mais compaixão e empatia pelos outros". Eles sentiram um "abrandamento da mentalidade", "mais sintonia", o coração "mais aberto, de modo geral" e mais dispostos a "abrir mão" de coisas e ideias. Muitos mudaram completamente "a maneira como se relacionavam com os outros". Sentiram-se capazes de ver "pessoas e situações com mais clareza", percebendo quando estavam julgando os outros e a si mesmos. Acharam a raiva "mais desconfortável do que antes", foram "mais capazes de desculpar e perdoar", pararam de "ficar lembrando" o que outros fizeram para magoá-los, e "agora não levo tanto as coisas para o lado pessoal". Sentiram certa "urgência em abrir mão de mágoas passadas", estavam "sentindo melhor as próprias emoções", estavam "ouvindo mais, sem julgar" e desejaram compartilhar mais sua verdade pessoal.

"Vejo-me em todos que encontro, vivencio seus sentimentos, encontro compaixão."

"Percebi minha necessidade de estender meu Amor para TODA a humanidade."

"Mais conectada com desconhecidos e com a comunidade mundial."

"Mais compaixão por todas as pessoas."

"Mais aberto para fazer contato com estranhos."

E, novamente, esses efeitos positivos parecem ter se espalhado para outras áreas da vida. Muitos afirmam ter visto "milagres pessoais" acontecerem em sua vida, experimentaram "o período mais criativo dos últimos cinco anos", deram um "salto quântico espiritual", permitindo-lhes ser mais intuitivos e mais sensíveis aos outros, vendo uma "grande melhoria na capacidade de curar", no caso de um terapeuta. "Minha vida", escreveu Abdul, "mudou e ficou muito linda".

Eles estavam relutantes em deixar o amor puro do círculo e encerrar o experimento, mas, quando o fizeram, muitos sentiram esperança por seu país e pelo resto do mundo, e uma urgência maior para serem instrumentos de mudança, "uma necessidade premente de continuar a concentrar esforços em Helmand e Kandahar" ou "fazer uma contribuição tangível para outras áreas do mundo, como Ruanda, Congo e outros lugares do continente africano".

"Preciso encontrar outras pessoas aqui que queiram fazer isso continuamente", escreveu Martin.

"Senti", escreveu Rose, "que sou uma parte da solução."

De certo modo, o Experimento da Intenção de Paz 11/9 foi um gigantesco exercício de prece multicultural. Mahatma Gandhi (1869-1948), que acreditava que todas as religiões "eram tão queridas quanto nossos parentes próximos", defendeu o poder de religiões diferentes orando juntas:

> [...] religião não significa sectarismo. Significa uma crença num governo moral ordenado do Universo [...]. Essa religião transcende hinduísmo, islamismo, cristianismo etc. Ela as harmoniza e lhes dá realidade.

Um estudo de âmbito nacional publicado em 2014 por pesquisadores da Associação Americana de Sociologia descobriu que grupos comunitários dos Estados Unidos que acolhem membros de diversas religiões, como cristãos, judeus e muçulmanos, consideram a prece em conjunto uma "prática cultural que cobre lacunas". "Não estamos falando de exercícios superficiais de formação de equipes", disse a professora de sociologia da Universidade de Connecticut Ruth Braunstein, que estudou o fenômeno. "Essas são práticas centrais para as culturas dos grupos e emergem com o tempo, quando os participantes refletem sobre as qualidades que unem a todos do grupo e desenvolvem rituais compartilhados que têm significado para todos."

No dia 3 de maio de 2015, a NewGround, uma organização inter-religiosa que se concentra no fortalecimento dos vínculos entre muçulmanos e judeus, organizou um evento que chamaram de Two Faiths One Prayer [Duas religiões, uma prece] para reunir muçulmanos e judeus numa prece em comum. Começaram com cerca de vinte pessoas das duas religiões orando juntas numa praia de Los Angeles, reuniram mais e mais fiéis de ambas as religiões ao longo do dia, viajando juntas em transportes públicos, e passaram para outros cinco locais. Quando chegaram a um telhado no centro de Los Angeles para jantar, o grupo já contava com cem participantes, com os muçulmanos recitando a *Isha* noturna e os judeus recitando poesia litúrgica, ou *piyyutim*, no Los Angeles City Hall.

"Foi uma espécie de momento *a-há!*", disse a participante Maryam Saleemi. "Estamos rezando para o mesmo Deus, por que não fazemos isto juntos o tempo todo?"

Mas, mesmo com esses esforços para criar "pontes", ninguém havia examinado o poder de rebote da prece coletiva, sua capacidade de curar feridas pessoais dos próprios curadores.

Ellen, uma de nossas participantes, descobriu que o exercício poderia curar a persistente dor da perda de dois amigos. Durante o experimento, escreveu, ela não conseguiu parar de chorar. Um bom amigo dela, Lee Shapiro, e seu engenheiro de som, Jim Lindelof, tinham sido mortos no Afeganistão em 1987 enquanto faziam um documentário. Seus corpos nunca foram recuperados. "Fiquei vendo a imagem deles. A energia pareceu enorme", escreveu. "Foi uma experiência profunda para mim."

A vida de Toni foi despedaçada quando sua irmã e filhos foram assassinados pelo pai das crianças poucas semanas antes do 11 de Setembro. A seu ver, o Experimento da Paz salvou sua vida. "Aconteceram mudanças que por um segundo destruíram toda a minha fé, até que o amor da comunidade e sinais do Universo a restauraram e me tornaram mais grata do que nunca", escreveu. "Despejei um Amor mais intenso do que qualquer pessoa no Universo naquele dia, quando meu coração se despedaçou e se elevou ao mesmo tempo. O mundo lembrou enquanto nós ficamos de luto. E muitas vidas foram mudadas para sempre." Eu não tinha ideia se meu experimento poderia receber o crédito pela paz melhorada nessas duas províncias no sul do Afeganistão. Mas, se o feedback dos participantes puder servir de base, o ato de enviar uma intenção criou paz em seus corações, e isso pareceu ser transformador para suas vidas e suas visões de Oriente e Ocidente. Para muitos dos dois lados, a experiência foi extraordinariamente curativa, um meio simples de romper as divisões ideológicas.

Mais uma vez, o resultado do experimento em si foi quase irrelevante; a verdadeira cura estava acontecendo com os participantes. A prece em conjunto tinha unido Oriente e Ocidente, mostrou-se profundamente edificante e deu esperanças a muitos dos dois lados.

"Muito obrigado, mundo", escreveu Yasser. "Você ainda é um bom lugar, com todas essas pessoas pacíficas."

Não sei se Deus tinha respondido à nossa prece pela paz, mas certamente nossas preces tinham nos dado um vislumbre de Deus — e até um vislumbre fugaz do céu na terra. "Tive a sensação de que, embora tivéssemos um 'alvo' específico", disse Aimee, "estávamos curando todo mundo em todos os lugares ao mesmo tempo."

CAPÍTULO 16

O EFEITO ESPELHO

O marido de Ingrid Pettersson morreu no final de 2013, apenas quatro semanas depois de ter sido diagnosticado com um câncer raro. Embora seu oncologista tivesse confiança no tratamento, ele se sentiu profundamente afetado pela atitude pessimista das enfermeiras que cuidaram dele em casa e por seu prognóstico sombrio, particularmente por repetirem coisas como “ele nunca mais vai poder retomar suas atividades normais, como dirigir”. Ingrid ficou ao seu lado, observando, indefesa, enquanto seu marido pareceu simplesmente desistir.

Em função do rápido declínio e morte do marido, Ingrid teve de encerrar sua empresa próspera e sair do novo apartamento em Gotemburgo, na Suécia. Em poucos meses, ela se viu com dificuldades financeiras. No começo daquele ano, ficou tomada pelo choque, pelo luto e pela depressão causados pela perda dramática e pelas circunstâncias subitamente alteradas.

Quatro anos antes da morte do marido, ela havia participado de um de meus workshops e experimentou uma transformação profunda num grupo de Poder dos Oito. Sua aparência mudou: sua pele estava reluzente, ela se sentiu mais jovem e energizada do que antes, e com mais saúde do que nunca. "Senti-me tão bem e atraí mais do que queria na vida, e inclusive meu relacionamento melhorou", disse. Seus amigos e até seu médico comentaram essa importante diferença em sua saúde e aparência, uma transformação que continuou por cerca de seis meses. Mas, quando ela voltou aos "velhos hábitos", todas as boas mudanças "foram desaparecendo" lentamente.

Vários meses após a morte do marido, ela se lembrou daquela experiência e resolveu participar de um de nossos experimentos em larga escala, tendo como alvo uma pessoa com transtorno de estresse pós-traumático. Depois de participar, seu luto debilitante sumiu. "Desde o último experimento, tudo foi embora", escreveu. "Não pude acreditar. Foi simplesmente espantoso." Pela primeira vez em meses, Ingrid teve uma boa noite de sono e acordou com energia, sentindo-se mais feliz do que se sentira em um longo tempo. "A negatividade e até a mágoa pela perda do meu marido não pareceram me afetar tanto quanto haviam afetado nos últimos meses." "E, melhor de tudo", disse, "encontrei novamente o fluxo na minha vida." Depois do experimento, ela resolveu começar uma nova carreira organizando workshops de cura energética em Gotemburgo e Estocolmo.

Ingrid deu-me outra pista importante sobre o efeito rebote dos Experimentos da Intenção globais. Sua epifania tinha acontecido durante o primeiro Experimento da Intenção global que focalizou um único ser humano no começo de

2014. Até aquele momento, eu só havia permitido que grupos pequenos — grupos de Poder dos Oito ou Intenções da Semana — tivessem pessoas como alvos. Eu evitei quaisquer experimentos formais em larga escala com humanos, principalmente porque não tinha certeza se um grupo de mentalizadores da ordem de vários milhares poderia ter resultados positivos ou negativos, particularmente depois do aumento da violência ocorrido durante o Experimento do Sri Lanka. Depois que as Intenções da Semana tiveram algum sucesso, que os Experimentos da Paz mostraram resultados positivos e que muitos dos experimentos globais sugeriram que o tamanho do grupo não fez diferença no resultado, resolvi seguir em frente com nosso primeiro experimento de porte com um ser humano. Iria exigir o passo de bebê mais cauteloso de todos, e uma oportunidade para testá-lo caiu no meu colo em outubro de 2013, quando fui convidada a apresentar algumas palestras no Havaí.

Na rua Bishop, em meio aos modernos arranha-céus de vidro e aço do centro de Honolulu, encontra-se um exemplo de fantasia arquitetônica, o edifício da empresa Transportes Dillingham, um exemplar particularmente belo da neorrenascença italiana e um monumento à mais famosa dupla do Havaí, Benjamin Franklin Dillingham (1844-1918) e seu filho "Tio" Walter (1875-1963). Ambos perceberam que a chave para transformar o pequeno e pacato grupo de ilhas numa moderna fonte de renda seria a cana-de-açúcar e um meio de transportá-la de um lado para o outro. O pai construiu as ferrovias, e o filho, com sua empresa de construção e com alguns favores políticos, drenou as zonas úmidas, ampliou vários portos e terminou a tarefa de comercializar as ilhas. Dois andares acima dos arcos e cantoneiras de pedra do andar térreo do exterior do edifício Dillingham e do lobby dourado no estilo art déco, encontra-se, numa pequena suíte de canto, o escritório de outra equipe pai-e-filho, com uma meta igualmente imodesta: mudar a face da medicina moderna, usando tecnologia de vídeo avançada.

Tal como os Dillingham, os Drouin eram imigrantes, canadenses franceses de Quebec. O dr. Paul Drouin é médico e exerceu a profissão durante 25 anos, integrando o melhor das medicinas convencional e alternativa. A censura de alguns colegas, sua crescente frustração com a mentalidade fechada da profissão, sem qualquer disposição para analisar o valor de qualquer forma alternativa de medicina, e as implicações de novas descobertas sobre efeitos quânticos na biologia levaram o dr. Drouin a uma grande ideia: criar uma universidade que daria a médicos e profissionais da saúde a oportunidade de conhecer a nova ciência e teorias alternativas de tratamento, e de incorporar esses conhecimentos em suas carreiras.

A visão do dr. Drouin começou a ganhar forma depois que ele uniu forças com seu filho Alexi, então com 25 anos, formado em TV e cinema, que tinha sua própria ideia grandiosa: tornar a universidade totalmente virtual. Ele filmaria autores, acadêmicos e praticantes de ponta dando palestras sobre física quântica ou sobre seu trabalho em modalidades alternativas da medicina diante de uma tela verde e embutiria esses cursos em iPads, que seriam oferecidos automaticamente a todos os alunos. Graças ao perfeccionismo e ao virtuosismo técnico de Alexi, a tela verde transformou-se numa moderna mesa de noticiário da TV e as palestras foram apresentadas profissionalmente, em slides de PowerPoint.

A essa altura, a dupla havia se mudado para Honolulu, onde o processo de obtenção de credenciamento era menos burocrático, e batizou sua instituição incipiente de Quantum University for Integrative Medicine (Universidade Quântica de Medicina Integrativa). Até esta data, a universidade já formou 9 mil alunos, muitos dos quais obtiveram doutorado. "Sou a forma, ele é o conteúdo", diz Alexi apontando para o dr. Paul, como os alunos o conhecem, um irreprimível senhor de 65 anos com forte sotaque francês e sorriso de abóbora de Halloween, que aparece regularmente em muitos cursos como a face querida da Quantum U.

Todo ano, alunos e professores têm a oportunidade de se conectar pessoalmente uns com os outros na conferência anual da universidade, e foi lá, onde fui convidada a falar em outubro de 2013, que conheci os Drouin e comecei a pensar na possibilidade de realizar um Experimento da Intenção com eles em sua plataforma web. Uma noite, num jantar com os Drouin e outros oradores da conferência, o dr. Jeffrey Fannin, diretor do Center for Cognitive Enhancement [Centro de Aprimoramento Cognitivo], hoje conhecido como Thought Genius, ofereceu-se generosamente para doar seu tempo ao projeto como um todo e para procurar alguns voluntários dispostos a participar do experimento. O dr. Fannin é PhD em psicologia e se interessa particularmente pela neurociência, com muita experiência no estudo e mapeamento, por meio de EEG, das ondas cerebrais de distúrbios mentais como ansiedade, depressão e transtorno do déficit de atenção com hiperatividade. Como a Universidade Quântica tem sua própria estação de TV, os Drouin poderiam transmitir o evento pela internet, e Alexi me garantiu que dispunham de banda larga mais do que adequada para os milhares de participantes que esperávamos ter. Sempre com inovações técnicas, ele também tinha um plano para aumentar aquilo a que meus vizinhos ingleses se referem como o aspecto "pão e circo" do evento: ele tinha razoável certeza de que poderia mostrar os efeitos sobre o cérebro de nossos alvos em tempo real.

Nos meses seguintes, enquanto planejávamos como realizar esse feito técnico tão complexo, dois pacientes do dr. Fannin que sofriam de ansiedade ofereceram-se como alvo de um experimento que se valeria do que é, sob todos os aspectos, uma terapia muito incomum: o poder dos pensamentos de desconhecidos. Um atuaria como alvo e o outro, como controle, mas ambos estariam cegos quanto a quem havia sido escolhido como sujeito. Durante os meses que antecederam o experimento, Alexi ajudou a fazer a publicidade do evento, postando diversos avisos no Facebook, e, quando estávamos prontos para prosseguir, tínhamos mais de 7 mil pessoas inscritas.

O próprio Alexi se preparou para aquele que seria seu maior desafio técnico até então. Em 24 de abril, dia do evento, suas câmeras mostrariam telas divididas alternando-se entre Jeffrey, que estaria conectado via Skype; eu, noutra tela de Skype; dr. Paul, como moderador no estúdio; e os dois pacientes, ligados a máquinas de EEG. Embora não fosse aparecer muito na transmissão, também foi conectado um EEG a Mario, nosso "mentalizador", sentado noutra sala, que participaria com o público enviando a intenção para o alvo escolhido, o que nos permitiria comparar suas ondas cerebrais com as do alvo durante a intenção.

As ondas cerebrais humanas vêm em velocidades diferentes, desde as mais lentas, a delta e a teta (5-8 Hz ou ciclos por segundo), associadas à meditação profunda e ao sono, até as ondas cerebrais alfa (de 8-13 Hz), que também ocorrem durante sonhos leves e meditação, ondas beta (entre 13-30 Hz), para tarefas cognitivas cotidianas, e gama (acima de 30 Hz), um estado de foco extremo. O trabalho de Jeffrey envolve a tradução dos resultados das leituras de EEG numa tomografia, ou qEEG, mostrando as várias frequências das ondas cerebrais da pessoa, comparando-as com ondas cerebrais "normais", e seu equipamento pode exibir, em tempo real, o percentual de certas ondas cerebrais presentes numa pessoa em qualquer momento. Para nossa transmissão, Alexi também preparou uma tela adicional ligada às duas máquinas de EEG, mostrando o percentual das diferentes ondas cerebrais ativadas no momento, que apareciam como faixas piscantes de cores diferentes, esticando-se e recolhendo-se horizontalmente.

No dia do evento, graças à perícia de Alexi, todas as telas se encaixaram maravilhosamente. O alvo que escolhemos, tirado de uma cartola, foi Todd Voss, veterano de duas guerras, a Guerra do Golfo (1990-1991) e a Guerra do Iraque (2003-2011), que foi diagnosticado com TEPT depois que voltou para casa. Sofria de depressão profunda e era hipervigilante. Sempre que entrava numa sala, achava necessário sentar-se de costas para a parede, sempre analisando o lugar à procura de ameaças. Além disso, tinha dificuldade para dormir. A reação da Associação dos Veteranos à sua condição foi prescrever um monte de medicamentos, mas Todd sabia que as drogas seriam apenas um "bandeide" sobre sua experiência, e ele estava ansioso por encontrar alguma solução para seu problema que não as envolvesse. Nossa intenção seria tentar acalmar Todd em 25%, no mínimo, além de focalizar o aumento das ondas alfa em seu cérebro (as ondas cerebrais mais associadas à paz e à calma).

No mapeamento cerebral, toda a atividade de frequências cerebrais da pessoa aparece como um "mapa" com trinta "cabecinhas" de cores diferentes, cada uma representando certas frequências de ondas cerebrais. O verde representa frequências de ondas que correspondem mais ao "normal"; usam-se várias outras cores para mostrar como as ondas cerebrais da pessoa desviam do normal (o vermelho, por exemplo, mostra diversos desvios acima do normal; o azul, diversos desvios abaixo do normal).

Jeffrey levantou os mapas cerebrais de Todd e Kathy, a pessoa de controle, antes do experimento e faria o mesmo durante, depois e algumas semanas após o experimento, em meados de maio.

Pedimos que nosso público se concentrasse em aumentar o número de ondas alfa de Todd, representadas como faixas da cor turquesa, fazendo com que se esticassem e ficassem mais proeminentes; durante o experimento, graças à tela dividida, ficamos fascinados observando os efeitos de nossa intenção coletiva em tempo real, com as faixas turquesa começando a se esticar.

O mapeamento cerebral feito antes do experimento revelara que certas áreas do cérebro de Todd tinham a "assinatura" de frequência característica do TEPT, mas diversos mapas cerebrais feitos durante o Experimento da Intenção determinaram que as ondas alfa de Todd tinham aumentado na ordem de três desvios padrão acima do normal após nossa intenção. E o mais empolgante de tudo foi que a área do cérebro que mais representa o TEPT ficou quase totalmente normal durante o experimento.

Outras análises demonstraram que a coerência interna do cérebro — a capacidade das ondas cerebrais trabalharem melhor juntas e de se manterem trabalhando juntas — também tinha melhorado. Depois de o dr. Fannin fazer uma análise chamada de teste-t independente para determinar a significância do experimento, ele descobriu que havia uma probabilidade menor do que 1% desses resultados terem ocorrido por acaso.

Esses mesmos efeitos não ficaram evidentes nos mapas cerebrais de Kathy ou de Mario, nosso mentalizador, que praticamente não tiveram nenhuma mudança nas ondas cerebrais alfa. Isso pareceu descartar a possibilidade do resultado alterado decorrer de um efeito placebo, particularmente porque nem Kathy nem Todd sabiam quem tínhamos escolhido senão após o evento.

Inicialmente, os resultados foram muito encorajadores, mas tivemos de admitir alguns problemas no desenho do estudo. Uma dificuldade em experimentos desse tipo, que usam uma intervenção médica muito nova, é encontrar voluntários dispostos e também realizar o experimento com um custo razoável.

Como alvos em potencial, Jeffrey esteve limitado a pessoas em sua própria base de pacientes que estivessem dispostas a se submeter a tal experimento, e a maioria deles já havia iniciado um tratamento com ele. Anteriormente, Todd Voss havia feito dois tipos de treinamento cerebral, um com o dr. Fannin, e parte desse treinamento envolve ensinar técnicas para reduzir estresse, aumentando as ondas cerebrais alfa da pessoa. Entretanto, quando os sintomas de Todd voltaram, o dr. Fannin considerou-o um candidato digno de nosso experimento.

Uma semana após o evento, Todd disse que se sentia muito melhor — o suficiente para planejar viagens longas. Não sentia mais a necessidade de ter sessões clínicas para seu TEPT, e, no ano seguinte, casou-se e teve um filho. Sua experiência clínica e seus mapas cerebrais recentes foram convincentes, mas, como Todd havia aprendido técnicas que visavam adquirir o mesmo efeito que estávamos tentando obter através da intenção, não nos foi possível declarar categoricamente que quaisquer mudanças em seu cérebro se deveram apenas a nossos pensamentos e não a seu próprio treinamento cerebral.

Embora tenha sido gratificante, para mim, ver que Todd estava se sentindo muito melhor, uma parte ainda mais convincente da história emergiu quando entrevistei nossos participantes, várias semanas depois. Desta vez, cerca de um quinto relatou alguma forma acentuada de melhoria física.

"Minha lesão no túnel do carpo melhorou e me senti muito relaxada. Até dormi melhor."

"Sofri com o joelho durante quase três anos. Depois deste experimento, a dor que eu costumava sentir desapareceu completamente."

"Um problema nas costas e nos joelhos, que antes era crônico, está melhorando."

"Nos últimos dez dias, minha digestão se regularizou (tive constipação durante quase vinte anos)."

"Senti alívio no quadril, como se tivesse tomado um analgésico."

"A dor no joelho sumiu completamente."

"A dor no quadril parece estar passando."

"Creio que meu corpo está se 'recalibrando', de algum modo."

"Antes, eu tinha problemas no cólon, mas não tenho mais. :)"

"Melhoria contínua dos problemas de pele."

"Não sinto mais a dor ciática."

"Durmo melhor, e a ansiedade e os ataques de pânico desapareceram."

"Depois de sofrer de artrite reumatoide nos últimos anos... estou vendo sinais sutis, mas regulares, de melhoria. Sinto menos dor e ansiedade."

"Sinto, finalmente, que estou pronto para lidar com meu próprio TEPT em um nível físico."

Os resultados foram ainda mais espantosos nas semanas seguintes. Quase metade de nossos entrevistados estava curando seus relacionamentos: clientes, ex-cônjuges, irmãos, vizinhos, pais. Desta vez, a ênfase não esteve simplesmente em ter mais paz nos relacionamentos, mas em curar velhas feridas. Sandra reconectou-se com a mãe, com quem costumava conversar por telefone algumas vezes por ano. "Tivemos uma conversa como nunca tínhamos tido na minha vida."

Duas participantes se reconectaram com suas irmãs, perdoaram mágoas passadas e conseguiram se ver "com novos olhos". "Estou me entendendo com minha irmã mais velha, e isso nunca tinha acontecido. É como se o seu coração estivesse amolecendo ou se abrindo", disse uma delas. Outro participante curou o relacionamento com um colega. Marie curou sua conexão com o marido. "Meu marido olha para mim como se eu o tivesse conhecido ontem, e isso é muito bom!"

"Minha vida — tudo que há nela — minha saúde, relacionamentos, mentalidade, nível de energia, felicidade, abertura etc. — está melhorando", escreveu Sophie. "Simplesmente, mudei."

Pensei na dor de Ingrid Pettersson, e finalmente percebi o que poderia estar acontecendo: o efeito rebote sobre os participantes refletia a própria intenção. Se rezassem pela paz, suas vidas teriam mais paz. Se tentassem curar alguém, experimentariam alguma cura em sua própria vida. Focar em curar alguém traz uma cura espelhada.

CAPÍTULO 17

ANDANDO EM CÍRCULOS

O mesmo efeito de espelhamento estava acontecendo em nossos círculos de Poder dos Oito. Em um de meus workshops em Maarssen, Holanda, Bet havia torcido o braço e o tornozelo após uma queda e foi escolhida por seu grupo de onze como receptora da cura. Depois de entrar no círculo, ela se deu conta de que estava agindo tanto como emissora quanto receptora ao mesmo tempo. "Quando senti as pessoas colocando as mãos em mim, pensei, acho que vou me unir a elas, pois, afinal de contas, isso é comigo. Senti a energia entrando e resolvi ser a 11ª pessoa, unindo-me às outras dez, e então senti q e minha energia estava fazendo parte da energia integral."

Bet não era mais uma entidade individual. Era tanto a emissora quanto a receptora ao mesmo tempo.

Agora, ficara claro para mim que o efeito específico de rebote experimentado por nossos participantes teve relação com o objeto do foco, e que este estava causando a cura espelhada. Em meu livro *The Bond* [O vínculo], escrevo sobre a descoberta do neurocientista italiano Giacomo Rizzolatti, que diz que quando observamos uma ação ou emoção em outra pessoa, para que a compreendamos, os mesmos neurônios são ativados em nós como se estivéssemos realizando a ação ou tendo a emoção. Ele chamou essas ondas cerebrais imitadoras de "neurônios-espelho", mas o que pareceu estar acontecendo com meus participantes era algo além de um simples espelhamento. Eles não estavam apenas refletindo algo de volta. Estavam se identificando tanto com o objeto de sua intenção, que pareciam estar se fundindo com ele, como se estivesse acontecendo com eles:

"Eu... senti o gosto de sangue e o cheiro de sangue como se estivesse no Afeganistão e tivesse perdido minha família dessa maneira."

"Todd Voss, ouço sempre seu nome na minha mente. É como se ele tivesse se tornado parte de mim."

O que um espelhamento dessa extensão pode fazer ao cérebro?, me perguntei. Causa alguma mudança permanente? Richard J. Davidson, psicólogo do Laboratory for Affective Neuroscience da Universidade de Wisconsin-Madison, e seu colega Antoine Lutz, cientista e pesquisador do Instituto Nacional de Saúde e Pesquisa Médica da França, são fascinados pelo funcionamento de cérebros extremos — aqueles que têm se exercitado longamente e de maneira incomum, especialmente com longos períodos de meditação — e como suas estruturas e conexões neurais continuam a revisar a vida, dependendo do foco do pensamento. "A região do cérebro que controla o movimento dos dedos de um violinista torna-se cada vez maior com o domínio do instrumento. Parece ocorrer um processo similar quando meditamos", escreveram Davidson e Lutz na *Scientific American*.

Trabalhando com lamas e budistas conectados com o Dalai Lama, Lutz e Davidson estudaram as partes do cérebro que se alteram, seja por atenção concentrada, na qual o meditador focaliza a inspiração e a expiração; a atenção plena, na qual os participantes mantêm a percepção de todas as suas sensações, momento a momento, inclusive os pensamentos, para desenvolver uma resposta menos reativa a elas; ou a meditação da bondade amorosa ou compaixão, na qual o meditador focaliza o sentimento do amor compassivo por todas as outras pessoas.

Cada tipo de meditação oferece um exercício para frequências diferentes e partes diferentes do cérebro: a meditação da atenção concentrada e a da bondade amorosa parecem ativar frequências bem rápidas no cérebro (ondas beta 2 a 20-30 Hz e gama a 30-50 Hz), que tendem a criar um cérebro mais acostumado com o foco intenso, enquanto a atenção plena usa ondas cerebrais muito lentas (ondas cerebrais teta de 5-8 Hz), de modo que o cérebro relaxa e torna-se menos preocupado em reagir diante do que está acontecendo em seu ambiente.

O objeto do foco tende a melhorar o cérebro de maneiras notáveis. A atenção concentrada e a atenção plena criam meditadores com elevada consciência perceptiva: meditadores focados na vida exterior e plenamente atentos à vida interior. Como descobri quando escrevi sobre isto em *O experimento da intenção*, quando o objeto é a meditação compassiva e o desejo é enviar amor a todas as coisas, pensamentos desse tipo fazem o cérebro disparar para um estado supercarregado de percepção intensificada. O cérebro começa a trabalhar em ritmo febril; os estudos de Davidson com monges mostraram que seus cérebros produziam explosões prolongadas de ondas gama de alta frequência, ou ciclos rápidos de 25-70 ciclos por segundo. Este é o tipo de velocidade cerebral vivenciada apenas quando o cérebro está em atenção extasiada, quando tenta evocar a memória prática de alguma coisa, durante grandes lampejos de percepção. Nessa velocidade, as ondas cerebrais também começam a se sincronizar em todo o cérebro, um estado necessário para se atingir uma percepção aumentada, e os dois lados do cérebro também começam a operar com mais sinergia.

Como demonstrou a pesquisa de Davidson com os monges, atingir um estado gama elevado ativa a porção anterior esquerda do cérebro, a porção associada à alegria, e exercitar essa parte "feliz" do cérebro parece produzir melhorias emocionais permanentes. Estados cerebrais atingidos nessas circunstâncias podem criar efeitos positivos sobre as emoções das pessoas, levando-as a ficar permanentemente dessa maneira.

Nossos Experimentos da Intenção e os círculos de Poder dos Oito parecem fazer uso de uma combinação de atenção concentrada e bondade amorosa, pois tínhamos tanto uma meta altruísta — curar alguma coisa — quanto um foco específico — quer uma pessoa, quer uma situação específica, como uma região do mundo devastada pela guerra. Pode ser que meus participantes tenham atingido algum efeito de "cérebro feliz" em função de sua intenção compassiva, geralmente atingido apenas por monges que passaram anos em meditação compassiva.

Mas teria sido esse o fator que causou as principais mudanças na vida das pessoas?

Tania Singer, diretora do Departamento de Neurociência Social do Instituto Max Planck de Ciências Cognitivas e Cerebrais Humanas em Leipzig, Alemanha, administra o ReSource Project, um estudo em larga escala no qual os participantes aprendem um protocolo de treinamento mental oriental e ocidental idealizado por Matthieu Ricard, monge budista francês, biólogo celular e amigo íntimo do Dalai Lama. Após onze meses, o grupo é estudado para ver se esse treinamento muda alguma coisa em sua vida e seus relacionamentos.

Depois de apenas uma única semana de meditação compassiva, os participantes de Singer ficaram mais cooperativos e dispostos a ajudar pessoas necessitadas, como demonstrado quando jogam um jogo "pró-social" virtual idealizado para testar e medir seu desejo e capacidade de ajudar outras pessoas. Os meditadores de Singer ficaram mais desejosos de ajudar, mesmo que não houvesse perspectiva de retribuição para sua boa ação, e mais sensibilizados a sinais de angústia nas pessoas — todas elas marcas de um senso reforçado da vontade de se conectarem com os outros.

Certamente, isso está de acordo com as experiências de meus participantes nos Experimentos da Intenção de Paz, a maioria dos quais sentiu maior prontidão para se entender com os outros, inclusive com desconhecidos, mas não precisaram de um treinamento de quase um ano — só de uma sessão de dez minutos enviando uma intenção.

O neurocientista Mario Beauregard refere-se a estados cerebrais gama como "oceânicos", permitindo a saída de seu pequeno eu para algo maior, e seus experimentos recentes sugerem que essas frequências gama são contagiosas. Ele embute frequências gama ocultas em músicas e toca-as para alguns voluntários durante uma meditação, medindo depois suas frequências cerebrais. Em diversos casos, o cérebro de seus ouvintes começa a evidenciar uma "reação de ressonância", um percentual maior dessas mesmas frequências elevadas. O mero fato de ouvir essas frequências ocultas, mesmo que você não saiba o que está fazendo, treina seu cérebro para imitá-las.

"Se você muda as ondas cerebrais", ele me disse, "muda o senso de identidade da pessoa. O senso de si mesmo muda e o eu fica maior".

Quando vivenciam esse estado oceânico, passam do pequeno eu, interessado unicamente em suas próprias reações ao mundo exterior, para um eu maior. "Nesse estado expandido, podem abrir mão de padrões emocionais crônicos e crenças limitadoras com mais facilidade", diz ele. "E, para eles, fica mais fácil sentir o amor universal."

Um de seus participantes era uma mãe de 65 anos, cujo filho se matou aos dezessete. O evento havia ocorrido 25 anos antes, mas ela ainda estava sofrendo com a culpa e o trauma relacionados com a forma como ele morrera. Depois de experimentar o estado cerebral de ondas gama, diz Mario, ela finalmente se sentiu livre do luto e pronta para seguir em frente com sua vida.

Logo, em nossos círculos, se as pessoas tiveram lampejos de uma sincronia do tipo "cérebro feliz", isso pode tê-las ajudado a aumentar a sensação natural de felicidade. Mas os efeitos de cura que meus participantes estavam experimentando em sua vida e relacionamentos parecem ir além de um sentimento oceânico de amor universal. O que haveria nos círculos para causar esse efeito? Robert Cialdini, psicólogo que deu aulas na Universidade do Arizona e escreveu *Influence: The Psychology of Persuasion* [Influência: A psicologia da persuasão], afirma que o senso de conexão aumenta o altruísmo: as pessoas têm o desejo natural de ajudar quando perdem sua individualidade e entram temporariamente em um estado de unidade.

Lutz e Davidson descobriram que a prática da meditação compassiva produz mais atividade em certas partes do cérebro: a junção temporoparietal, o córtex pré-frontal medial e o sulco temporal superior — todos costumam ser ativados quando nos sentimos altruisticamente inspirados para ajudar outra pessoa. Pensamentos altruístas de cura também parecem mudar diversas redes no cérebro — o córtex orbitofrontal, o estriado ventral e o córtex cingulado anterior —, todas associadas com a compaixão, emoções positivas e até o amor maternal.

Pude entender por que as pessoas conseguiram curar seus relacionamentos e se sentirem mais contentes com a vida através dessa experiência, mas o que haveria na experiência que lhes permitiu curar suas próprias condições físicas?

Sabemos, a partir de pesquisas extensas, que a meditação tem efeitos diretos no corpo, ajudando a diminuir inflamações e alterar o funcionamento de enzimas importantes, inclusive uma enzima chamada telomerase, que afeta a longevidade das células. No próprio trabalho de Singer no ReSource Project, seus meditadores desfrutaram de melhorias nas respostas do sistema imune e do sistema nervoso, bem como a redução de hormônios do estresse. Mas aconteceu mais alguma coisa. Em meus experimentos e grupos, esses efeitos de cura foram instantâneos e registrados principalmente em pessoas que não tinham prática em técnicas de meditação. O amor deve ficar maior através de nossos círculos de Poder dos Oito e de Experimentos da Intenção, o que cria um círculo virtuoso de cura. Pode muito bem ter sido que, dentro dos limites dos grupos de intenção, finalmente se torna seguro dar, e dar pode ser, em última análise, o objetivo do exercício, o aspecto da intenção que prova ser o maior curador.

Era hora de virar o experimento de cabeça para baixo. Em vez de estudar o resultado — o que se obtém —, eu precisava estudar o processo: o ato da doação.

CAPÍTULO 18

DANDO E RECEBENDO DE VOLTA

George parecia ser uma causa perdida. Fora diagnosticado com glioma de baixo grau, um tipo mortal de tumor cerebral, e, como pesquisador biomédico de uma universidade, conhecia muito bem o prognóstico: não havia cura; crescimento lento, mas constante ao longo de meses; e — esta, a possibilidade externa — morte certa em dois anos, qualquer que fosse o tratamento. Cirurgia estava fora de questão e a quimioterapia ou a radiação seriam praticamente ineficazes.

Sem perspectivas decentes oferecidas pela medicina convencional, George começou a procurar um milagre, o que o levou à primeira conferência da Igreja Pentecostal Norte-Americana. Lá, uma equipe de ministros orou por ele e George sentiu a manifestação do Espírito Santo, um calor gigante e uma vibração como um choque elétrico que o fez cair e gritar. Ele ficou tão emocionado que seguiu as conferências da Igreja Pentecostal por todas as regiões dos Estados Unidos, como um fã devotado, ficando sempre na fila para se apresentar para a cura e, todas as vezes, depois que as equipes de ministros oravam por ele, experimentando a mesma reação do relâmpago. Mas a cada três meses, quando voltava a seu médico para fazer uma varredura de MRI, esperando evidências de outro resultado, não se via efeito discernível em seu tumor, que continuava a crescer.

Em 2004, ainda otimista com a possibilidade de as preces resolverem seu problema, George participou de uma viagem para Cuba, organizada pelo Movimento de Despertar Global, braço ministerial da Igreja Pentecostal Vineyard estabelecido por Randy Clark, ministro de uma igreja de Saint Louis, Missouri. Clark, sem perceber, foi o arquiteto das chamadas Bênçãos de Toronto em 1994, que começaram com um encontro de 160 pessoas. Quando Clark conclamou o Espírito Santo a descer, os frequentadores da igreja começaram a tremer repentinamente, explodiram em risadinhas e caíram, como se estivessem em um estupor de embriaguez, e muitos disseram ter tido curas físicas ou emocionais milagrosas. A notícia se espalhou rapidamente, e dezenas de milhares de pessoas do mundo todo inundaram Toronto para participar das sessões noturnas de prece e cura que Clark continuou a fazer durante doze anos. Quando o avivamento terminou, cerca de 3 milhões de pessoas afirmaram ter sentido seus efeitos extraordinários.

Como membro de uma das equipes do ministério em Cuba, George uniu-se ao grupo que estava orando por um homem que tinha graves problemas de visão e que mal conseguia enxergar mais de meio metro diante dele.

Depois de quinze minutos de preces, o homem afirmou que conseguia ver objetos a seis metros de distância sem óculos. Outro de seus sujeitos foi uma mulher que estava tão doente e emagrecida por causa do câncer de ovário que não conseguia comer ou andar, e durante a prece ela sentiu as mesmas reações que George, mas, depois de cair, recuperou a força e a capacidade de andar. Seu tumor, que antes era facilmente palpável, não pôde mais ser sentido.

George ficou tão impressionado com essa experiência que, depois de voltar para casa, começou a rezar por outras pessoas em todas as oportunidades, às vezes dedicando noites e finais de semana inteiros às tentativas de cura. Ele também continuou a participar das conferências pentecostais nos Estados Unidos e se inscreveu para viajar mais com o Despertar Global e outros ministérios para América Latina e África, mas, cada vez mais, seu foco se voltou para a prece pelos demais. Quando não conseguiu mais lidar com a grande quantidade de pessoas que lhe pediam a cura, ele criou uma equipe de orações, que ficava para trás por uma hora, no mínimo, depois de cada serviço dominical, para rezar pela longa fila de pessoas aguardando sua vez.

Depois de dois anos, o médico de George percebeu que o tumor parou de crescer — na verdade, estava começando a encolher, e ele não sentiu mais nenhum de seus sintomas anteriores. Durante os oito anos seguintes, ele ficou sem sintomas; na verdade, sua varredura mais recente até omitiu a palavra "tumor" do relatório, um fato confirmado por Candy Gunther Brown, professora associada de estudos religiosos da Universidade de Indiana que documentou casos como os de George para seu livro *Testing Prayer* [Testando a prece].

Embora sua cura não tenha sido tão imediata ou dramática quanto muitas das que ele afirma ter presenciado, tanto George quanto Randy Clark, que escreveu sobre sua história em seu livro *Changed in a Moment* [Mudado num instante], atribuíram a reviravolta na saúde de George ao efeito cumulativo de todas as preces que foram feitas para ele, como uma conta de poupança que subitamente acumula juros.

Mas, como percebi, não era a quantidade de preces recebidas por George ou o fato de terem rezado para ele em muitas conferências ou viagens missionárias. George começou a melhorar no instante em que começou a rezar por outra pessoa além dele mesmo.

Depois do Experimento da Intenção de Cura, comecei a considerar que outra força poderosa poderia ser responsável por todos os milagres que eu não tinha explicado: o poder de rebote da prece por outras pessoas. O dr. Sean O'Laoire, padre católico irlandês com PhD em psicologia transpessoal, deparou-se com a prece rebote enquanto procurava outra coisa. O'Laoire estava particularmente curioso com o efeito da prece sobre a saúde emocional e mental, uma área muito ignorada pela pesquisa científica, e, como sacerdote e psicólogo clínico praticante, ele estava numa posição singular para estudar isso.

O'Laoire planejou focalizar se aqueles que recebiam preces sentiam alguma mudança em estados psicológicos como ansiedade, depressão ou humor, e sua propaganda à cata de voluntários nos jornais da Baía de São Francisco rendeu 406 voluntários. Os noventa que se apresentaram dispostos a rezar receberam sessões de treinamento, incluindo técnicas de intenção e visualização, assim como faço em meus workshops.

Não resta dúvida de que a prece teve um efeito positivo sobre os participantes. Todos os 406 participantes de O'Laoire melhoraram em todas as medidas objetivas e subjetivas de saúde física e psicológica. Mas, quando O'Laoire olhou mais de perto, viu que aqueles que oravam se saíam ainda melhor do que seus alvos. E, embora a quantidade de orações não fizesse diferença para aqueles que as recebiam, impactava aqueles que oravam. Quanto mais rezavam, mais saudáveis ficavam.

O'Laoire ficou chocado com seus resultados. "Parece, então, que rezar é mais eficaz do que receber as orações", concluiu. A conta bancária das preces era o oposto do que Robert Clark tinha imaginado. O acúmulo de juros na conta bancária dependia inteiramente de quanto você rezava pelos outros.

E se os efeitos de cura experimentados por meus participantes fossem algum tipo de subproduto do altruísmo, o que causaria o efeito rebote? Karl Pillemer, da Universidade Cornell, estava interessado justamente na questão do altruísmo em relação à cura — a ponto de dedicar boa parte de sua vida a um único estudo. Ele recrutou quase 7 mil norte-americanos mais velhos, muitos dos quais haviam se oferecido para ajudar em projetos de questões ambientais, como poluição ou resíduos tóxicos, e muitos outros que evitavam assiduamente esse tipo de trabalho voluntário. Pillemer levantou o histórico de saúde de todos os 7 mil sujeitos ao longo de vinte anos, e não ficou desapontado. Ao final de seu estudo, descobriu que seus voluntários estavam bem melhor de saúde e fisicamente ativos, com metade da possibilidade de se deprimirem como os outros.

Oferecer o próprio tempo para trabalhar pelo bem maior obviamente produz mais do que apenas uma sensação calorosa e difusa; fortalece tanto a mente quanto o corpo. Na verdade, há efeitos saudáveis no simples fato de focar em alguém além de você mesmo. Tal como aconteceu com George, se você sofre de alguma condição de saúde, é provável que a supere se dedicar atenção a outra pessoa. Foi o que concluiu um estudo com mais de oitocentas pessoas que sofriam de estresse grave e que foram acompanhadas por pesquisadores da Universidade de Buffalo durante cinco anos. A ideia era comparar o estado de saúde desses indivíduos com a dedicação com que eles ajudaram alguém fora de casa, incluindo parentes, amigos ou vizinhos.

Essa pequena ajuda atuou como um colete à prova de balas. Quando defrontados com situações estressantes no futuro, como doenças, dificuldades financeiras, perda do emprego ou morte na família, aqueles que tinham ajudado outros durante o ano anterior tiveram bem menos probabilidade de morrer do que aqueles que não o fizeram. Na verdade, o contraste entre as pessoas que ajudaram e as que não ajudaram não poderia ter sido mais gritante. Quando defrontados com novos eventos estressantes, aqueles que decidiram não estender a mão aumentaram as chances de morrer em colossais 30%.

Como o padre O'Laoire descobriu, dirigir sua atenção para outra pessoa é particularmente bom para a sua saúde mental, e o inverso também é verdadeiro: pessoas muito concentradas em si mesmas têm maior probabilidade de sofrer de depressão, ansiedade e mau humor. Na verdade, se você tiver de escolher entre dar e receber, não restam dúvidas de que dar é melhor para sua saúde: em um estudo com americanos idosos, aqueles que davam experimentavam menos doenças do que aqueles que estavam no lado da recepção dessa bondade. E, de todos os comportamentos de enfrentamento religioso relacionados com uma melhor saúde mental, um dos maiores em um grupo de pacientes com problemas mentais foi dar ajuda religiosa aos outros.

Dar também parece ser crucial para a longevidade. Pesquisas da Universidade Stanford, na Califórnia, com residentes mais velhos mostrou que aqueles envolvidos em trabalhos voluntários, particularmente em grupos religiosos, tinham índices de mortalidade quase dois terços menores do que aqueles que não o praticavam — uma situação, comentaram os pesquisadores, "só parcialmente explicada por hábitos de saúde, funcionamento físico, participação religiosa e apoio social".

Alguma coisa sobre o desejo de fazer algo por outra pessoa sem compromisso ou benefício pessoal causa um impacto na saúde e no bem-estar, acima e além de qualquer outra coisa: dieta, estilo de vida, apoio social ou crença religiosa. Entre todos os fatores de estilo de vida, o altruísmo parece ser a melhor vitamina para assegurar uma vida longa e saudável.

O ato de dar também exerce um grande efeito sobre a felicidade. Depois que o cientista político Robert Putnam, da Universidade Harvard, escreveu seu revolucionário livro *Jogando boliche sozinho*, que despertou os norte-americanos para o desgaste do tecido social dos Estados Unidos, pesquisadores da Faculdade John F. Kennedy em Harvard resolveram explorar exatamente o que significava aquilo a que se referiam como "capital social" — felicidade, comunidades unidas e residentes satisfeitos —, realizando uma pesquisa com 30 mil membros de diversas comunidades dos Estados Unidos.

O que descobriram foi revelador. A menos que você fosse pobre, o dinheiro não fazia sentido para as pessoas. Depois que você atinge uma renda anual acima de 75 mil dólares, sua felicidade emocional tem muito pouca relação com seu saldo bancário. Pessoas com renda inferior a essa se sentiam mal porque lutavam apenas para pagar as contas, mas depois que atingiam aquele nível de renda, ganhar mais dinheiro não oferecia nenhuma alegria adicional. Essa divisão — entre conseguir pagar as contas e não conseguir — foi a única marca-d'água conectando dinheiro, sob qualquer forma, à satisfação com a vida.

Mas um fator responsável pelo maior sentido de satisfação e felicidade foi ajudar os outros. De fato, aqueles dispostos a dar seu tempo ou dinheiro tinham uma probabilidade 42% maior de serem felizes do que aqueles que não o faziam.

Existe um componente físico na alegria que as pessoas experimentam quando ajudam os outros, e os psicólogos chamam de "euforia do ajudante". Quando as pessoas que se oferecem como voluntários são entrevistadas, muitas vezes descrevem uma sensação fisicamente igual à de quando se dedicam a exercícios físicos vigorosos ou a uma sessão de meditação: o corpo libera endorfinas, essas substâncias cerebrais que fazem com que nos sintamos bem e combatem todos os efeitos biológicos do estresse. Embora os pesquisadores afirmem que esse tipo de comportamento altruísta exige o contato direto com os outros, nossos experimentos mostraram que isso funciona muito bem virtualmente e que basta uma foto para que se forme a conexão.

Então, o altruísmo era bom para a sua saúde e felicidade, talvez até o plano de seguro mais importante para a longevidade, mas teria alguma coisa a ver com o fato de meus participantes experimentarem mudanças tão profundas em seus relacionamentos, especialmente com estranhos? Para descobrir isso, eu precisava estudar algo fundamental sobre o que acontece com as pessoas quando elas se põem em segundo lugar. Em suma, eu precisava conhecer um pouco mais sobre a biologia da bondade.

CAPÍTULO 19

PENSAMENTOS PELO OUTRO

Eu tinha apresentado a treze grupos de Poder dos Oito um desafio muito incomum, particularmente porque eles estavam focados em aprimoramento pessoal: a ideia era sair de si mesmo, parar de fazer intenções por qualquer um dentro do seu grupo e focalizar o outro. Eu tinha um "outro" bem específico em mente. No dia 8 de dezembro de 2015, Luke, então com catorze anos, havia rompido com sua primeira namorada, e, num gesto extravagante de angústia existencial adolescente, atirou-se de uma estrutura de 12 metros de altura sobre um chão duro.

Milagrosamente, Luke sobreviveu, mas tudo no seu corpo estava quebrado. Com a queda, sofreu fraturas no crânio, na cavidade ocular, na pelve, tornozelo, um calcanhar e um joelho. Além de todos esses ossos quebrados, sofreu danos cerebrais, o pulmão direito foi perfurado, ficou com visão dupla num dos olhos, danos nervosos na pelve, grave infecção no peito, ferimentos na base da espinha e lesão do nervo do trato urinário. Ele passou por diversas operações de emergência e agora precisava se recuperar do trauma da cirurgia na pelve, espinha e cotovelo. Tudo isso se somou a seu estado mental suicida. Ele estava lutando pela vida, mas não tinha vontade de viver. Seu padrasto, Michael, entrou em contato comigo para saber se poderíamos fazer uma intenção por ele.

Esse caso talvez tenha mexido comigo mais do que qualquer outro que eu havia recebido. Ainda tinha uma filha adolescente em casa naquela época. Poderia ter sido ela ou qualquer uma de suas amigas. Coloquei Luke como Intenção da Semana e foco de grupos de Poder dos Oito no domingo, 10 de janeiro, e Michael iria manter um comentário semanal contínuo sobre o progresso do jovem, passo a passo.

Pouco depois de nossa intenção no domingo à noite, Luke ficou bastante agitado — algo que seus pais atribuíram a um efeito posterior da cura em grupo. Um dia depois, a infecção no peito começou a diminuir, as enfermeiras puderam parar com os antibióticos e ele começou a dormir melhor. Estava mais consciente e começou a fazer mais perguntas sobre sua recuperação, tentando visualizar-se novamente em casa e na escola.

Pedi ao meu público que enviasse outra intenção para Luke no domingo seguinte, e Michael me mandou um novo relatório detalhado de progresso. A lesão cerebral de Luke havia se estabilizado. A fratura do cotovelo estava se curando e agora ele podia usar o braço para suportar peso, assim como fazia com seu tornozelo esquerdo. Suas infecções tinham desaparecido e ele pôde parar de usar analgésicos e antibióticos. A visão dupla em seu olho esquerdo se curou. Ele já conseguia passar da cama para a cadeira de rodas e o intestino tinha melhorado. Subitamente, ficou ansioso pela plena recuperação e para e voltar à academia.

Michael enviou uma foto de Luke indo de lá para cá em sua cadeira de rodas, explorando a ala e o hospital — "uma grande conquista!" —, e depois outra dele acenando para a câmera ao lado de seus três melhores amigos, que foram visitá-lo.

Tudo estava caminhando bem quando Michael escreveu com outra atualização naquela semana: o intestino e a bexiga de Luke ainda não estavam funcionando bem, o que estava lhe causando grande desconforto e dor. Ele ainda precisava usar uma bolsa de urina e corria o risco de usar uma bolsa de colostomia. Seu estado de espírito piorou muito. Em muitas ocasiões, ele comentou que não queria mais viver. Mais tarde, no mesmo dia, Michael me escreveu para confirmar que Luke não estava emocionalmente "num bom momento".

Fizemos uma terceira intenção no dia 24 de janeiro e recebi uma mensagem de Michael alguns dias depois. "A mente e o corpo de Luke reagiram maciçamente à intenção de cura às 18h no domingo. Na verdade, a mãe dele percebeu uma melhoria incrível em seu estado mental exatamente às 18h, bem no momento de nossa intenção", escreveu.

Exatamente na hora mencionada, o humor de Luke se transformou. Ele começou a falar de maneira mais positiva com sua mãe e pouco depois conseguiu evacuar, não sentindo mais dor depois disso. Nos quatro dias anteriores, ele se recusara a sair da cama; pouco depois da intenção, estava ansioso para ir à fisioterapia. Mostrou-se positivo ao conversar com sua mãe sobre voltar à escola e passar as férias de verão com a família. "Esse progresso foi incrível, considerando que ele tinha voltado a ter pensamentos suicidas na sexta-feira anterior!", escreveu Michael. Na semana seguinte, Luke iria se encontrar com seus médicos, e, com todas as melhoras, provavelmente receberia sinal verde para começar a andar. Mas a mudança mais notável de todas foi a alteração positiva em seu humor. Sua mãe percebeu um Luke muito "confiante e positivo". "Este é um grande passo para a frente!", escreveu Michael.

Mais tarde, na mesma semana, depois que os médicos usaram um sistema diferente de cateter para a bexiga, Luke não precisou mais de uma bolsa de urina, o que melhorou ainda mais seu estado de espírito e seu bem-estar. Agora, seu estado mental achava-se estável, até esperançoso. Ele conseguia se ver de volta à escola após as férias de verão. Não se importou em ter de repetir de ano.

Teria sido apenas um caso de bom atendimento médico, ou teríamos, de algum modo, desejado que Luke quisesse viver? Tanto Michael quanto sua esposa, Clair, estavam convencidos de que essa mudança em Luke foi o resultado direto da intenção de cura. "As melhoras foram muito repentinas, totalmente inesperadas", escreveu Michael. Só posso dizer uma coisa sobre essa reviravolta completa na situação de Luke: não foi um efeito placebo. Luke não acreditava nem um pouco no que estávamos fazendo. Como a maioria dos adolescentes, achava que a crença de seus pais no poder da intenção de cura era uma estupidez.

Andy foi uma das que mantiveram a vigília de cura para Luke, e, depois que ela passou a se concentrar em outra pessoa, as coisas começaram a mudar em sua vida.

Nos seis meses anteriores, ela havia tentado de tudo para remover velhos padrões que interferiam em sua capacidade de se sustentar adequadamente. Quando ela se juntou ao grupo, compartilhou com eles uma intenção muito específica que queria fazer, a de encontrar um trabalho dos sonhos que lhe proporcionasse boa renda: "Estou permitindo, fácil e alegremente, que fluam para mim 20 mil dólares mensais ou mais, de muitas maneiras felizes", foi a intenção que estabeleceu. "Estou sendo muito bem recompensada por fazer o trabalho que amo e que, para mim, parece brincadeira." Sua outra intenção era "tentar ver com clareza minhas novas atividades, palestras, aulas e cura", depois de fechar sua loja de presentes em 2013, após dezoito anos de atividade.

Nenhuma das intenções que o grupo enviou funcionou com ela. Ela até tentou, como eu sugeri, voltar a seu "momento semente", quando teria experimentado pela primeira vez pensamentos limitadores a seu próprio respeito, para se imaginar mudando de algum modo aquela situação. Andy se lembrava de um momento muito específico na infância quando teve uma sensação visceral de que não tinha dinheiro suficiente. Isso não causou nenhuma mudança séria em sua sorte.

Então, ela começou a experimentar o altruísmo — transferir sua intenção para Luke e outras pessoas de fora do seu grupo, e de repente encontrou a oportunidade de que precisava. "Dois dias depois, recebi uma oferta inesperada para fazer desenvolvimento de produto e estratégias para uma organização online envolvida com desenvolvimento humano, um trabalho que me traria dinheiro alegremente para fazer algo que adoro e que parece brincadeira para mim!", disse Andy. Quando percebeu que talvez não fosse um ajuste ideal, teve a coragem de traçar "limites" com o CEO, recusar o emprego e aceitar outro trabalhando com coaching para um coach conhecido e altamente respeitado, "com grande integridade e alinhado com meus valores".

"Às vezes, concentrarmo-nos em nossa própria intenção pode ser o equivalente metafísico de olhar para a panela que não ferve", escreveu-me Andy depois. "Focalizar o bem dos outros e ser prestativo tira o foco sobre nós mesmos, de maneira a permitir movimento sem perceber a passagem do tempo. Talvez o altruísmo seja a maneira secreta de NÃO observar consciente e inconscientemente, para que o resultado desejado possa acontecer."

Dacher Keltner, psicólogo da Universidade da Califórnia em Berkeley, dedicou sua vida a contestar a visão predominante de que os seres humanos são programados para ser egoístas com base em uma simples obviedade: somos mais saudáveis e felizes, em todos os sentidos, quando damos e não quando recebemos. Em seu livro *Born to Be Good* (Nascido para ser bom), Keltner menciona Confúcio (551-479 a.C.) sobre o cultivo de *jen*, um conceito chinês que significa que aquele que quer estabelecer seu próprio "caráter" pode fazê-lo "completando as coisas boas dos outros". Essencialmente, *jen* é um efeito rebote: seu bem-estar global, sua natureza primordial, na verdade, é definida por quanto você ajuda os outros a florescer.

Para descobrir como isso funciona, Keltner nos pede que levemos em conta a função do nervo vago, um dos mais longos do corpo, que se origina no alto da coluna vertebral e se estende pelo coração, pulmões, músculos da face, fígado e órgãos digestivos. Keltner comenta que ele tem três funções: conectar-se com todos os sistemas de comunicação envolvidos com o cuidado; desacelerar os batimentos cardíacos, acalmando os efeitos de qualquer atividade do sistema nervoso autônomo de luta ou fuga, a reação do corpo a qualquer tipo de estresse; e dar início à liberação de oxitocina, um neuropeptídeo que tem papel no amor, na confiança, na intimidade e na devoção. Se a oxitocina é o "hormônio do amor", como costuma ser chamada, o nervo vago, afirma Keltner, é o nervo do amor, uma hipótese que ganhou peso com o trabalho de Chris Oveis, um dos alunos de pós-graduação de Keltner na UC Berkeley. Chris queria determinar se a ativação ou não do nervo do amor ajuda a nutrir amor universal numa pessoa e uma maior aceitação das diferenças entre si mesmo e o outro, e, para fazê-lo, criou um tipo único de projeto de pesquisa envolvendo vários de seus colegas universitários. Durante o estudo, Chris mostrou a um grupo de estudantes participantes fotos de crianças desnutridas — as maiores vítimas do mundo. Assim que os estudantes viram as fotos, seus nervos vagos engataram a quarta marcha. O mesmo efeito não foi produzido noutro grupo de estudantes, que viram fotos destinadas a fomentar o orgulho pela faculdade, como imagens de marcos importantes do campus ou eventos esportivos da Universidade da Califórnia.

Mas o efeito mais interessante ocorreu quando os estudantes viram fotos de outros vinte grupos de desconhecidos nitidamente diferentes deles: democratas, republicanos, santos, criminosos condenados, terroristas, pessoas sem teto, até estudantes da maior concorrente, a Universidade Stanford. Esses estudantes foram bombardeados com amor por seus próprios nervos vagos e disseram que sentiram um senso bem maior de semelhança entre todos os grupos díspares do que aqueles que foram expostos a fotos destinadas a provocar orgulho. A atividade do nervo vago ajudou a remover o limite de separação, fazendo com que os estudantes se concentrassem mais nas similaridades do que nas diferenças, e esses sentimentos de similaridade aumentaram à medida que seus nervos vagos dispararam. Até estudantes que se identificavam como democratas reconheceram subitamente as similaridades entre eles mesmos e os republicanos.

Uma análise mais profunda dos resultados revelou uma coisa ainda mais fascinante: esse grupo de estudantes teve o maior senso de humanidade com todos os que passavam por necessidades — sem-teto, doentes, idosos —, enquanto aqueles cujo senso de orgulho fora ativado se identificavam bem mais com os grupos mais fortes e ricos, como advogados ou outros estudantes de universidades particulares. Em vez de se identificar com pessoas mais parecidas conosco, quando o nervo vago é acionado, somos impelidos a nos sentir mais próximos do *outro*, especialmente de pessoas que precisam da nossa ajuda — e mais propensos a entrar em contato com eles.

Pesquisas da Universidade Stanford descobriram efeitos similares num grupo de voluntários que estava sendo treinado numa simples meditação budista da bondade amorosa. Primeiro, disseram-lhes para imaginarem duas pessoas queridas a seu lado e para lhes enviar amor, e depois para redirecionarem esse sentimento de amor e compaixão para a foto de um desconhecido. Depois desse exercício simples, como revelou uma bateria de testes, os meditadores sentiram-se mais dispostos a se conectar com desconhecidos, em comparação com um grupo que recebeu um exercício similar, mas sem a meditação da bondade amorosa. Uma simples declaração expressando amor por todas as coisas vivas ativa o nervo do amor e leva a pessoa a colocar em ação essas declarações no mundo.

Isso poderia explicar por que meu público sentiu-se bem mais aberto para desconhecidos depois de participar dos experimentos, e por que tantos participantes árabes e ocidentais do Experimento da Intenção de Paz 11/9 começaram a se perdoar. A compaixão provocada nos meus participantes pelos Experimentos da Intenção de Paz e de Cura pode ter ativado um complexo do sistema nervoso que criou uma disposição maior para a conexão com o "inimigo" — na verdade, com toda a humanidade.

Em termos biológicos, ativar o nervo vago e elevar os níveis de oxitocina, tal como ocorre quando demonstramos bondade ou compaixão pelos outros, tem um acentuado efeito de cura sobre o corpo. David Hamilton, antigo pesquisador médico e autor de *Why Kindness Is Good for You*

[Por que a bondade faz bem para você], fez um estudo dos efeitos curativos do aumento dos níveis de oxitocina e encontrou evidências de que eles reduzem a inflamação e melhoram o sistema imune, ajudam na digestão, reduzem a pressão arterial, curam feridas mais depressa e até reparam lesões no coração após ataques cardíacos.

A oxitocina é tão protetora que pode nos defender de ataques bacterianos. Num revolucionário estudo austríaco realizado na Universidade de Medicina de Viena, dez homens saudáveis foram injetados primeiro com bactérias que causam doenças isoladamente, e depois receberam as bactérias e a oxitocina. Logo que foram injetados com as bactérias, os homens exibiram evidências de níveis rapidamente crescentes de citocinas pró-inflamatórias — evidências de aumento da inflamação. Entretanto, essas citocinas reduziram-se acentuadamente quando a oxitocina foi injetada ao mesmo tempo. A oxitocina tem até um papel marcante na transformação de células-tronco indiferenciadas em células maduras, o que também ajuda em reparos e renovação.

O mero ato de dar sem compromisso, algo que raramente é vivenciado em nossa sociedade moderna, também pode se mostrar capaz de curar, como descobriu François Gauthier, da Universidade de Quebec, estudando três exemplos de cura no Festival Burning Man. Realizado no deserto Black Rock de Nevada todos os verões, o festival funciona totalmente num sistema sem transações comerciais. Excetuando-se o espaço, os banheiros, primeiros socorros e a efígie do homem em chamas, a organização não oferece nada mais. Os participantes devem providenciar sua própria comida, água e abrigo, e, além de uma taxa de ingresso, não se permite que o dinheiro troque de mãos, o que incentiva um complexo sistema de trocas e doações, inclusive curas. O próprio "presente" de curar alguém e "a primazia dos relacionamentos sociais" mostraram-se como a mais poderosa terapia para muitos que foram ao deserto para serem curados de feridas psíquicas ou físicas. "Quando os Burners dão de si mesmos e trabalham na cura e bem-estar dos outros, trabalham juntos por seu próprio bem-estar e por sua própria cura", comentou Gauthier.

Eu ainda estava intrigada com os efeitos de cura dos Experimentos da Intenção e por que teriam superado condições de longa data até encontrar o mais convincente elemento de pesquisa entre todos os efeitos transformadores do altruísmo. A investigação foi realizada por psicólogos da Universidade da Carolina do Norte, em Chapel Hill, que queriam examinar a diferença nas probabilidades de se manter uma boa saúde no futuro entre pessoas saudáveis que vivem uma vida hedonista e gratificante — o que normalmente chamamos de uma vida — em comparação com aqueles que vivem uma vida com propósito ou significado.

Os pesquisadores examinaram as expressões genéticas e os estados psicológicos de oitenta voluntários saudáveis dos dois grupos. Embora os membros de ambos os grupos tivessem muitas semelhanças emocionais e todos afirmassem viver feliz e distantes de estados depressivos, os perfis de sua expressão genética não podiam ser mais divergentes. Entre aqueles que buscavam o prazer, os psicólogos ficaram espantados ao descobrir elevados níveis de inflamação, considerados marcadores de doenças degenerativas, e níveis mais baixos de expressão genética envolvida na síntese de anticorpos, a reação do corpo a ataques externos. Se você não conhecesse suas histórias, teria concluído que esses eram os perfis genéticos de pessoas expostas a uma grande adversidade ou a crises de todo tipo: baixo status socioeconômico, isolamento social, diagnóstico de doenças que ameaçam a vida, separações recentes. Todas essas pessoas eram candidatas perfeitas a um ataque cardíaco, doença de Alzheimer, até câncer. Em poucos anos, estariam caindo como moscas.

Aqueles cuja vida não era tão rica ou livre de estresse, mas tinha propósito e era repleta de significado, por sua vez, tinham baixos marcadores inflamatórios e uma regulação negativa da expressão gênica relacionada ao estresse, ambos indicadores de uma saúde ótima. Se você tiver de escolher entre um caminho e outro, concluíram os pesquisadores, preferir uma vida de significado a outra limitada à busca pelo prazer é inegavelmente melhor para sua saúde.

Tudo isso parece contraintuitivo para nós no Ocidente, inclinados ao sucesso material a todo custo, mas tem relação com aquilo que constitui efetivamente o "sentido" de nossa vida, e a melhor maneira de medi-lo é aquilo que, em última análise, ajuda as pessoas doentes a se recuperarem — o único aspecto da vida que melhora uma doença grave. Cientistas do Boston College descobriram isso ao tentar saber por que os pacientes que sofriam de dor crônica e depressão melhoravam visivelmente, tanto na incapacidade quanto no humor, depois que começavam a ajudar outras pessoas na mesma situação. Como disseram em diversas ocasiões aos pesquisadores, tudo se resumia a "fazer a conexão" e a receberem um "senso de propósito". Nossa necessidade de ajudar outras pessoas é, provavelmente, o elemento que dá maior significado à nossa vida.

Mas havia aqui um outro fator que não tinha sido abordado por nenhuma dessas pesquisas. Os atos altruístas de meus participantes tinham sido realizados dentro de um gigantesco grupo virtual de preces, e parece que isso ofereceu certa amplificação ao poder de cura. Com certeza, existe uma longa tradição através de todos os escritos sagrados de todas as grandes religiões descrevendo os efeitos curadores das crenças espirituais e da prática em grupo. Viu-se que aqueles que se reúnem regularmente em igrejas para rezar juntos têm menor pressão arterial, desfrutam de sistema imunológico bem mais forte, passam bem menos tempo em hospitais e têm um terço menos de probabilidade de morrer, mesmo quando todos os outros fatores são controlados. Os cientistas acreditam que aqueles que agora estão na casa dos 20 anos e nunca vão à igreja podem esperar viver sete anos menos do que aqueles que vão mais de uma vez por semana.

Não é apenas o fervor religioso ou a reunião como uma comunidade; a prática espiritual coletiva parece ser tão importante quanto o efeito em grupo. Um estudo revelou que aqueles que viviam em um kibutz religioso e oravam juntos tinham cerca de metade da taxa de mortalidade daqueles que viviam nos kibutzim não religiosos. Tal como os grupos que colocam o sentido em primeiro lugar na vida, aqueles que frequentam igrejas com regularidade têm sistema imunológico mais forte do que aqueles que o fazem com menos frequência, conforme medido pelos níveis plasmáticos mais baixos de interleucina-t (IL-6). Índices elevados de IL são marcadores de uma das doenças degenerativas, como Alzheimer, diabetes, osteoporose ou aids.

Por si só, a crença religiosa é fortalecedora, mas não tão poderosa, ao que parece, como a experiência da prece em grupo.

Na verdade, o aspecto coletivo da prece pode ser o fator essencial na criação dos efeitos de cura. Rich Deem, que se recuperou de uma doença incurável em 1985, estudou prece e cura, particularmente das reuniões evangelizadoras da área rural de Moçambique. Líderes de orações recrutavam sujeitos cegos e surdos para o toque de cura, e havia médicos para medir as acuidades auditiva e visual antes e imediatamente após a prece. Todos estavam em reuniões de oração envolvendo grupos de pessoas e todas envolviam o toque. De dez sujeitos, todos, exceto um, tiveram melhora na acuidade visual, e também todos, exceto um, experimentaram melhoras na audição. Depois, os cientistas compararam esses resultados com estudos feitos usando sugestão e hipnose em indivíduos com os mesmos males. Embora esses estudos tenham significância estatística, empalideceram em comparação com os resultados atingidos pela prece coletiva.

É claro que o altruísmo traz à tona todos os sentimentos mais elevados em nós; pode ser a emoção que mais define nossa humanidade — nosso senso de uma vida bem vivida — e dá sentido à nossa vida. Pode até ser a chave para saber se vivemos ou morremos. Mas os mecanismos mais transformadores que operam em meus grupos de intenção de cura parecem ter sido o poder singular da prece em grupo e o foco deliberado para longe de nós mesmos.

Esteve lá o tempo todo, nos primeiros ensinamentos cristãos, todas essas homilias tão familiares que agora soam como palavras num cartão de Natal: *Faça bem aos outros. Ame o próximo como a ti mesmo*. Focalizar outra pessoa cura o curador.

Toda essa pesquisa estava me levando a um pensamento herético. Talvez o ponto final do cenário da boa vida "eu quero, eu consigo" seja que ele acaba matando você. *Eu quero, eu consigo — eu fico doente*. A chave para uma vida longa e saudável é viver uma vida que se preocupa com um significado além de satisfazer primeiras necessidades. Pensei em como alguns fundamentos do movimento de "autoajuda" podem ser perigosos. Todo esse foco em si mesmo pode, em última análise, ser terrível para a saúde, e altamente desnecessário. A rota mais rápida para reescrever o roteiro de sua própria vida é simplesmente estender a mão para outra pessoa. E, se isso é verdade, então toda a premissa de intenção da Nova Era — usar o Universo essencialmente como um restaurante onde você, o cliente, pede o jantar que desejar — estava errada.

Conseguir o que você quer em sua própria vida começa pela prontidão para dar.

Como escreveu meu marido certa vez, Jean-Paul Sartre (1905-1980) estava enganado. O inferno não são os outros. O inferno é pensar que o outro existe. Bryan estava falando do fato de sermos simplesmente uma consciência só e da falsidade de pensar que somos separados. Eu adicionaria uma pequena conclusão. Quando você se vê no outro, quando vocês se unem como um só, as outras pessoas, ao que parece — particularmente um pequeno grupo delas rezando com você —, são a sua salvação.

CAPÍTULO 20

UM ANO DE INTENÇÃO

Patty Rutledge, uma atraente mulher de 55 anos com cabelos castanho-avermelhados, tinha desafios em todas as áreas da vida, exceto uma: seu casamento. Seu marido Stephen e ela reconheceram-se como almas gêmeas desde o instante em que se encontraram e sabiam, seis semanas depois, que iriam se casar. Stephen era viúvo com quatro filhos adolescentes, todos traumatizados pela morte súbita da mãe por câncer no cérebro, e vieram com muita bagagem. Cada um dos filhos representou certos desafios para Patty como madrasta, assim como seu relacionamento com sua própria e exigente madrasta, que se casara com o pai de Patty um ano após a morte da mãe dela. Patty era muito próxima dos quatro netos, mas desejava se aproximar mais das três enteadas e de seu enteado. Patty também tinha sérios problemas de saúde. Era portadora do vírus Epstein-Barr e sofria de fadiga crônica grave intermitente havia treze anos. "Continuo a viver a vida e até viajo, mas na maior parte do tempo, sinto-me exausta", disse.

E havia outras 250 pessoas, gente comum, como você e eu, cujas vidas não estavam indo tão bem quanto gostariam e que, na esperança de transformar alguma coisa, tinham concordado em participar do experimento mais radical de todos: uma aula por seminário online que dividiria o público em grupos de Poder dos Oito que iriam trabalhar juntos, mas de forma virtual, durante um ano. Até então, eu só havia testado os efeitos do Poder dos Oito durante um fim de semana, e os grupos tinham se concentrado quase exclusivamente em curas físicas, mas comecei a me perguntar se o trabalho em grupo durante um ano inteiro também mudaria os membros do grupo de outras maneiras. *Será que tudo em sua vida começaria a se curar?*

Anunciei este seminário online como uma "masterclass" no início de 2015, começando por um curso de treinamento de vários meses, após o qual organizaríamos os participantes em pequenos grupos com cerca de oito pessoas e acompanharíamos seu progresso mensal ao longo do resto dos doze meses. Isso submeteria o poder dos grupos ao teste supremo com um experimento de campo de longa duração. Eu teria uma placa de Petri gigantesca só para mim e a observaria minuciosamente, mês após mês, durante o ano todo.

Demos a cada grupo um nome grego — Tritão, Crono, Hélio, Proteu, Morfeu — e iríamos organizá-los no Google Hangouts ou Skype, incentivando-os a se reunirem uma vez por semana, no mínimo. Toda sexta-feira, eu apresentaria a eles novos desafios por e-mail, e a cada dez semanas faríamos uma chamada em teleconferência para responder perguntas e acompanhar melhor o seu progresso. Os grupos deveriam se alternar fazendo intenções uns para os outros, passando depois para alvos externos e preenchendo formulários mensais para sabermos se as intenções tiveram alguma correlação com quaisquer mudanças importantes em sua saúde, relacionamentos, carreira, finanças ou propósito de vida. Enfatizei que não deveriam inventar nenhum efeito.

Poucas semanas após organizar os círculos e de se familiarizarem com a tecnologia, a maioria dos grupos havia se unido fortemente; em poucos meses, comecei a receber o feedback de efeitos de cura similares aos que tinham começado a acontecer com Patty.

Na época em que Patty começou o curso, tinha parado de frequentar a academia. No passado, após algum exercício, ela precisava tirar uma soneca ou então aceitar que iria se sentir péssima pelo resto do dia — "como se eu usasse toda a carga da bateria naquela hora", disse; o melhor que conseguia fazer era levar o cachorro para passear duas vezes por dia durante dez minutos. Apesar de ser formada como conselheira e *coach* de vida, não conseguia trabalhar muito por causa da fadiga. Para piorar as coisas, uma varredura por MRI com contraste havia confirmado recentemente que ela tinha dois caroços no seio. Apesar de os exames mostrarem que não eram cancerosos, testes de termografia mostraram um potencial carcinogênico.

Exames médicos confirmaram que ela possuía uma sobrecarga de metais pesados, o que gerava problemas em seu sistema endócrino, e evidências de uma presença de mofo preto ou *Stachybotrys chartarum* 150 vezes maior do que o normal. Durante anos, Patty experimentou diligentemente diversas formas de medicina alternativa, mas não fez muitos progressos na recuperação de seus antigos níveis de energia.

Além de sua própria saúde, Patty também estava preocupada com Stephen, que tinha propensão para ganhar peso e dificuldade para seguir uma dieta saudável. Médico de formação ocidental, Stephen se mantinha aberto à abordagem integrativa escolhida por Patty, mas não lhe dava crédito.

No começo do curso, Patty tinha uma lista bem grande e com pedidos muito específicos para seu grupo, Tritão: melhorar a saúde e o nível de energia; construir relacionamentos mais profundos com suas enteadas e seu enteado; inspirar Stephen a perder 18 quilos, transformar a dieta dele e fazer ginástica regularmente com um treinador; e ter mais clareza sobre a melhor maneira de usar suas habilidades profissionais. Mas, quando apareceram os caroços no seio, estes se tornaram a prioridade. Em agosto — mês quatro — ela pediu que seu grupo focalizasse e curasse a fonte de sua fadiga e que os dois caroços no seio simplesmente se desfizessem.

No começo, sua situação de saúde não se alterou nem um pouco. Depois de um regime de desintoxicação durante o verão, ela teve uma queda de 99% nos níveis de metais pesados e no mofo preto, mas nenhuma melhora no nível de energia. Na verdade, ele piorou. Duas viagens, uma para o casamento de sua sobrinha em Utah e outra para Washington para visitar outra sobrinha, deixaram-na exausta.

Com o apoio do grupo, Patty se dedicou a uma série de iniciativas alternativas — limpeza do fígado, dieta de sucos, Qigong, acupuntura e biofeedback — ao mesmo tempo que fazia intenções e visualizações regularmente, imaginando que os dois caroços no seio se derreteriam com seu secador de cabelos. No dia 26 de agosto, ela teve um primeiro avanço: uma nova mamografia revelou que os caroços haviam desaparecido completamente.

Apesar desse fato positivo, seus níveis de energia mantiveram-se inalterados e ela se sentiu mais esgotada ainda depois de uma viagem a Santa Fé, quando descobriu que mal conseguia subir as escadas. "Eu estava quase gritando", disse. "Sentia muita fraqueza nas pernas." Quando voltou para casa, na Virgínia, começou a pesquisar e descobriu que ela pode ter ficado desidratada na altitude elevada de Santa Fé, o que teria afetado suas reservas de glicogênio no fígado, a energia que dá a seus músculos o poder de se mexerem. Este foi um momento revelador. Exames feitos por seu médico naturopata revelaram que seu palpite estava correto: seu fígado não estava produzindo ou liberando glicogênio adequadamente.

Naquele mesmo mês, ela fez outra descoberta vital quando encontrou a fonte da infecção fúngica em seu corpo: depois de chamar especialistas, eles descobriram mofo preto presente em seu sótão e atrás do chuveiro, perto do armário e no dormitório, onde passava muitas horas todos os dias. Ela mandou consertar imediatamente a fonte da umidade. "Finalmente, cheguei à raiz do problema — o mofo oculto", disse. Entre isso e os tratamentos naturopatas para o fígado, sua saúde começou a se transformar.

"Em poucos dias, eu já estava fazendo exercícios com halteres novamente!", disse ela — algo que não conseguia fazer havia um ano. "Além disso, consegui fazer exercícios durante vários dias por semana SEM desmoronar."

Durante suas férias naquele mesmo mês, Patty conseguiu fazer escaladas, praticar *paddleboard* e andar de jet ski, além de exercícios particularmente rigorosos de pilates e de levar seu cão para longos passeios. Seu sono, antes tão irregular, também melhorou.

No final de outubro, Patty continuou a melhorar, a ponto de uma varredura de biofeedback mostrar que sua idade celular era de 35 anos — "nada mau para uma mulher de 55 anos que acabou de passar por uma perfeita tempestade de sobrecarga de metais pesados, Epstein-Barr e mofo preto".

Durante o outono, Patty encontrou novamente energias para recomeçar a trabalhar e conseguiu novos clientes, e, no sétimo mês, Stephen, por vontade própria, fez a assinatura de *Townsend Letter for Doctors* — uma revista dedicada à medicina alternativa. Pouco depois, tiveram a primeira conversa positiva sobre a saúde dele. "Ele se sentiu apoiado e respeitado, e depois marcou uma consulta com um novo médico integrativo para cuidar de seus problemas de saúde", escreveu ela. "Este é o sujeito que disse: 'Não acredito em nenhuma dessas coisas!'".

Outras áreas de sua vida também estavam se transformando. Patty aprendeu a criar limites com sua madrasta exigente e a se afastar de seus enteados, não se permitindo ser o bode expiatório.

Em novembro, o grupo Tritão começou a enviar intenções para que a família de Patty se entendesse melhor, enquanto ela própria começou a enviar a intenção de "mudar o roteiro" de seu relacionamento com duas de suas enteadas. À medida que o mês foi passando, ela percebeu que ela e sua enteada caçula, Jessica, estavam conversando com mais intimidade em seus telefonemas — bem mais do que fizeram em uma década. Então, em dezembro, todos os membros da família passaram uma semana juntos para tirar uma foto formal da família e se divertiram como não faziam havia anos. Enquanto estavam em Santa Fé, ela e Stephen passaram perto de uma casa à venda, a cerca de uma hora de carro de três dos quatro filhos em Albuquerque. Tinham falado durante anos em investir numa propriedade, mas não haviam levado a ideia adiante. A propriedade tinha seis quartos e três salas separadas — como se tivesse sido projetada especialmente para visitas de sua família estendida.

"Como três de nós já moramos em Albuquerque, você poderia se aposentar aqui", comentou Jessica enquanto iam de quarto em quarto, um sentimento ecoado por dois dos outros. Stephen e Patty acabaram não comprando a casa, mas encontraram outra também bastante adequada perto dessa. "Foi como se o meu grupo tivesse me ajudado a manifestar a casa perfeita para nossa família", escreveu Patty.

Bem, e todos esses avanços se deveram à intenção do grupo Tritão? O que mais funcionou para Patty foi precisar fazer um compromisso público "com o Universo" através de seu grupo, o que a forçou a ficar procurando com mais disposição a fonte de seus problemas de saúde e a se esforçar mais para lidar com a causa.

"O que percebi é que as intenções continuam a alimentar meus esforços de cura", disse ela. "Em outras palavras, dei minha palavra/intenção e ela alimenta a minha disposição. Não sei se foi o trabalho da intenção ou se as intenções continuam a me manter muito focada e comprometida com meu plano de cura", disse Patty. Elas também a ajudaram a forjar um novo propósito. "Tenho me dedicado há anos, mas agora sinto mais energia em meu compromisso de contribuir bastante para este mundo. Preciso ter saúde para fazer isso."

Para Patty, a intenção do grupo deu impulso a ela para descobrir a fonte de seus problemas de saúde — como fez com Mitchell Dean, outro participante, que sofria de depressão desde que conseguia se lembrar. Como psicólogo clínico de 44 anos, ele achava que isso se devia a um parto traumático no hospital Johns Hopkins, em Baltimore, onde nasceu por cesariana e tomou água com açúcar durante três dias enquanto sua mãe se recuperava da cirurgia. "Isso deve ter gerado uma reação de paralisação muito forte", disse Mitchell. "Por mais que eu berrasse, não conseguia ajuda ou comida, o que faz com que a pessoa comece a se fechar."

Mitchell foi muito amado por sua família e foi um estudante dedicado que conseguia boas notas, mas ao longo de sua infância e da idade adulta achou bem difícil o simples fato de estar no mundo. Às vezes, entrava em depressão profunda, momentos em que pensava em suicídio o dia inteiro. Ele nunca chegou a pôr em prática seus pensamentos — não suportaria magoar seus pais ou, já adulto, sua esposa e seu filho de 9 anos —, mas quando via um ônibus passando por perto, volta e meia desejava que ele subisse na calçada e o atingisse. Era duplamente difícil ser psicólogo e sofrer de depressão, e, como terapeuta integrativo, tentou de tudo ao longo dos anos, desde dietas e suplementos até ervas chinesas e quiropraxia, mas nada pareceu ajudá-lo.

Não muito depois de Hélio, seu grupo de masterclass, enviar uma intenção para ajudá-lo com sua condição, ele se inspirou para trabalhar com um quiropraxista que lhe fez 46 testes. Quando viu os resultados, 45 estavam normais e um mostrou que um dos sistemas de filtragem de seu fígado não estava funcionando. Isso significava que algumas das toxinas que seu corpo absorvia estavam indo diretamente para o seu cérebro. Mitchell começou um novo regime de medicina chinesa, dieta e suplementos, e dessa vez eles funcionaram.

Finalmente, havia conseguido um avanço real; embora a depressão voltasse por um ou dois dias de vez em quando, tinha diminuído. "Nossa! Eu me sinto bem melhor!", pensou em certo momento. Mas o efeito mais profundo sobre ele mesmo ocorria sempre que tinha uma intenção por outra pessoa. "Sinto que a sorte vem na minha direção", disse. "Alguma coisa em mim parece mais centrada, mais ancorada, mais ligada — como um canal com o espírito."

Alison Maving, uma mulher de 54 anos que morava na Bélgica, sofria de vitiligo desde 1991. Quando entrou para o grupo, sua pele tinha manchas brancas nos braços e no corpo. Um tratamento alternativo que ela havia experimentado durante anos tinha melhorado o vitiligo, mas nada havia funcionado de fato, e, embora Alison estivesse resignada com sua condição, ela queria descobrir por que aquilo havia aparecido. Durante as sete semanas iniciais do curso, enquanto manteve a intenção de compreender a causa do vitiligo, ela encontrou alguns artigos e livros que afirmavam que certas deficiências de vitaminas e minerais que ela apresentava poderiam ser um fator em condições autoimunes como a dela — uma associação de que nunca tinha ouvido falar.

Durante o quarto e o quinto mês do curso, depois de pedir ao grupo para se concentrar na cura da condição de sua pele, Alison descobriu artigos afirmando que deficiências de vitamina D são uma causa de vitiligo. Ela fez um exame de sangue e, embora seus níveis estivessem adequados, pelo menos para seu médico, eram bem inferiores aos recomendados pelos artigos que lera.

Alison começou a tomar suplementos de vitamina D. Quase imediatamente, a pele de seus braços e pernas voltou a se pigmentar — o que ela demonstrou compartilhando fotos mensais de "antes e depois" comigo e com seu grupo. Em outubro, sua pele continuou a adquirir pigmentos, e sua irmã, que também sofria de vitiligo, começou a tomar vitamina D e sua pele também voltou a ganhar pigmentação. "Foi uma busca de vinte anos por alguma cura", escreveu.

Além de mãe e dona de casa, ela também tinha uma pequena empresa de artesanato, mas estava perdendo interesse por ela. Alison estava ansiosa por descobrir o propósito de sua vida e esperava que pudesse incluir alguma coisa relacionada com medicina alternativa, uma de suas paixões.

Em novembro, depois de fazer um curso sobre Cura Reconectiva em Bruxelas, além de outros treinamentos sobre cura energética, Alison decidiu tornar-se curadora profissional. "Sinto que descobri meu propósito de vida", comentou em um relatório de progresso. Ao mesmo tempo, todos os seus relacionamentos familiares — outra de suas intenções — melhoraram muito. "O relacionamento com a minha irmã nunca foi tão bom", escreveu.

O grupo Morfeu resolveu se concentrar em alguém de fora do grupo e tentou ajudar Laura, amiga de um dos membros, a recuperar sua saúde, pois sofria de dores do nervo ciático e problemas de respiração, que a deixavam sem energia e com insônia crônica. No final de setembro, a saúde de Laura havia mudado completamente — a ponto de seu farmacêutico clínico modificar seus medicamentos. A dor diminuiu muito e ela começou a conseguir ter até cinco horas de sono ininterrupto. Em dezembro, ela conseguiu fazer compras no supermercado e pequenas tarefas externas, e cozinhar — coisas que não conseguia mais fazer. Sua saúde e energia melhoraram tanto que ela viajou até um parque nacional, onde conseguiu fazer caminhadas curtas.

Para Alison, Mitchell e Patty, a intenção provou ser o ímpeto que os ajudou a chegar à raiz de seus desafios de saúde e começar a superá-los; para Joanne Brockway, o apoio do grupo presenteou-a com o exercício supremo de confiança. Com 22 anos, Jessye, paratleta e filha de Joanne, fora escolhida pela equipe do Canadá para participar das competições de disco, arremesso de peso e lançamento de dardo no Campeonato Mundial Júnior da Federação Internacional do Esporte para Amputados e Cadeirantes de 2015, em Stadskanaal, Holanda, em julho desse ano. Nascida com quadril deslocado, o que a deixou com mobilidade limitada nas pernas, Jessye fora apresentada aos esportes dois anos antes, num dia de "experimentação", e conquistou duas medalhas de ouro, quebrou o recorde canadense feminino de arremesso de disco em competições nacionais e tornou-se a Campeã Mundial Júnior de 2014 nas categorias paradesportivas de disco e arremesso de peso.

Joanne tinha planejado acompanhar Jessye à Holanda e depois viajariam pela Europa após o evento.

Durante um de nossos seminários online, depois que os participantes tinham sido divididos em grupos, Joanne conectou-se com Iris e Lynette. Embora não estivessem no mesmo grupo formal de intenção, fizeram amizade por telefone e e-mail, e, antes de sua viagem, Joanne pediu que as duas mulheres fizessem uma intenção para a segurança e o bem-estar da viagem de mãe e filha, para que transportes pudessem ser encontrados facilmente e de "maneiras adoráveis e surpreendentes", e que sua viagem fosse repleta de momentos "abundantes e síncronos". Iris e Lynette resolveram começar a fazer uma intenção para que Joanne recebesse dinheiro para pagar sua passagem, "e, de repente, começaram a entrar valores inesperados; fiquei recebendo dinheiro de maneiras espantosas", disse ela. Joanne ficou tão impressionada que resolveu confiar no poder da intenção de suas amigas e não fez planos para transporte além do voo transatlântico.

O primeiro sinal de sorte ocorreu quando a comissão atlética canadense estendeu a data do voo de volta de Jessye sem custo adicional. O transporte de Jessye entre o aeroporto Schiphol, de Amsterdã, e o evento desportivo em Stadskanaal estavam pagos; o de Joanne, não. Se necessário, ela poderia alugar um carro ao custo de trezentos dólares pela viagem de três horas, mas ela queria evitar o gasto, se possível, e resolveu não fazer reserva alguma. "Como Iris e Lynette estavam fazendo uma intenção por nós, eu fiquei improvisando, confiante em que alguma coisa interessante iria acontecer", disse ela.

Embora fosse de outra parte do Canadá, a mãe da única outra atleta, a outra única genitora canadense da viagem, estaria no mesmo voo para a Europa e havia reservado um carro. Ficaram conversando, Joanne ofereceu-se como companheira de viagem para dividirem despesas, e as duas ficaram amigas na mesma hora. Durante os jogos, compartilharam viagens aos eventos desportivos diários e comiam juntas quando suas filhas estavam ocupadas, e, após os treinos, levavam as duas garotas para jantares e passeios.

Embora Joanne tenha pagado o quarto de hotel inteiramente com pontos acumulados na rede Best Western, o gerente do hotel se apresentou, fez seu check-in pessoalmente e ofereceu um grande quarto de luxo com uma varanda gigantesca e vista panorâmica da cidade — um dos mais luxuosos quartos duplos do hotel.

Durante a viagem, Lynette e Iris mantiveram a intenção para ambas, e até Jessye pareceu se beneficiar. Ela ganhou a medalha de ouro no arremesso de disco e de bronze no arremesso de dardo, mas também se tornou a atleta mais fotografada do evento.

Depois da competição e de alguns dias de passeios em Amsterdã com Jessye, como surpresa, Joanne sugeriu que pegassem o trem Thalys de alta velocidade até Paris, uma cidade que Jessye sempre quis visitar. Embora tenham comprado as passagens no último minuto, em um trem superlotado, acabaram se sentando em poltronas confortáveis de um vagão especial, com janelas grandes e suas próprias mesas. Chegando ao hotel, também pago com pontos, receberam um belo quarto grande com vista panorâmica do Sena.

Um dia, quando tentavam visitar a Torre Eiffel, ficaram espantadas ao ver uma fila gigantesca formada na frente do elevador que vai até o alto. De repente, um guarda de segurança chamou-as e as conduziu a um elevador nos fundos, que as levou diretamente ao ponto mais alto. Essa sorte se estendeu por passeios de barco, refeições em restaurantes e viagens a diversos locais; nunca tiveram de ficar em fila para nada, embora fosse o meio da estação mais apinhada de turistas da cidade. Certa noite, quando se perderam, subitamente apareceu um táxi para levá-las de volta ao hotel, onde, na última manhã de sua estada, o gerente lhes ofereceu uma refeição de cortesia.

"Podem parecer experiências banais, mas não foram", disse Joanne. "Ocorreram muitos momentos sincrônicos, dando-nos aquilo de que precisávamos, exatamente quando precisávamos, desfrutando ainda de conexões muito positivas com as pessoas que encontramos. Sentimo-nos seguras, mesmo quando estávamos perdidas à noite." E o melhor de tudo: toda a viagem acabou não custando a elas mais do que as duas passagens de trem de ida e volta, a subsistência diária e o voo de Joanne.

Para Karen Hayhurst, mãe solteira de 49 anos com duas filhas, a intenção do grupo agiu como um trampolim, dando-lhe coragem para sair de seu emprego sem vida de instrutora de autoescola, que só pagava as contas, e voltar para o trabalho de que realmente gostava. "Sempre senti que o trabalho com energia era o meu propósito, mas as aulas da autoescola eram o meu emprego", escreveu.

Quando começou o curso de um ano, Karen estava sofrendo de dores na região lombar e nos joelhos porque passava longas horas dentro de um carro, com pouco tempo para qualquer coisa exceto comer e dormir. A falta de exercício também estava fazendo com que ganhasse peso, embora não comesse muito durante seus longos dias de trabalho. Apesar de ter muitos amigos, seu trabalho intenso e sua rotina doméstica deixavam pouco tempo para se socializar.

No final das primeiras sete semanas do curso, a dor nas costas e o pescoço rijo tinham piorado tanto que ela teve de largar seu emprego como instrutora de autoescola.

Durante uma de nossas reuniões de seminário online, depois de ser posta num círculo de intenção e de enviar intenção para um de seus membros, Karen ficou tomada pelas vibrações amorosas do grupo que chegavam em ondas. Pouco depois de o grupo terminar a sessão, ela olhou para baixo e havia um texto diante dela sobre pesquisa energética. As palavras surgiram na sua mente: *Por que você parou?* "As lágrimas caíram e eu sabia que era hora de voltar", escreveu.

Como Karen não podia dirigir muito por causa da dor no pescoço, ela teve o espaço e o tempo para voltar a fazer pesquisas com energia, desenvolvendo um curso online durante sua recuperação. "Aprendi muito sobre a produção, a qualidade de vídeo e áudio e também a editar vídeos", escreveu. "Além disso, comecei a colecionar toneladas de pesquisas sobre trabalho energético. Estou muito feliz."

Enquanto Karen se recuperava, finalmente teve tempo para tomar café com os amigos e fazer novas amizades; chegou a fazer uma viagem curta com uma amiga, algo que não se permitira fazer em anos. Pela primeira vez, conseguiu passar um tempo proveitoso e ininterrupto com suas filhas e retomar as visitas diárias à sua mãe, algo que era impossível com seus horários de trabalho. No verão, a dor no pescoço estava diminuindo e ela conseguiu começar a caminhar pela manhã, o que a ajudou a perder peso.

O lado negativo disso é que o dinheiro não estava entrando e ela precisou depender de suas economias. No entanto, depois de saber da lesão de Karen, seu pai, de quem estava afastada e com quem não conversava havia sete anos, fez contato com ela e mandou dinheiro para ajudá-la nesse período. Karen não ficou apenas agradecida por sua ajuda; o contato renovado "acalmou as águas entre nós".

Com a chegada do outono, além de desfrutar de uma intimidade crescente com sua mãe, filhas e amigos, Karen começou a ter notícias de antigos contatos que começaram a lhe passar links de pesquisas. Começaram a surgir várias oportunidades de crescimento. "Agora, vejo-me como um núcleo de pesquisa para muitos de meus colegas holísticos e da energia", escreveu. "Tenho um site funcionando, escrevo regularmente num blog e minha lista de assinantes está aumentando." Depois, ela voltou a trabalhar um pouco como instrutora de autoescola para ajudar a pagar as contas, mas não permitiu que esse trabalho a dominasse como no passado. Ela se formou em ciências holísticas da saúde e faz mestrado e doutorado em medicina natural.

Como Karen, Melissa Fundanish, de 50 anos, natural de Tega Cay, Carolina do Sul, inscreveu-se na masterclass com a intenção específica de encontrar uma nova oportunidade de carreira. Em seu trabalho, no início da masterclass, tinha um relacionamento pouco saudável com seu gerente e sentiu-se presa entre duas equipes que pareciam incapazes de descobrir como colaborar para o bem comum dos clientes. Além disso, o produto que estava promovendo tinha vida limitada e provavelmente se tornaria obsoleto em poucos anos. “Estou com dificuldade para determinar o tipo de trabalho que quero e como procurar uma vaga. Sinto-me travada”, escreveu em seu relatório de progresso no começo do verão. Em julho, depois de estabelecer uma intenção com o grupo para encontrar um trabalho significativo, ela recebeu um e-mail de uma colega. Melissa sabia que a mulher tinha experiência em procurar oportunidades de trabalho e criou coragem para perguntar se poderiam conversar reservadamente. Quando se encontraram, Melissa confidenciou que desejava procurar outro emprego. Por acaso, naquela época a mulher estava procurando alguém para um trabalho específico que teria sido perfeito para Melissa. “Pedi a descrição do cargo, pensei no assunto durante o dia e resolvi me candidatar”, escreveu Melissa no relatório do mês seguinte. “Ela acelerou o meu processo de entrevistas, e em uma semana fiz quatro entrevistas e uma apresentação. Recebi uma oferta na semana seguinte para ganhar muito mais do que eu esperava.”

Melissa começou a trabalhar no novo emprego em agosto. “Meu novo trabalho é espantoso, incrível”, escreveu. “Estou há dois meses aqui e adoro meu gerente, meus colegas, meus funcionários e minhas responsabilidades. Não achava que seria possível encontrar algo que eu gostaria de fazer e que me desafiaria assim.”

Além de seu trabalho, o grupo Proteu concentrou-se num pedido muito específico: viabilizar para Melissa a venda de sua BMW M3 por 5 mil dólares, especificamente para alguém que ama BMWs. “Do nada, recebi um telefonema de um senhor do Colorado. Tivemos uma boa conversa e ele me disse: 'Certo, quero comprar o carro!'. Eu disse: 'Ótimo, quanto quer pagar por ele?'. E ele disse 5 mil dólares. Fiquei muito feliz porque eu o vendi a um aficionado da BMW M3". Para Melissa, o grupo a ajudou a se apaixonar novamente por sua vida. "Estou percebendo que, de modo geral, estou num fluxo maravilhoso com a vida. As coisas acontecem com mais facilidade e estou gostando do fluxo." Ela e sua irmã mantêm um relacionamento mais profundo e próximo, e ela medita regularmente. Enviou até a intenção de encontrar alguém para iniciar um relacionamento. "Uma ou duas semanas depois, um amigo da minha irmã marcou um almoço comigo, e os dois iriam levar um colega de apartamento. Fiquei surpresa como ele e eu somos compatíveis. Marcamos um primeiro encontro e nos divertimos muito."

Robert Morales, 67 anos, de Beaumont, Califórnia, também viu melhoras na saúde como resultado do trabalho com seu grupo Hélio. No começo do curso, teve problemas no coração, próstata, pâncreas, joelho esquerdo, trato urinário e de sono. Ele também foi diagnosticado com diabetes tipo 2. Pediu ao grupo para enviar intenções para a melhora de sua saúde. Em outubro, Robert também pediu a assistência de alguns membros do grupo para resolver a dor em seu joelho esquerdo. Entre oito e dez dias depois, aproximadamente, a dor no joelho esquerdo diminuiu. "Até hoje, não tive problemas com este joelho", escreveu. Então, em 9 de dezembro, ele pegou uma gripe — em parte, pensou, pelo cansaço e por trabalhar demais. Por causa da gripe, não conseguiu participar de suas sessões habituais das quintas-feiras com o Hélio e pediu que enviassem a intenção para que ele melhorasse.

No dia 11 de dezembro, sentiu-se tão bem quando acordou que foi trabalhar. Foi como se um peso imenso tivesse sido tirado de seus ombros. Ele conseguiu dormir melhor; seu coração não palpitava mais e nem ficava com arritmia como costumava acontecer à noite. Os sintomas da próstata praticamente desapareceram — a ponto de seu sono só ser interrompido uma vez naquela noite e nas noites seguintes, e, pela primeira vez em longo tempo, ele conseguiu comer carne sem reações residuais. Na verdade, pela primeira vez em muitos anos, conseguiu comer qualquer coisa sem reações. "Eu estava me sentindo absolutamente normal, como se não tivesse problema algum. Senti-me curado e cheio de energia. Foi um dos melhores períodos de cinco dias que tive em muito, muito tempo."

Robert e sua esposa estavam tendo dificuldades financeiras para pagar as contas, e por isso ele pediu que alguns membros fizessem intenções para que ele recebesse alguma ajuda. Em menos de trinta dias, ele recebeu um cheque de seu banco no valor de 2.475 dólares. "Sabíamos que iríamos receber alguma coisa do banco em função de termos comprado uma casa naquele ano, mas não sabíamos quanto nem quando."

Na época em que Beverley Sky Fulker pediu o apoio do grupo para melhorar suas finanças, ela estava com apenas 200 libras. Encontrou-se casualmente com uma pessoa que lhe informou que quem tivesse trabalhado antes na seguradora Lloyd's de Londres poderia pedir uma assistência caso necessitasse. Beverley tinha trabalhado na Lloyd's, e por isso se inscreveu. Embora sejam muito seletivos quanto a quem faz esse pedido, escolheram Bev "e me mandaram um cheque bem bonito", disse.

Nascida com uma mancha cor de vinho na face, Bev sofreu bullying quando criança e, durante anos, cobriu o rosto com maquiagem de camuflagem e pensou em fazer cirurgia plástica. Já adulta, resolveu criar um site para oferecer histórias inspiradoras e conselhos para estimular outras pessoas com cicatrizes ou marcas de nascença a se sentirem confiantes e positivas consigo mesmas. O dinheiro do Lloyd's também foi útil para ajudá-la a atualizar o site (LoveYourMark.com). "Bem na hora", escreveu. "Justamente quando precisei dele."

Mitchell Dean descobriu que, com a ajuda do grupo, curou não só a depressão que sentia a vida toda como também problemas "excepcionalmente dolorosos" que contribuíram para essa condição: "Fiz muito mais progresso no ano passado do que nos 44 anos anteriores", disse numa entrevista. "Tanto que passei finalmente a buscar a cura de outros problemas como principal meta de saúde, o que também está indo bem." Ele superou o bloqueio criativo que o impediu de escrever um livro que planejava escrever havia anos, perdeu sete quilos, voltando ao peso que tinha no colegial, e ficou em melhor forma física do que tinha estado em anos. Mitchell também voltou a cantar e a tocar violão, algo que não fazia regularmente havia décadas. Uma técnica de atenção plena que ensinou a seus pacientes por muitos anos foi "descoberta" subitamente por uma atriz conhecida, que se ofereceu a ajudar Mitchell a divulgar o método.

O grupo de intenção de Andy a ajudou a se "desacoplar" conscientemente de seu marido com um mínimo de dor e discórdias. Eles haviam concordado em se divorciar, mas não tinham tomado medidas concretas para terminar o casamento. Poucos meses depois de pedir ao seu grupo de intenção, ela enviou um e-mail a um advogado colaborativo especializado em divórcio, e a primeira reunião foi boa. Após uma reunião com um segundo advogado colaborativo, resolveram contratar seus próprios advogados, e nesse momento Andy descobriu que seu marido tinha uma namorada firme. Isso lhe deu um ímpeto importante, pois concordaram em contar aos filhos que estavam se divorciando, e então o marido de Andy saiu de casa. Com o apoio de seu grupo, ela conseguiu se manter forte, apesar dos comentários insensíveis de outros membros da família. "Nossa comunicação é mais profunda, mais forte e mais aberta agora do que foi em qualquer ano de nosso casamento", disse Andy. Eles tiveram um divórcio de fato colaborativo, concordaram em não brigar, e seus advogados ficaram tão espantados com sua capacidade de elaborar os detalhes da separação visando os melhores interesses de todos que perguntaram se poderiam compartilhar seu sistema com outros clientes.

Margaret, agente de condicional na Califórnia, onde o uso de drogas ainda é um problema sério entre ex-detentos, pediu ao grupo que enviasse a intenção de uma redução de 50% nos resultados positivos de exames de urina para os clientes que se submetiam a testes aleatórios para drogas — e obteve rapidamente o resultado que desejava.

Trudy recuperou parte de sua audição.

Depois da intenção do grupo Aqueloo, a nora de Amanda, que tinha tido dois partos anteriores que duraram dias, teve seu terceiro filho quinze minutos depois de chegar no hospital.

Rose White vendeu sua casa em duas semanas e encontrou a casa de seus sonhos.

Mês após mês, a lista de transformações extraordinárias prosseguiu. Eu precisava fazer um último experimento, dar uma última olhada dentro da caixa do relógio, para descobrir o mecanismo que estava no coração disso tudo.

CAPÍTULO 21

O ESTUDO DO PODER DOS OITO

O dr. Guy Riekeman, presidente da Universidade Life, gosta de agitar as coisas, um fato que ele deixa claro na página inicial do site da instituição, dizendo que se trata de um lugar para "visionários incansavelmente comprometidos com inovações sociais disruptivas". Como ele e seus colegas do corpo docente veem a questão, estão provocando uma revolução nos cuidados com a saúde, com seus alunos liderando o afastamento dos "cuidados com a doença" do modelo médico convencional em prol de um bem-estar holístico. Riekeman e os outros quiropraxistas da Life são do campo da quiropraxia que acredita no vitalismo, que todos os sistemas do Universo são, como diz a universidade, "conscientes, com autodesenvolvimento, automanutenção e autocura". Os vitalistas veem seu trabalho como a simples remoção dos impedimentos, na forma de vértebras mal posicionadas na coluna, bloqueando o fluxo livre dessa energia, como muitos galhos caídos sobre os trilhos de uma estrada de ferro.

Com o rosto enrugado e 70 anos de idade, Riekeman é um gigante da quiropraxia que, após assumir a presidência em 2004, agarrou a universidade pela garganta e, no prazo de uma década, transformou uma pequena coleção de prédios de concreto numa região isolada e arborizada de Marietta, na Geórgia, na maior faculdade de quiropraxia do mundo. Em uma noite de abril de 2015, sentei-me com Riekeman e mais alguns membros do corpo docente após me apresentar na Universidade Life e, depois de uma garrafa particularmente memorável de vinho tinto de sua coleção particular, Guy ofereceu os serviços da universidade para estudar o que estaria acontecendo com meus grupos de Poder dos Oito, colocando à minha disposição os departamentos de biologia e psicologia, com todos os seus equipamentos de medição científica.

Fiquei encantada com sua generosidade. Era exatamente isso que eu vinha procurando desde 2007: uma universidade respeitada, disposta a fazer um experimento com meus círculos de Poder dos Oito.

Na minha cabeça, o ponto mais importante de nosso estudo não era descobrir se podíamos afetar um receptor, mas examinar o que estava acontecendo dentro dos emissores. Guy pôs-me em contato com a dra. Stephanie Sullivan, neurocientista e diretora do Centro de Pesquisas de Quiropraxia Dr. Sid E. Williams, com grande experiência na realização de pesquisas científicas. Com sua assistência, optamos por um estudo simples de indivíduos que participam de um grupo de Poder dos Oito formado por voluntários do corpo discente. Eu daria a sucessivos grupos de Poder dos Oito algumas instruções simples via Skype ou vídeo do

YouTube, um dos membros do grupo se ofereceria como alvo da intenção e os demais enviariam a intenção para ele ou ela, tal como tínhamos feito em meus workshops. Stephanie e sua equipe examinariam os padrões cerebrais de um dos mentalizadores por meio de um qEEG, ou eletroencefalograma quantitativo, o equipamento ideal para medir diferentes padrões de ondas cerebrais antes, durante e depois da intenção em grupo. Todos os participantes preencheriam formulários para avaliação de seu humor antes e depois, para podermos analisar quaisquer mudanças.

Para que nosso estudo tivesse credibilidade científica, Stephanie planejou realizar o teste sete vezes com grupos diferentes de Poder dos Oito formados por indivíduos diferentes, e cada um dos que serviriam de alvo estariam fazendo isso pela primeira vez. Depois, ela iria comparar os resultados de nossas leituras de qEEG com aquilo que fora registrado em indivíduos que participaram de estudos como os de Andrew Newberg e Richard Davidson para ver se meu procedimento de intenção produziu diferenças claras. Embora não fosse um teste plenamente controlado, ainda assim teríamos um estudo preliminar decente que poderia nos dar certas pistas sobre por que os participantes dos meus experimentos haviam registrado efeitos tão transformadores de vida. Depois, examinaríamos marcadores do sistema imunológico e outras atividades biológicas em emissores e receptores, para descobrir se encontraríamos outras mudanças substanciais.

Stephanie enviou os primeiros resultados no começo de fevereiro de 2016. "Até aqui, os resultados foram espantosos", escreveu. Nossos participantes mostraram evidências de alterações globais imediatas e importantes no cérebro consideravelmente diferentes do normal, disse ela.

Alguns meses depois, após realizar e analisar seis dos sete estudos (um deles não pôde ser aproveitado), a equipe de pesquisa da Life descobriu uma redução cientificamente significativa na atividade dos lobos temporais direitos, dos lobos frontais e dos lobos parietais direitos de nossos participantes durante as sessões de intenção, um silenciamento quase global do cérebro em diversas faixas de frequência (ou de ondas cerebrais). Na verdade, nossos resultados foram o oposto daquilo que ocorre na meditação em geral, que tende a causar o aumento no poder das ondas cerebrais alfa e teta para a maioria do córtex; as ondas alfa *diminuíram* em nossos participantes. As maiores mudanças se deram através de todo o lobo parietal direito do cérebro — a parte que distingue nosso senso de *eu* de tudo que não é o eu —, os lobos temporais, inclusive a região occipital, que geralmente está relacionada com a visão — e as regiões frontais do cérebro, relacionadas com processos executivos como planejamento e tomada de decisões. Os lobos temporais também estão associados com a memória, representação visual e processamento auditivo. O fato de nossos resultados serem significativos em termos estatísticos e consistentes nos estudos com os participantes sugeriria que não se deveram ao acaso, disse Stephanie, em especial por terem acontecido imediatamente, durante os dez minutos de emissão de intenções de cura e entre pessoas que nunca participaram antes de um círculo de intenção do Poder dos Oito.

Procurar a iluminação dedicando-se a exercícios contemplativos é, em última análise, uma atividade orientada para nós mesmos, refletida no aumento de atividade dos aspectos do "eu" no cérebro. "Quando uma pessoa resolve buscar a Iluminação através de uma prática específica — seja ela oriental ou ocidental, religiosa ou secular —, inicialmente a atividade começa a aumentar no lobo frontal quando ela começa a meditar ou mergulha em reflexões contemplativas", escreveu Newberg. "Também vemos, em nossos estudos de varredura cerebral, um aumento inicial da atividade nos lobos parietais. Nossa percepção de nós mesmos em relação ao mundo ou ao objeto de meditação aumenta, e a atividade parietal nos ajuda a identificar nossa meta e a nos movermos em direção a ela."

Mas, em nossos grupos de Poder dos Oito e de Experimentos da Intenção, afastarmos o eu e focalizarmos o "outro" reduziu imediatamente a atividade em muitas das áreas relacionadas com o eu, especialmente aquelas do lado direito do cérebro, as quais, com a exceção da criatividade, estão associadas com pensamentos negativos, medo, preocupação e depressão. Em termos específicos, encontramos redução de atividade no córtex pré-frontal direito, o que poderia indicar um afastamento de estados elevados de estresse e ansiedade e melhorias nas emoções, escreveu Stephanie. De fato, num teste Brief Mood Introspection Scale [BMIS, sigla em inglês para Escala de Introspecção Breve do Humor], um teste padrão de classificação psicológica que ela passou para os participantes de cada grupo antes e depois dos círculos de intenção de Poder dos Oito, foi notada uma melhora significativa na nota geral de humor dos participantes e também em sua calma e relaxamento. Stephanie deu aos participantes um teste científico padronizado para medir quaisquer alterações em dores. Embora não tenhamos observado nenhuma tendência significativa e nossos grupos de Poder dos Oito fossem grupos uniformemente saudáveis de estudantes jovens, diversos membros relataram dores de vários tipos — enxaqueca, dores nas juntas e nas costas — e as dores desapareceram espontaneamente.

As ondas cerebrais de nossos participantes pareceram-se com as assinaturas de muitos dos grupos estudados por Andrew Newberg que tentaram a iluminação, mas principalmente por meio de um processo de rendição — freiras e monges, médiuns, mestres sufis dedicados a cânticos e mesmo, até certo ponto, os membros da Igreja Pentecostal falando em línguas. Em casos nos quais a tentativa de iluminação não é uma atividade orientada para o eu, como não foi nesses exemplos, e no caso de nossos grupos de Poder dos Oito, a atividade do lobo frontal tende a cair imediatamente à medida que a pessoa começa a se fundir com o objeto da contemplação. Nosso estudo do Poder dos Oito também mostrou evidências de um aumento na coerência entre os lobos parietais e frontais. Quando aplicada ao cérebro, "coerência" significa o grau de comunicação entre as diferentes partes do cérebro. Em nosso caso, embora a atividade tenha diminuído, os cérebros de nossos participantes pareceram operar como um todo maior. Os participantes também demonstraram atividade reduzida do feixe sensório-motor e áreas associadas, local do processamento sensorial e motor, a área do cérebro que atribui significado às sensações, inclusive a música. Isso sugeriria que os membros do Poder do Oito teriam entrado noutra dimensão, na qual estiveram bem menos conscientes de suas imediações.

Isso ofereceu mais evidências de que essas mudanças não tiveram muita relação com os cânticos Reiki, pois os participantes tiveram um decréscimo em todas as partes do cérebro que reconhecem e processam música. E o decréscimo na região occipital — relacionada com a visão — pode estar associado ao fato de sua atenção visual estar direcionada internamente para a visualização da pessoa que seria curada.

Os membros de nosso grupo parecem ter experimentado um estado alterado de consciência, tal como as freiras de Newberg. Mas os participantes do Poder dos Oito não estavam em Santa Comunhão com Deus; estavam em Santa Comunhão uns com os outros e com a pessoa ou situação que estavam tentando curar. O estudo da Universidade Life sugeriu que os participantes de nossos experimentos globais e grupos de Poder dos Oito estavam experimentando algo análogo a um momento de êxtase que pode ter transformado a vida deles. Mas, ao contrário das freiras, monges ou sufis de Newberg, o processo não exigiu uma preparação — uma hora de cânticos ou reflexões intensas para se atingir esse estado — nem anos de prática devocional. Com esses sujeitos, e, na verdade, na maioria dos casos de prece contemplativa, diz Newberg, eles "levavam de cinquenta a sessenta minutos para criarem esses mesmos tipos de alterações neurológicas".

Alguma coisa muito diferente tinha acontecido com meus participantes. Eles entraram nesse estado poucos minutos depois de começar um grupo de Poder dos Oito ou um Experimento da Intenção, e sua experiência de iluminação não só foi imediata como inesperada e indesejada. E, diferentemente das religiões ou experiências indígenas típicas, não houve mantras, jejum, autonegação ou privação, cabana de suor, ioga ou prostrações, falar em línguas, ícones, ayahuasca, nenhum "grande esforço da mente", como Santo Agostinho (354-430) descreveu certa vez. Na verdade, não houve nenhum esforço real; a experiência ocorreu basicamente fora do controle deles. Eles não a acionaram — seu envolvimento com o grupo de intenção é que fez com que ela simplesmente acontecesse. A única indução inicial foi a Energização — o breve ritual de meditação com atenção plena que usamos em todos os nossos Experimentos da Intenção. Todas as pessoas examinadas em nosso estudo eram novatas que nunca tinham praticado a Energização antes; a maioria tinha praticado meditação intermitente, e seu único manual de instrução foi um vídeo de treze minutos do YouTube que fiz, descrevendo o procedimento. Em nossos Experimentos da Intenção e em meus workshops, a grande maioria dos participantes também nunca havia praticado minha Energização antes. Embora a maioria dos que participaram tivesse experiência em meditação, conforme registraram em seus formulários, para muitos deles essa experiência foi qualitativamente diferente de uma meditação comum. Em todos os casos, nossos participantes foram transportados para aquele estado num instante.

Não havia outra conclusão que eu pudesse tirar. Enviar pensamentos altruístas de cura por meio de um grupo era um caminho rápido para o milagroso.

Depois de estudar os EEGs de um punhado de duplas de guitarristas, o psicólogo Ulman Lindenberger e seus colegas do Instituto Max Planck para o Desenvolvimento Humano, em Berlim, Alemanha, descobriram que, quando duas ou mais pessoas tocam música "no mesmo acorde", seus cérebros começam a se imitar. As ondas cerebrais de cada dupla tornam-se altamente sincronizadas e "em fase" — ou seja, suas ondas cerebrais começam a ter picos e vales em certos momentos-chave. Áreas inteiras dos dois cérebros criam padrões sincronizados, particularmente as regiões frontal e central, mas também as regiões temporal e parietal, essas partes de nosso cérebro que governam nosso senso de nós mesmos no espaço, e, neste caso, a sincronia sugere que os guitarristas começam a ter uma sensação de unidade com seus pares.

A mesma equipe estudou guitarristas que improvisavam juntos e descobriu algo que foi chamado de "padrão hipercerebral" — a tendência dos cérebros de trabalhar em conjunto e tão próximos que se assemelham a um único cérebro gigante — particularmente quando os dois guitarristas estão tocando ao mesmo tempo. Outros cientistas da Universidade de Lancaster no Reino Unido e da Universidade "Gabrielle d'Annunzio", em Chieti, na Itália, descobriram os mesmos resultados quando estudaram pensamentos compartilhados — ou aquilo que chamam de Modelos Mentais de Equipe

— entre grupos de malabaristas. Os pares de malabaristas desenvolvem não só um padrão hipercerebral, como também índices cardíacos e respiratórios coordenados.

No caso dos meus grupos de Poder dos Oito, estes não eram mais uma coleção de indivíduos separados. A fronteira que os separava havia sido eliminada. Eram uma colmeia supercarregada, um supergrupo. Não estavam apenas se conectando — estavam se mesclando.

Mas as mudanças experimentadas pelos grupos de Poder dos Oito também poderiam estar se irradiando para seu ambiente. Konstantin Korotkov tinha aperfeiçoado um dispositivo que ele chamou jocosamente de "Sputnik" em homenagem ao primeiro satélite espacial soviético, lançado em 1957. Seu dispositivo era parecido com a configuração de todo o Projeto de Consciência Global enfiado numa única máquina, e Konstantin afirmava que ele era capaz de medir influências do ambiente sobre emoções humanas.

O Sputnik foi desenvolvido como uma antena especialmente projetada para seus GDVs, que Konstantin gostava de dizer que eram "analisadores ambientais integrais". Em conjunto com as informações enviadas pelos GDVs, o propósito desse dispositivo altamente sensível era medir mudanças na atmosfera relativas a quaisquer mudanças nas pessoas ocupando aquele espaço. Konstantin afirmou que o pequeno sensor poderia medir a capacitância, ou capacidade de armazenar carga, do ambiente através de sua sensibilidade extrema a mudanças nos campos eletromagnéticos do ambiente.

Como as emoções humanas estão relacionadas com a atividade do sistema nervoso parassimpático, quaisquer mudanças nesse sistema vão alterar também a circulação sanguínea, a transpiração e outras funções, modificando consequentemente a condutividade elétrica geral do corpo. Ciente do conjunto de evidências demonstrando o efeito de atividade solar, perturbações e tensões tectônicas e o campo eletromagnético ambiental sobre a saúde humana, Konstantin afirmou que o reverso também era verdadeiro: quando uma pessoa experimenta uma mudança nas emoções, isso vai afetar a eletricidade do ambiente, o que, por sua vez, será captado por seu sensor Sputnik.

"Mudanças no estado funcional do corpo humano levam a uma mudança na [...] distribuição do campo ao redor do corpo, a composição química do ar ambiente devido ao ar exalado e à emissão de substâncias endócrinas através da pele", escreveu num trabalho sobre sua invenção. Sua teoria era que seu Sputnik seria capaz de captar até mesmo as cargas ambientais mais sutis.

Konstantin passou vários anos testando o dispositivo em expedições ao Peru, Colômbia, Equador, Índia, Mianmar, Sibéria e outros lugares, antes de considerar que o dispositivo era suficientemente sensível para avaliar as condições ambientais locais e suas peculiaridades após descobrir variações sensíveis no sinal do sensor durante o nascer e o pôr do sol ou antes de uma trovoada. Em 2008, realizou uma série de medições com ele em diversos pontos da Rússia — Novosibirsk, Berdsk, Irkutsk e Abakan — usando sete dispositivos Sputnik independentes durante um eclipse solar total. Os sete dispositivos mostraram curvas de atividade similar antes do eclipse, e todos se estabilizaram de forma similar após o término do evento.

O efeito mais intrigante alegado por ele era a capacidade desse dispositivo medir as reações subliminares, psicológicas e emocionais de grupos de pessoas. Ele havia testado isso em diferentes ocasiões e tipos de grupo — cerimônias religiosas, exercícios de ioga, meditação coletiva, apresentações musicais e até palestras públicas — e encontrou no dispositivo mudanças estatisticamente significativas correlacionadas com a duração dos eventos e com a emoção coletiva do grupo; quanto maiores as alterações no sinal de seu Sputnik, maior a carga emocional do ambiente. Num dos estudos, como Roger Nelson e seus REGs, ele descobriu mudanças importantes na saída da máquina durante períodos de meditação intensa. Ele também demonstrou o efeito da emoção subliminar na carga de uma sala com um estudo simples do impacto de sons de baixa intensidade sobre um grupo de estudantes voluntários. Pediu que eles entrassem numa sala de aula e simplesmente trabalhassem nos computadores, e, sem que soubessem, Konstantin ligou um aparelho que emitiu um som de 20 Hz de baixa intensidade — no limiar da faixa auditiva humana, mas suficiente para ter um efeito subliminar perturbador.

Após o término do estudo, um questionário de avaliação do estado mental e emocional dos estudantes, inclusive a percepção de sua própria saúde e humor, mostrou inquestionavelmente que eles tinham ficado estressados durante o experimento, e suas mudanças refletiram as mudanças registradas pelo Sputnik. Essas mudanças não aconteceram com um grupo de controle, com estudantes sob as mesmas condições mas sem o som, e nem com um terceiro Sputnik, exposto ao mesmo som de 20 Hz mas posicionado numa sala vazia.

Em março de 2017, fiz outro experimento com água juntamente com Konstantin, no qual pedimos que o público de mil pessoas em Miami, Flórida, enviasse a intenção a uma garrafa d'água conectada a uma instalação de computador em seu laboratório em São Petersburgo. Embora estivéssemos a mais de 8 mil quilômetros de distância, as medições mostraram claramente um efeito significativo no Sputnik, a redução importante da carga ao redor da água.

Durante dois de meus workshops, quando Konstantin estava presente, ele ligou o Sputnik e também mediu alguns participantes antes e depois de nossos grupos de Poder dos Oito. Nos dois casos, os níveis de estresse haviam caído consideravelmente nos indivíduos, e a mudança de carga na sala foi registrada claramente. Os efeitos dos grupos de Poder dos Oito estavam afetando os membros do grupo, mas também se irradiaram, enviando ondas de boa vontade.

O mesmo tinha acontecido quando Roger Nelson ligou sua máquina REG durante nossos grupos de Poder dos Oito na Itália. Roger tinha estado comigo em duas conferências, em Bolonha e depois em Roma, e, nas duas ocasiões, quando eu estava conduzindo os círculos de Poder dos Oito, pedi a ele que ligasse uma máquina REG que tinha em seu computador. A cada vez, os efeitos aumentaram mais e mais à medida que os grupos trabalhavam, um movimento alucinadamente marcante da aleatoriedade para a ordem.

Enviar e receber, receber e enviar.

Meus grupos de masterclass continuaram a se reunir semanalmente, até depois do fim do ano, como vórtices milagrosos de transformação. Um incorporador e cliente de Teri ligou inesperadamente para ela, salvando sua situação financeira — "eu estava a um passo de me tornar uma sem-teto e agora tenho um fluxo estável de renda como corretora de imóveis"; o negócio de Linda, Grow Food Earn Money, recebeu a promoção intencionada pelo grupo Tritão e uma faculdade importante resolveu ensinar seus métodos; de uma hora para outra, sem motivo algum, o pai de Melissa, que estava afastado dela, mandou-lhe um cheque de 10 mil dólares, e ela recebeu outro ganho inesperado de 10 mil dólares quando uma empresa na qual ela trabalhara brevemente fez um acordo sobre sua demissão; o relacionamento entre Yoly e seu marido sofreu uma transformação importante e ele passou a apoiar mais o desejo dela de se tornar empresária em vez de se concentrar simplesmente em seu papel de esposa e mãe; Laureen havia investido na DynaCERT, empresa envolvida na redução de emissões de diesel e de motores de grande porte, e, depois da intenção de seu grupo, a empresa obteve um aumento de 558% no preço das ações e de 677% na capitalização de mercado, figurando como a empresa de melhor desempenho em cinco segmentos industriais. Além dos ganhos imprevistos, também ocorreram sucessos menores, e os milagres começaram a acontecer com maior frequência depois que lhes pedi que parassem de fazer intenções para si mesmos. Julie estabeleceu uma prática de meditação regular "pela primeira vez na vida"; Nancy começou a perder os cinco quilos que queria eliminar; Andrea passou o Natal sem discutir com sua mãe; o grupo de defesa do movimento alimentar de Judy obteve a ajuda de que ela precisava; os problemas digestivos de Kristi desapareceram; Marie começou a atrair novos clientes tributários sem esforço algum; Bev reconciliou-se com seu irmão, de quem estava afastada; a congestão crônica de Iris começou a sumir; a insônia de Martha foi embora completamente. Familiares, amigos e até animais de estimação beneficiaram-se das intenções dos grupos; o marido de Barbara começou a trabalhar num projeto no qual não havia tocado durante anos; o apartamento do marido de Laureen foi vendido pelo preço pedido; a cunhada de Elaine, que sofria de insuficiência hepática, acabou não precisando de um transplante de fígado, contra todas as expectativas, e está se recuperando, e seu cunhado também conseguiu evitar uma cirurgia planejada de um tumor no esôfago; o diabetes da mãe de Karen está mais controlado e, pela primeira vez, ela está se alimentando regularmente; a gatinha de Melissa, nascida com problemas respiratórios, está quase normal; Calypso, o cavalo de Jane, foi salvo várias vezes de ser sacrificado. Além de ver oportunidades de negócios aparecendo de maneiras singulares, Marnie fez uma "grande mudança — um sentimento difícil de explicar, de que na verdade tudo está bem. Satisfeita com a minha vida e seu curso. Alegria e gratidão".

Entre os 150 participantes regulares dos grupos, praticamente todos fizeram alguma mudança importante. Muitos, pela primeira vez, descobriram o propósito de suas vidas, melhoraram seus relacionamentos ou perceberam que estavam se sabotando. "Assumo a responsabilidade por meu papel nas interações e tento me lembrar de que vim equipada com um botão de pausa", escreveu Joan Johnson.

Meus grupos de masterclass tinham realizado seus próprios experimentos, pois apresentei cada vez mais desafios a eles. O grupo Proteu criou um experimento para aumentar as chuvas em Charlotte e áreas vizinhas a fim de alimentar a folhagem, e Melissa investigaria a precipitação mensal durante o ano e o déficit da média mensal. Quando começaram, Charlotte e a área próxima estavam passando por uma grande seca, com um déficit anual de 36,4 centímetros de chuva; depois de começarem a intenção em setembro, começou a cair uma chuva fina e constante. No segundo mês, a área já havia ultrapassado a precipitação média mensal, e em dezembro, com três meses e meio, a área teve mais de 30 centímetros de chuva, compensando amplamente o déficit do ano.

O cunhado de Marie chegara para o Natal com uma úlcera grave na perna e com dores lancinantes, e, sem que ele soubesse, Morfeu resolveu lançar a intenção de cura sobre a água que Marie borrifava na água de sua jarra. Depois de consumi-la, ele não teve mais nenhum dia com dores graves durante o período das festas.

O que acontece nesses grupos para ajudar a manifestar todas essas mudanças, a ponto de praticamente 100% desses 150 participantes terem visto esses milagres pessoais, todos no mesmo ano? Quais seriam as chances contra o acaso de tudo isso ser mera coincidência, as mudanças inevitáveis nas circunstâncias que acontecem ao longo do tempo?

Não faço mais essa pergunta. Satisfaço-me em ser apenas uma espécie de mensageira, uma apóstola relutante da misteriosa alquimia dos grupos.

A maioria de nossos participantes fala do apoio valioso que o grupo lhes deu para iniciarem mudanças em todos os aspectos de sua vida. Muitos choram quando falam daquilo que o grupo significa para eles — "minha família da intenção", como Ellen Bernfeld se referiu ao seu grupo. O grupo de Poder dos Oito está lá, disse Ellen, para ajudá-la a "voltar a montar no cavalo todas as vezes que caio".

"Praticar as intenções sempre me leva para um lugar de receptividade em mim mesma onde meus 'sim, mas' silenciam", disse Lissa Wheeler. "Minha mente se aquieta e a 'confiança' é mais o conhecimento, em um nível visceral, de que a intenção está acontecendo. A conexão com o grupo me leva a esse espaço. Às vezes, eu me mostro resistente a me acomodar o suficiente para me concentrar, e fico sentada fazendo bico como uma criança rabugenta; mas após cinco minutos de vontade de me manter no foco do grupo, meu cérebro literalmente dá a impressão de que tomei um remédio que me levou a um estado alterado. É como se nos tornássemos um só cérebro. O foco do grupo parece uma sopa que modifica lentamente o meu cérebro." "Alguma coisa nesse processo de manter uma intenção por outras pessoas, de estar conectado aleatoriamente a um punhado de desconhecidos com quem você não teve aulas ou filhos, é muito profunda", acrescenta Mitchell Dean. Como a maioria dos membros da masterclass, Mitchell nunca conheceu os membros de seu grupo, mas sente-se intensamente próximo deles, sobretudo de Robert Morales, o único membro com quem ele tem mantido contato consistentemente desde o término da masterclass. Mitchell e Robert mantêm contato diário para tratar de toda espécie de problemas. Mitchell sempre manda e-mails, tal como fez uma noite quando estava com dificuldade para dormir, e nesse caso, como sempre,

Robert respondeu no dia seguinte: "Não se preocupe — às 4h30 eu cuidei disso". E agora, quando ele ouve dizer que alguém tem um problema, o próprio Mitchell diz: "Vou trabalhar nisso para você".

"É o processo de dar", diz Mitchell. "Sinto-me melhor o dia todo quando estou trabalhando no caso de alguém. E não é a mera gratificação de ver alguém mais feliz — tenho a sorte disso acontecer muito no meu trabalho como psicólogo. Há mais alguma coisa nisso que eu não compreendo. Meu próprio sistema, minha vida, simplesmente funcionam melhor quando posso ser útil dessa maneira."

Talvez Elaine Ryan, uma mulher de 61 anos de Katonah, Nova York, expresse isso melhor: "Certa noite, tive a visualização de nosso grupo, Hélio, como peças separadas. Então, as peças começaram a se mesclar nesse núcleo que estava crescendo e tornando-se unido, uma coisa só, com Hélio como o núcleo. Assim, a cada semana, construímos em cima da anterior e nos tornamos mais unificados, mais fortes e mais comprometidos com o foco de nossas intenções. Vejo-me pensando nos membros do grupo ou no grupo como uma unidade e uma parte da minha vida, como um campo unificado de energia e como indivíduos com seus próprios caminhos".

Alguns anos antes, em setembro de 2012, tentei mais um importante Experimento da Intenção de Paz em meio à conturbada disputa da eleição presidencial daquele outono. Eu quis fazer um "Experimento da Intenção de Paz pela Cura da América", e seu alvo seria o lugar que eu considerava o mais violento dos Estados Unidos: o Congresso. A primeira vez que falei da ideia foi no programa de rádio

Coast to Coast AM em junho e depois num evento de um dia na TV Gaia em setembro, orientando nossos milhares de espectadores a enviar a intenção para os dois condados em torno do edifício do Capitólio que estavam registrando níveis criminais crescentes, e depois me sentei e esperei um ano inteiro para comparar os números da polícia para os 24 meses anteriores e doze meses posteriores.

No mês de setembro seguinte, analisamos os dados: os crimes violentos, alvo de nossa intenção, tinham diminuído 33% a partir do mês de setembro de nossa intenção, contrariando a tendência dos dois anos anteriores, enquanto crimes contra o patrimônio continuaram a aumentar. E no dia seguinte à nossa intenção no *Coast to Coast*, pela primeira vez desde que se conheceram, o republicano John Boehner, presidente da Câmara dos Deputados, abraçou sua inimiga declarada, a democrata Nancy Pelosi, ex-presidente da Câmara.

Nós fizemos isso?

Será que "nós" fizemos alguma coisa?

Resposta curta: Quem se importa?

Tive mais do que minhas duas fontes habituais — os depoimentos de milhares de participantes e até um estudo científico — para demonstrar que a intenção coletiva tem um efeito extraordinário, tanto sobre os emissores quanto sobre os receptores, mas não sei explicar o "porquê", a causa exata desses milagres. Seria a intenção em si o poder amplificado da prece em grupo ou apenas o fato de fazermos uma declaração pública de intenção, como acreditava Patty Rutledge?

Alguma coisa nas promessas que fazemos uns para os outros pode ter mais peso do que as promessas que fazemos para nós mesmos. Elas nos dão coragem, como os vitalistas de Guy, para removermos os galhos em cima de nossos trilhos com mais facilidade. Uma declaração na presença de um pequeno grupo é um contrato que fazemos com o Universo — para fazermos melhor e sermos melhores do que agora. Há ainda o poder do apoio e da conexão, uma condição tão necessária para o espírito humano quanto o oxigênio para o corpo humano. A promessa mais fundamental que fazemos para o outro, o mais básico de nossos contratos sociais, é nos apoiarmos através da adversidade. *Serei sua testemunha.* Em todos os momentos de nossa vida, precisamos saber que, em algum lugar lá fora, alguém está nos apoiando, e este conhecimento se torna uma certeza maior em nossa vida quando um grupo de estranhos se conecta para nos curar.

Ainda gosto de evidências no meu trabalho, mas no decorrer do estudo deste fenômeno, perdi meu ceticismo, minha necessidade de provocar alguma base científica para tudo que não pode ser explicado de forma racional. Algumas coisas em nossa vida estão simplesmente além de nossas explicações ou compreensão, e, quando pessoas se reúnem, milagres simplesmente acontecem, milagres que não podem ser reduzidos à soma de certos fatos e dados observáveis, ao funcionamento do nervo vago ou do cérebro. Passei a acreditar que milagres não são individuais, e sim o resultado de forças coletivas, especialmente quando ultrapassamos a insignificância do eu. Desisti de tentar explicar a magia. É suficiente mostrar, mesmo em pequenos relances, que ela está ali.

Testemunhei muitos milagres com este projeto: evidências de que nosso mundo e nossa capacidade inata são bem maiores do que imaginava Newton ou era admitido pelos cientistas modernos. Observei, em primeira mão, que a consciência é uma atividade coletiva, com a capacidade de atravessar tempo e espaço, e que mentes se conectam qualquer que seja a distância quando estão focadas num único ponto. A conexão não tem nada a ver com a proximidade e tudo a ver com a capacidade coletiva de criar. Tudo de que precisa é fazer uma declaração *homothumadon* — com uma voz apaixonada, extática.

Tenho visto o poder extraordinário de pequenos grupos para criar esperança e cura na vida de todos os membros. Tenho entendido que o mais poderoso estado transformador de todos é o altruísmo. Afastarmo-nos da autoajuda é nosso mais poderoso agente de cura. Agora, acredito que intenções coletivas poderiam até curar o mundo, mas não da maneira como eu imaginava antes. Na verdade, o alvo não importa. O que funcionou para Mitchell Dean e muitos outros foi abrir mão de qualquer apego a um resultado. A cura está na participação, no desejo de orar com uma só voz.

A intenção é a versão mais secular da prece, diferente em sua especificidade e crença no poder individual de manifestação. Em vez de deixar o problema para Deus ("Seja feita a tua vontade"), reconhecemos em nós mesmos o poder como criadores e tentamos assumir o controle de nosso próprio destino. Fomos educados a pensar na prece como algo muito individualizado: você tem uma conversa particular com seu criador. Para mim, agora fica evidente que amplificamos essa conversa particular de todas as maneiras quando rezamos como um ato comunitário. Quando uma pessoa solicita uma cura, nossa própria necessidade de cura reverbera profundamente dentro de nós. Assumimos um compromisso público uns com os outros para nos esforçarmos mais no dia seguinte. Cada vez que participamos de uma cura, também curamos uma pequena parte de nós mesmos.

O antropólogo francês Laurent Denizeau, professor da Universidade Católica de Lyon que estudou as noites organizadas pela Associação Internacional de Ministérios de Cura, referiu-se certa vez a grupos de cura ritual como "sessões de milagres", sugerindo que a reunião de pessoas é um fator necessário na cura milagrosa.

Embora o pastor anime a multidão com suas próprias curas e as de outros e invoque o Espírito Santo, na visão de Denizeau, "não é o ato em si que cria a cura, mas o fato de esta ser realizada numa assembleia de oração".

> Nesse sentido, a doença é não apenas uma provação pessoal, mas também um teste do relacionamento do próprio grupo que essas assembleias assumem. Cuidar do corpo é cuidar do vínculo que o constrói como sujeito. O corpo doente, espaço de ruptura na definição de si mesmo (marcada por sua relação com os outros), insere-se aqui em um corpo maior, em que a doença não é mais o único aspecto comum. Essa sociabilidade em torno da cura atua como uma saída de emergência do sentido e dá acesso a um significado superior.

Laurent Denizeau está dizendo que a doença é parte da pequenez do si mesmo — uma entidade distinta e separada —, mas, na presença de um grupo, o indivíduo se reconhece como parte de um todo maior. A doença é identificada essencialmente como uma matéria estranha nessa unidade perfeita, como uma farpa saindo de um dedo, e nesse ponto o grupo, agindo como uma pinça gigante, remove-a suavemente.

Um dia, quando estava ouvindo a canção "One", do U2, subitamente percebi a sabedoria simples das palavras "nós temos de nos carregar uns aos outros". Naturalmente, a canção fala de como ainda somos "um" embora "não sejamos a mesma pessoa", mas agora percebi que a frase sobre carregar uns aos outros não se refere a uma obrigação; refere-se a um privilégio. Com a oportunidade de carregarmos o outro, recebemos a oportunidade de sermos curados.

Quando penso em todo esse meu trabalho com a intenção, penso no que Jesus pode ter tentado nos dizer. Não importa se você tem religião ou, como eu, tem uma visão mais secular da espiritualidade; as palavras dele continuam a ressoar. Não pense pequeno quando se trata de curar a si mesmo ou de curar o mundo. Esta é uma empreitada grande demais para se fazer individualmente. Descubra sua verdadeira natureza e sua maior força na união com outras pessoas.

SEGUNDA PARTE

Criando seu próprio círculo de Poder dos Oito

CAPÍTULO 22

REUNINDO OS OITO

Agora é hora de você testar o Poder dos Oito em sua própria vida. A seguir, dou instruções sobre como criar um grupo de oito pessoas para reuniões recorrentes de forma presencial ou virtual. Não é necessário estar no mesmo espaço físico com os membros do grupo. A conexão virtual, segundo minha experiência, é bastante eficiente. Ter exatamente oito pessoas também não é uma regra rígida, mas oito é o número ideal. Eu sugeriria que seu grupo não tivesse menos de seis nem mais de doze, para haver massa crítica suficiente para dar a sensação de grupo, mas não com tantas pessoas a ponto de você se perder nele.

Reúna um grupo de oito amigos com a mesma mentalidade, abertos para a possibilidade de curas e intenções. Você pode usar o clube do livro, grupos da igreja ou pessoas de sua vizinhança.

1. Pergunte se algum dos membros do grupo está com dificuldade para curar alguma coisa (emocional ou física) e se gostaria de ser o alvo da

intenção de cura. Permita que a pessoa nomeada como receptora descreva o problema em detalhes.

2. Passem alguns momentos debatendo e idealizando a frase da intenção que vocês manterão juntos.

3. Reúnam-se em um círculo. Deem-se as mãos ou coloquem a pessoa nomeada no centro do círculo, com cada um dos outros membros do grupo pondo uma mão na pessoa, como os raios de uma roda.

4. Comecem fazendo com que cada membro do grupo feche os olhos e se concentre na inspiração e expiração. Cada um deve limpar a mente de distrações e depois manter a frase da intenção na mente ao mesmo tempo que imagina, com os cinco sentidos, o receptor da intenção com saúde e bem-estar em todos os sentidos. Então, todos os membros enviam a intenção através do coração. O receptor da intenção deve se manter aberto para receber. (Siga as técnicas de "Energização", começando na página 329, e, para instruções completas, leia O *experimento da intenção*.)

5. Após dez minutos, encerre suavemente a intenção de cura e dê a todos alguns momentos para "voltarem" ao ambiente. Primeiro, peça à pessoa receptora da intenção que descreva como se sente e se notou alguma mudança, positiva ou negativa. Depois, todos os outros membros podem compartilhar sua

experiência, um de cada vez. Registre quaisquer sensações palpáveis de unidade e também qualquer melhoria na condição de emissores e receptores.

6. Com o tempo, comece a selecionar alvos fora do seu grupo.

7. Registre cuidadosamente, todos os meses, qualquer progresso em sua vida: saúde, relacionamentos, carreira, propósito de vida.

Reunindo os Oito virtualmente

Eis algumas ideias para começar:

1. *Crie frequências e horários estruturados para se reunirem e cumpra-os.*
   Resolvam, como grupo, se querem se reunir diariamente ou semanalmente (eu recomendaria uma vez por semana, no mínimo) e cumpram o horário estabelecido toda semana. Depois, decidam se querem se reunir online, como um grupo de áudio ou um grupo de vídeo.

2. *Eleja uma pessoa da equipe que entenda de internet para servir de apoio quando tiverem problemas com plataformas ou outros recursos online para reuniões virtuais de grupos.*
   Essa pessoa pode ajudar quem estiver com dificuldades tecnológicas ou para se atualizar.

3. *Antes da reunião, anote suas principais intenções para o mês ou para o ano* e revezem-se para compartilhá-las durante o encontro.

4. *Comecem a reunião com uma apresentação pessoal, dizendo o que esperam realizar com sua participação no grupo* durante o resto do ano.

5. *Comecem fazendo perguntas, compartilhando e discutindo* aspectos do trabalho que você aprendeu neste e em outros livros.
   Isso inclui tornar-se mais consciente de seus processos mentais e das implicações de estarmos enviando e recebendo informações a cada momento. O que isso significa de fato para você? Como isso impacta o sucesso ou os fracassos que você teve em sua vida?

6. *Inclua tempo para perguntas*, que você deve dirigir ao grupo.

7. *Inclua tempo para sessões de prática.*
   Nas duas sessões iniciais, dividam-se em duplas e pratiquem enviar e receber a imagem mental de um objeto simples que tenha algum significado especial para você — positivo ou negativo. Receptor: tente intuir não apenas o objeto, mas também a emoção que a outra pessoa sente pelo objeto. (Sempre é divertido tentar "transmitir" de vez em quando um objeto que, na verdade, você detesta.)

8. *Anote em seu diário uma descrição detalhada daquilo que você enviou e do que o parceiro recebeu.* Depois, troquem, fazendo os emissores serem receptores e vice-versa.

9. *Anote em seu diário uma descrição detalhada daquilo que seu parceiro enviou e do que você recebeu.* Mantenha essas descrições em segurança para ter um registro de sua precisão ao longo do ano.

Energização

A seguir, apresento os rudimentos do programa que desenvolvi para maximizar seu uso da intenção. Para o programa completo, consulte *O experimento da Intenção*.

Embora o poder da intenção seja tal que qualquer tipo de foco pode ter algum efeito, a evidência científica sugere que você será um "mentalizador" mais eficaz caso acredite no processo, aprenda a focalizar, silencie sua mente, conecte-se com o objeto de sua intenção, visualize o resultado, ensaie mentalmente e relaxe, confiando no processo.

1. *Escolha seu espaço de intenção*
   Diversos estudos científicos sugerem que sua intenção funciona melhor e mais rápido se você usa sempre o mesmo espaço para intenções. Escolha um lugar para intenções que seja confortável, um lugar onde você e seu grupo possam se sentar em silêncio para meditar.

2. *Focalize sua mente*

Energizar envolve a capacidade de estar atento com intensidade máxima, momento a momento. Uma das maneiras mais seguras de desenvolver isso é praticar, mantendo sua concentração no presente e focalizando seus cinco sentidos enquanto se envolve em atividades cotidianas. Você pode procurar desligar a constante tagarelice interna da mente, concentrando-se em suas experiências sensoriais enquanto se dedica a atividades do dia a dia como tomar o café da manhã, esperar numa fila, vestir o paletó ou ir andando até o trabalho. Um bom meio para manter sua mente ligada ao presente é "conectar com seu corpo" e conferir seus sentidos individuais. Com o tempo, você será capaz de lidar com seu grupo de intenção com intensidade máxima.

Sente-se numa cadeira em posição confortável. Inspire lenta e ritmicamente pelo nariz e expire pela boca (expulse devagar todo o ar), de modo que sua inspiração tenha a mesma duração que a expiração. Deixe o estômago relaxado, levemente protuberante, e depois recolha-o de forma lenta como se estivesse tentando fazer com que ele toque nas suas costas. Isso garantirá que você está respirando pelo diafragma.

Repita isso a cada quinze segundos, mas certifique-se de que você não está exagerando ou se esforçando demais. Continue por três minutos e fique observando a respiração. Trabalhe assim de cinco a dez minutos. Comece a focalizar sua atenção apenas na respiração, e depois, lentamente, faça um inventário de seus cinco sentidos. Qual é a aparência do momento presente? Como soa? Qual é seu gosto? Sua sensação? Seu cheiro? Pratique isso várias vezes.

3. *Faça a conexão*
   O toque, ou mesmo o foco, no coração ou em sentimentos compassivos pelo próximo é um meio poderoso de criar um "hipercérebro" entre pessoas. Se vocês estiverem fazendo uma intenção por algum membro de seu grupo, primeiro formem uma conexão empática com ele ou com ela, passando alguns momentos trocando informações pessoais sobre cada um de vocês, ou mesmo um objeto ou fotografia. Segurem nas mãos da pessoa para manter uma conexão mais profunda ou passem algum tempo meditando juntos.

4. *Seja compassivo*
   Use os seguintes métodos para estimular um senso de compaixão universal durante seu grupo de Poder dos Oito:

   - Focalize sua atenção em seu coração, como se estivesse enviando luz para ele. Observe a luz espalhando-se do seu coração para o resto do seu corpo. Envie um pensamento amável para si mesmo, como "Que eu possa estar bem e livre de sofrimento".

- Ao expirar, imagine uma luz branca irradiando-se desde o seu coração. Ao fazê-lo, pense: "Agradeço a bondade e o amor de todas as criaturas vivas. Que todos os demais estejam bem". Como recomendam os budistas, pense primeiro em todos que você ama, depois em seus bons amigos. Passe para os conhecidos e finalmente para as pessoas de quem realmente não gosta. Em cada estágio, pense: "Que estejam bem e livres de sofrimento".

5. *Diga ao universo exatamente o que deseja*
Faça com que suas intenções sejam muito específicas e direcionadas — quanto mais detalhadas, melhor. Se estiver tentando curar o dedo anular da mão esquerda, especifique esse dedo e, se possível, o problema com ele.

Declare toda a sua intenção e inclua o que você gostaria de mudar, em quem, quando e onde. Use a lista de verificação do repórter para ter certeza de que cobriu todos os detalhes: quem, o que, quando, onde, por que e como. Faça um desenho disso ou crie uma colagem a partir de fotos ou imagens de revistas. Coloque-o em algum lugar onde possa vê-lo com frequência.

Não se acanhe em anunciar abertamente sua intenção para seu grupo e permita que a façam para você enquanto você faz intenções para eles. *Faça a promessa, em voz alta para seu grupo, de que fará tudo ao seu alcance para tornar essa intenção uma realidade*. Como dizem muitos dos membros de minha Masterclass da Intenção, ter de fazer um compromisso público "com o Universo" por meio do grupo força-os a trabalharem com afinco em suas intenções e prosseguir.

Se você está tentando melhorar sua carreira, não diga apenas algo como "Quero que o dinheiro entre sem esforço". Isso é genérico demais.

- Se precisa que mais pessoas se inscrevam em algum programa seu, especifique quantas.
- Se alguma coisa não está indo bem em sua vida profissional, identifique o que é. As pessoas? A comercialização de alguma coisa? Seu papel? Identifique o problema e focalize sua intenção para que isso mude.
- Se deseja um emprego específico, descreva-o por escrito, completa e detalhadamente.
- Se sua renda não for estável, peça um emprego ou situação muito específica que provavelmente lhe ofereça um fluxo constante de dinheiro.
- Se quiser encontrar uma pessoa especial, descreva-a em detalhes. Desenhe uma imagem mental e física.

6. *Ensaie mentalmente*

A melhor maneira de enviar uma intenção é visualizar o resultado que deseja com todos os seus cinco sentidos. Você pode criar imagens mentais para qualquer coisa: uma nova casa, um novo emprego, um novo relacionamento, um corpo mais saudável ou uma mente mais saudável. Imagine-se (ou o alvo de sua intenção) lidando com qualquer novo aspecto da vida que você deseja criar.

As visualizações não precisam ser estritamente visuais. Algumas pessoas são cinestésicas e têm o sentido do tato aguçado; outras são auditivas e pensam em sons. Seu ensaio mental vai depender dos sentidos que estão mais desenvolvidos no seu cérebro.

7. *Acredite no processo*
   Não deixe que sua mente racional lhe diga que as intenções não vão funcionar. Mantenha o resultado desejado firmemente fixado em sua mente e não se permita pensar no fracasso. Em alguns estudos sobre a intenção, o poder da crença permitiu que as pessoas realizassem atos extremos.

8. *Escolha o momento certo*
   As evidências mostram que as intenções funcionam melhor nos dias em que você se sente feliz e bem em todos os sentidos. Nem sempre é possível esperar; às vezes, você precisa das intenções para poder se sentir melhor. Mas, se tiver a opção, espere até estar no seu melhor momento.

9. *Afaste-se*
   Em seu estado meditativo com seu grupo, relaxe a noção de si mesmo e deixe-se mesclar com o

alvo de sua intenção. Depois de determinar sua intenção, declare-a com clareza e deixe-a ir. Não pense no resultado. Este poder não se origina em você — você é apenas seu veículo.

Resumindo:

- Entre em seu espaço de intenção.
- Energize-se com a meditação.
- Avance até seu foco máximo através da consciência plena do presente.
- Entre na mesma frequência focalizando a compaixão e fazendo uma conexão significativa.
- Declare sua intenção de maneira específica.
- Ensaie mentalmente cada momento com todos os seus sentidos.
- Visualize, com detalhes claros, sua intenção como um fato concreto.
- Ajuste o momento — escolha dias em que você se sente feliz e bem.
- Afaste-se — entregue-se ao poder do Universo e desapegue-se do resultado.

Os experimentos do Poder dos Oito

Reúna um grupo de amigos que estejam interessados em tentar fazer alguns exercícios de intenção em grupo. Crie um espaço de intenção no qual vocês vão se reunir todas as vezes. Selecione um grupo-alvo para sua comunidade.

Mensagem na garrafa

Peça a um de seus membros que encha uma jarra com água comum, "enviem" um objeto para a jarra através de uma meditação de intenção de dez minutos (período no qual eles apenas focalizam o nome do objeto e o imaginam com os cinco sentidos). Escreva esse nome num pedaço de papel, dobre-o para que a palavra não fique visível e enrole-o na jarra, prendendo-o com um elástico.

Agora, o mentalizador deve segurar a jarra e mostrá-la ao grupo (se vocês estiverem ao vivo numa plataforma online). Se estiverem num grupo do Facebook, por exemplo, tire uma foto da jarra e faça o upload para a página do seu grupo.

Os outros membros do grupo devem focalizar a jarra e tentar intuir a palavra que está nela.

Enviando pensamentos amorosos para plantas

Tentem realizar seus próprios Experimentos de Intenção de Germinação para ver se conseguem fazer as plantas crescerem mais depressa e com mais saúde através do poder da intenção.

1. Comprem dois jogos de sementes.

2. Plantem os dois jogos.

3. Enviem uma intenção amorosa para um dos jogos, para que cresçam um número específico de centímetros até determinada data.

4. Após duas semanas, meçam o resultado de ambos. Vejam qual punhado de sementes cresceu mais.

Peçam a um membro do grupo para ser o responsável pela compra das sementes, pelo plantio das sementes e sua medição. Ele pode até fazer o upload da imagem das sementes e dos brotinhos nas redes sociais. Escolham um momento para o grupo enviar a intenção para as sementes. Peçam à pessoa designada para medir as plantas em duas semanas para ver o que aconteceu.

Purificando a água

A maneira mais fácil de demonstrar qualquer mudança na pureza é medir mudanças no pH. Quanto mais baixa a medida do pH (abaixo de 7, que é o pH neutro), mais ácida será a água, e quanto maior a medida do pH (acima de 7), mais alcalina.

Eis como tentar fazer isso em seu grupo:

1. Nomeie alguém para realizar o Experimento da Intenção.

2. Peça para a pessoa comprar algumas tiras de pH numa farmácia local. Peça que encha dois copos com água da mesma torneira e rotule-os A e B. Nomeie um para ser o copo-alvo do grupo e o outro, o controle.

3. O pH da água dos dois copos deve ser medido.

4. Fotografe o copo-alvo e faça o upload da imagem caso esteja usando alguma rede social para o grupo.

5. No momento designado, peça que todos os membros do grupo enviem a intenção de elevar o pH da água em um ponto. Imaginem a água como um córrego cristalino da montanha.

6. Aguarde alguns minutos após o término da intenção. Então, meça novamente o pH da água. Veja se ele se alterou. (Não se preocupe se parecer que não mudou — as tiras de medição não são sensíveis como o equipamento científico que utilizamos.)

Enviem qualquer experimento que fizerem para: www.lynnemctaggart.com.

POSFÁCIO

ENTREGANDO O PODER DOS OITO AO MUNDO

Durante uma década, fui a sentinela nervosa do Poder dos Oito, como se ele fosse um amuleto sagrado que devia ser protegido cuidadosamente das mãos erradas. Ao longo dos anos, quando várias pessoas pensaram em capitalizá-lo após testemunhar seus efeitos milagrosos, eu as desencorajei de fazê-lo. Eu queria que esses efeitos coletivos fossem usados pelos motivos certos, e não para render dinheiro com milagres. Eu também quis ver como poderíamos ampliar o processo para usá-lo na cura do planeta de forma significativa. Acima de tudo, antes de liberá-lo em massa, eu quis compreender melhor o que estava observando, tentando descobrir como é que fui me envolver na sua entrega ao mundo. No verão de 2017, estava pronta para deixar os grupos se administrarem de maneira cuidadosamente protegida. A primeira oportunidade para isso surgiu em agosto de 2017, quando eu estava filmando um programa sobre o

Poder dos Oito e os Experimentos da Intenção para a TV Gaia, que incluiria um importante Experimento da Intenção de Paz na América, e encontrei na Igreja Mile Hi de Denver uma comunidade disposta a participar.

Resolvi criar alguns grupos de Poder dos Oito, filmá-los durante curas e depois registrei minuciosamente as mudanças nos receptores. A reverenda Kay Johnson da Igreja Mile Hi concordou corajosamente em reunir dezesseis voluntários, e formamos nosso primeiro grupo no dia 28 de agosto, uma segunda-feira, numa pequena sala de conferências do hotel Hyatt de Boulder, um dia antes de nosso teste de três dias, e o segundo com os participantes reunidos em torno de um labirinto de pedra na sede da Gaia, nos arredores de Boulder.

No Hyatt, o grupo se concentrou em Linda Wilkinson, uma mulher que fora diagnosticada em 2013 com um câncer de pulmão inoperável em estágio 4 — um câncer que mata mais pessoas do que câncer de mama, cólon e próstata juntos. Linda já havia superado as probabilidades — a maioria das pessoas com esse câncer morre no prazo de um ano —, principalmente por seguir uma abordagem integrativa, com quimioterapia em doses muito baixas e uma mudança de dieta e suplementos, além de muito trabalho mental e espiritual. Quando o grupo de Poder dos Oito se reuniu, o sistema linfático em seu peito, que tinha estado tomado pelo câncer, estava se limpando, e os marcadores de tumor, que estavam em 6,2 quando ela recebeu o diagnóstico inicial, estacionaram pouco abaixo de três, ou "normal alto". Poucas semanas após o grupo de Poder dos Oito agir, os marcadores tinham caído para dois, dentro da faixa "normal baixo", com duas pequenas lesões ativas nos pulmões, no máximo. Durante o círculo, ela disse: "Senti uma mudança e senti que as pessoas realmente queriam que eu ficasse bem. Não foi apenas o meu desejo — foi o desejo de todos à minha volta. Para mim, foi a sensação de ser levantada e assistida, segurando um ao outro em uma vibração superior".

Natalie Lancaster se ofereceu como a outra receptora no Hyatt, pedindo que a intenção fosse para que a empresa de sua família "se expandisse em todas as direções e fosse próspera em todos os sentidos". Sua empresa de suporte em informática havia sido construída com base em apenas dois grandes clientes. Ela e o marido, Mark, ouviram dizer que um desses dois clientes ia parar de utilizar seus serviços. Treze anos antes, como vítimas de um esquema de pirâmide, o casal perdeu mais de meio milhão de dólares e teve de pedir falência. Natalie precisou entrar para o ramo de compra, reforma e revenda de casas para sobreviver. Agora, ao que parecia, seu estado financeiro voltara a ficar precário, e, na época da intenção, Natalie estava assustada e deprimida diante da perspectiva de ter novos problemas financeiros.

Durante o grupo de Poder dos Oito, Natalie ficou visualizando seu marido e ela abrindo as portas de seu carro e vendo o dinheiro jorrar. Depois, a depressão e o medo de Natalie pareceram desaparecer. Ela resolveu voltar aos imóveis como medida temporária e trabalhou para duas empresas; mais tarde, outras oportunidades surgiram, aparentemente de forma espontânea. A empresa dos Lancaster recebeu um fluxo constante de clientes menores e, em poucos meses, ela e o marido souberam que aquele cliente importante que receavam perder tinha resolvido ficar. Além de diversificar a lista de clientes, Natalie, que pinta como hobby, recebeu uma oferta para trabalhar com um especialista em seu tipo de pintura. Ela tem treinamento em Qigong e pretende apresentar workshops do gênero. Mark, enquanto isso, está interessado em começar uma atividade profissional paralela de treinamento empresarial, lastreado numa pequena quantia que recebeu alguns meses após a morte de seu pai. Na mente de Natalie, o grupo de Poder dos Oito ajudou-os a confiarem no fortalecimento pessoal e na possibilidade de prosperidade, e por isso muitas oportunidades surgiram "do nada, um processo que tem se mantido até hoje".

Uma das receptoras em torno do labirinto de Gaia era Connie Wiggins, que pediu ajuda para curar a articulação temporomandibular desalinhada em seu queixo. Connie sentia dores na cabeça e nas costas, além de muita dor no pescoço. Numa escala de dor de um a dez, disse ela, "vivo na faixa de sete a oito". Durante seu grupo de Poder dos Oito, Connie percebeu que sua mente silenciou e se acalmou, algo que normalmente era difícil para ela durante meditações; uma extraordinária sensação de paz invadiu seu corpo, além de uma intensa manifestação de amor. Logo depois, o nível de dor de Connie baixou para um ou dois. Dois dias depois, ela relatou que a dor havia praticamente desaparecido. Mas o mais estranho de tudo é que, depois que o círculo terminou, ela continuou a sentir a energia por todo o corpo. "Não foi apenas naqueles dez minutos", disse poucas horas depois. "Estou percebendo muito mais paz, e isso parece continuar. Aconteceu alguma coisa naquele grupo."

Nos dois círculos, muitos dos emissores também perceberam transformações importantes.

Wes Chapman, um homem corpulento de 65 anos e risada calorosa, estava entre os oito no hotel Hyatt. Embora sofresse de depressão havia anos, ele não quis se oferecer como receptor, pois achou que as necessidades de Linda e de Natalie eram maiores.

Mas Wes tinha amplas razões para ser escolhido como receptor. Em 1971, estava no segundo ano de ciências físicas na Universidade Estadual do Colorado e esperava entrar na faculdade de medicina ou fazer pesquisas médicas, quando o governo aboliu as isenções de recrutamento para estudantes universitários. Wes foi reclassificado como 1-A, e, como seu número na loteria do recrutamento era mais baixo do que o daqueles que tinham sido recrutados no ano anterior, ele percebeu que provavelmente seria mandado ao Vietnã naquele ano. Wes sabia o que iria enfrentar. Os Documentos do Pentágono sobre tudo o que o governo havia acobertado a respeito da guerra, incluindo a escala de vítimas norte-americanas, tinham acabado de ser publicados pelos jornais *The New York Times* e *Washington Post*. Para não se alistar na infantaria do Exército, o que o levaria a combates terrestres, Wes alistou-se na Força Aérea, mas sua nota nos testes vocacionais foi tão alta que a Força Aérea o designou para treinamento em inteligência de combate, e ele acabou servindo numa zona de combate durante os últimos e caóticos anos da guerra.

A experiência foi tão traumática que Wes voltou para casa profundamente deprimido. "Eu tinha muitos sonhos e esperanças, mas, de algum modo, a perspectiva de ser convocado me fez renunciar a tudo. Entrei no modo de sobrevivência, só para conseguir passar pelo período da guerra", disse. "E minha vida depois disso parece ter continuado sob padrões de escuridão, sofrimento e até morte, um exercício de sobrevivência durante anos."

O único ponto luminoso de sua vida foi o casamento, em 1999, com sua segunda esposa, mas ela desenvolveu um câncer que se espalhou rapidamente, e ele a perdeu apenas sete anos depois. A morte da esposa o deixou devastado, emocional e financeiramente. O custo do tratamento fora tão exorbitante que ele teve de vender sua casa. Ficou trabalhando como caminhoneiro de longa distância durante seis anos, até pagar as contas do hospital, dormindo no caminhão todas as noites, tomando banho e lavando as roupas em paradas pelo país afora.

Depois de se aposentar, alguns anos atrás, o padrão de depressão continuou, ele disse, e, quando conheci Wes, ele havia caído em um profundo desânimo. A menor das tarefas — até mesmo a preparação do desjejum — tornara-se um transtorno difícil. A única atividade de que gostava era participar da Igreja Mile Hi e de seus rituais matinais contemplativos, o que fazia havia quinze anos. "Para ser sincero, o que me mantém em pé é minha prática meditativa", confessou. Durante a sessão do grupo de Poder dos Oito, Wes sentiu uma forte energia passando pelas mãos dos membros do grupo e uma mudança na energia da sala. "Senti que estava sendo criado um tipo muito especial de atmosfera, vibração elevada, muito pura, um pedacinho do céu, chame como quiser, mas me pareceu que havia algo especial naquela sala."

Após uma noite de sono, Wes acordou sentindo-se profundamente diferente. "A primeira coisa que senti foi essa energia — eu podia fazer o que precisasse fazer, e com alegria. A segunda coisa foi uma percepção sensorial incrivelmente ampliada, bem como as emoções que acompanham essas sensações. Tomei uma xícara de chá e fiquei impressionado. Saí e percebi que as flores e as árvores eram muito bonitas. Foi como se todos os meus sentidos se multiplicassem por cinco ou dez."

Ele também descobriu que se tornou súbita e estranhamente social, tanto com pessoas que conhecia quanto com desconhecidos. "Antes, tinha o hábito de evitar as pessoas. Agora, quando vejo alguém se aproximando, sinto-me automaticamente alegre. E essas sensações surgem muito depressa e facilmente." Mesmo com suas práticas espirituais, Wes nunca tinha sentido algo assim. "Aproximei-me de muitas coisas ao longo dos anos, mas essa foi a mais fenomenal, a mais poderosa e a mais direta."

Na segunda noite depois de seu grupo de Poder dos Oito, Wes teve um sonho extraordinariamente lúcido — mais como uma visão, de tão real que foi. "Vi-me outra vez no campus onde fui convocado, e vi a capela de que tanto gostava e pela qual passava todos os dias, o único espaço sagrado naquele lugar. Meu eu de 19 anos estava esperando por mim, e senti emoções de amor, conexão e alegria muito poderosas. Todas as suas esperanças, todos os seus belos sonhos, todo o seu otimismo, toda a sua energia jovial, de algum modo, deixei para trás naquele trauma. Mas, quando o encontrei, ele que ficou esperando tão pacientemente por mim, foi como se recuperasse tudo. Meu eu de 19 anos foi salvo e reintegrado."

O eu jovem de Wes veio com uma mensagem — não tanto em palavras, mas com uma compreensão intuitiva — de que ele não deveria ficar triste com os anos perdidos e que ainda havia tempo para desfrutar da vida. "Agora, com a minha experiência, sabedoria, força e vigor, e seu otimismo, esperança e alegria, é como se eu começasse novamente a viver aos 65 anos." Nos meses seguintes, as transformações de Wes prosseguiram e a depressão crônica com a qual conviveu por tantos anos desapareceu. Ele começou a escrever todos os dias e iniciou um intenso programa de exercícios. "Meu eu interior de 19 anos parece muito determinado a fazer com que 'nós' melhoremos a forma física." Wes começou a fazer caminhadas vigorosas de noventa minutos e longas sessões de halterofilismo. A rigidez e as dores que sentiu foram, no máximo, 10% da dor que tinha sentido ao fazer essas mesmas coisas antes. Foi como se sua energia dos 19 anos afetasse seu metabolismo e permitisse que seu corpo ficasse condicionado mais depressa.

Ele também aprendeu a perceber quando estava voltando a maus hábitos mentais e a entrar em contato com aquele surto de "energia suave" que sentira no primeiro dia depois de sua experiência com o grupo de Poder dos Oito. "Nunca falha. Em um minuto ou menos, ela me fornece um elevador expresso que me leva do porão de minha tristeza autocriada *para cima*, até a alegria, a paz e a luz brilhante do andar superior, no qual pretendo morar de agora em diante."

Melinda Jacobs, outra das emissoras, é meditadora experiente, intuitiva e empática, mas, para ela, a experiência com o grupo foi profundamente diferente da meditação comum. Ela só havia experimentado aquela sensação de expansão e conexão — na qual perdeu seu senso de individualidade e tornou-se parte de uma entidade maior — poucas vezes antes na vida. “Eu quase usaria a palavra ‘sublime’. Com certeza, não quis sair desse estado.” Além de uma energia extraordinariamente intensa e palpável por trás de toda pessoa do círculo, disse ela, “havia essa luz, uma esfera de luz — uma espécie de ser de luz — como se fossem amplificadores e estivessem atrás de nós, e sua energia viesse através de nós. Foi algo muito profundo”.

Dois dias depois, Melinda disse que tinha passado por transformações importantes em todos os seus relacionamentos familiares. Antes de se filiar ao grupo de Poder dos Oito, ela teve uma conversa muito difícil com um familiar que a deixou muito abalada, mas, voltando para casa, recebeu um telefonema desse parente. “Em geral, essa pessoa teria se colocado na defensiva, permaneceria fechada. Isso sumiu. Ela falou, puxou assunto, e eu me senti calma, apesar de o assunto ter sido perturbador.”

Mais tarde, no mesmo dia, ela recebeu um telefonema de outro membro da família que lhe pediu ajuda, um pedido completamente alheio à dinâmica familiar habitual, e depois outro telefonema de um terceiro parente, que admitiu que estava preocupado com a saúde e com o fato de estar desempregado.

Os dois telefonemas foram demonstrações bastante incomuns de vulnerabilidade e emoção. “Em meus 51 anos de vida, nunca tinha presenciado atitudes assim dessas pessoas da minha família, foi simplesmente incrível." Ela continuou: "Para cada um deles, foi como se eu fosse a pedra da experiência caindo na água, e as ondulações tirassem toda a minha família de sua dinâmica habitual. Foi chocante".

Nos meses seguintes, Melinda percebeu que a maior mudança havia acontecido nela mesma, e ela encontrou coragem para se afastar de Denver. "O grupo de Poder dos Oito teve um grande impacto na minha capacidade de me afastar de padrões familiares muito profundos. E estabeleci um relacionamento muito mais saudável e amável do que já tive! Nós voltamos numa versão muito mais forte e sã de nós mesmos. Agora, estamos morando juntos numa nova cidade, num novo lar, numa nova vida. Nem tenho palavras para o tamanho da mudança que aconteceu na minha vida desde que participei da experiência em grupo!"

Seis semanas depois, voltei à Igreja Mile Hi para ajudá-los a formar círculos de Poder dos Oito num público de quinhentas pessoas. Novamente, testemunhei dezenas de pessoas passando por curas instantâneas e extraordinárias. Sande Cournoyer, de 63 anos, sempre foi atleta, mas agora um de seus joelhos estava com problemas. "Quando ando, sinto que meu joelho vai se deslocar, e caio. Sinto muita dor." Ela havia marcado uma cirurgia de reparo no joelho para dali a um mês.

Durante o círculo da intenção, lágrimas escorreram por seu rosto enquanto ela sentiu a pressão em torno do joelho vinda de dois lados, como se alguém com grandes luvas estivesse segurando a perna dela. "Foi algo caloroso, mas não quente demais. Nunca havia sentido aquilo antes. Senti na perna toda, até o tornozelo. Quando abrimos os olhos, olhamos para nossas mãos e as mãos de todos estavam vibrando, com muitas lágrimas." Quando a intenção terminou e eu pedi ao público que compartilhasse suas experiências, Sande foi a primeira a levantar a mão. "Veja só", disse, "eu consigo dobrar os joelhos." Ela se inclinou e se agachou. "Eu não conseguia fazer isso antes", disse. Três dias depois, ela relatou: "Quando caminho, não tenho mais aquela sensação de que o joelho vai sair do lugar. Consigo subir escadas sem dor". Desde a experiência com o grupo de Poder dos Oito, Sande foi melhorando progressivamente e cancelou a cirurgia.

Beverly Sparks, massoterapeuta, não tinha planejado participar da sessão porque estava se recuperando de um acidente de carro. "Minhas costelas esmagadas me incomodavam", disse. "Meu ombro estava com uma dor aguda, estranha, e não ficava no lugar sem algum apoio." Contudo, um membro do grupo da igreja foi bastante convincente e Beverly chegou com a mão no ombro. Durante o círculo de Poder dos Oito, ela foi a receptora. "Senti toda a tensão do acidente de carro sair do meu lado esquerdo. Apoiada pelos colegas do grupo, uma energia fervilhante, semelhante à da Kundalini, caiu ao chão através do meu braço. Meu ombro voltou à posição normal, minha caixa torácica relaxou e consegui respirar direito pela primeira vez em seis semanas desde o acidente." Quase dois meses depois, Beverly relatou que seu ombro permaneceu no lugar, "quase sempre sem dor".

E houve muitas outras pessoas nessa noite: Joan, que tinha tido dois pequenos derrames e não conseguia mais focalizar os olhos, conseguiu enxergar normalmente; um sujeito com bursite conseguiu, de repente, erguer completamente o braço, como se isso fosse normal; outra mulher que tinha chegado com enxaqueca disse que depois do círculo estava melhor; um dos emissores que chegou com sua bengala saiu do evento sem precisar usá-la. Durante o círculo de seu grupo, Faith Cole sentiu a dor nas costas começar a se dissipar imediatamente — para seu espanto. "Sou cética mesmo", disse, "mas aquilo funcionou."

Entre os dias 30 de setembro e 5 de outubro de 2017, apresentei um Experimento da Intenção de Paz na América através de uma transmissão filmada na TV Gaia. Eu quis escolher uma área com alto índice de violência e me decidi pela Natural Bridge Avenue no norte de St. Louis, Missouri, apontada pelo *Wall Street Journal* como a rua mais perigosa dos Estados Unidos, com índice de homicídios três vezes superior ao de Chicago e quinze vezes o da cidade de Nova York. A ponte atravessa toda a cidade de leste a oeste, e uma de suas piores regiões é Fairground, limitada pela West Florissant Avenue ao norte e pela Natural Bridge Avenue ao sul. Fairground recebe consistentemente nota D ou F em seu boletim por crimes violentos, com um dos maiores índices de crimes violentos *per capita* do país, além de notas igualmente baixas em escolas, moradias e empregos. Segundo um sistema de avaliação de propriedades imobiliárias, o índice geral de crimes em Fairground é 321% superior ao da média nacional, e um em cada nove moradores é vítima de crimes pessoais ou contra o patrimônio. Quase metade das casas vitorianas, antigamente vistosas, em sua maioria convertidas hoje em apartamentos para alugar, permanece vaga o ano todo, as paredes dos fundos caindo, os interiores desprovidos de instalações. A principal razão para a fama de Fairground é uma série de superlativos negativos: alta taxa de vacância, alta taxa de pobreza infantil, poucos veículos entre os moradores e renda per capita menor do que 99% do resto do país. A Natural Bridge Avenue, chamada assim por conta de uma ponte de calcário natural que permitia que carroças puxadas por cavalos atravessassem o córrego Rock Branch, hoje seco, aparece ocasionalmente em canções de rap — "encontre-me na ponte" — sugerindo um convite para acertarem as contas com um revólver. É o tipo de lugar em que Brandon Ellington, de 35 anos e pai de seis crianças, poderia ir à farmácia fazer algumas compras e nunca mais voltar, morto a tiros por seu próprio protegido depois que ele descobriu que Brandon tinha no bolso a devolução do imposto de renda em dinheiro vivo.

Em nosso Experimento da Intenção, resolvemos focalizar apenas os crimes violentos — estupro, assalto, lesão corporal e assassinato — e, como nos outros Experimentos da Intenção de Paz, quantifiquei nossa intenção: reduzir crimes violentos em 10%, no mínimo.

A dra. Jessica Utts, professora de estatística que analisara os resultados de nosso primeiro Experimento da Intenção de Paz, examinou quatro conjuntos de dados de crimes em St. Louis. Depois, usou os dados dos meses e anos anteriores a nosso Experimento da Intenção para prever o que deveria acontecer nos meses imediatamente após nossa intervenção caso nada mudasse, comparando-os com aquilo que de fato aconteceu nos seis meses após nosso experimento. Ela descobriu que o número de crimes foi superior ao previsto para ações violentas e contra o patrimônio na cidade como um todo, assim como os crimes contra o patrimônio em Fairground. Só os crimes violentos em Fairground — alvo de nossa intenção — tiveram uma incidência inferior ao previsto. Quando a dra. Utts mapeou as tendências históricas de violações na área, descobriu que, embora os crimes violentos em Fairground tivessem crescido de maneira estável, essa tendência geral reverteu-se imediatamente após nosso Experimento da Intenção.

Segundo a estatística policial oficial da cidade e o Departamento do Censo dos Estados Unidos, conforme compilado pelo *St. Louis Post-Dispatch*, os crimes totais em Fairground subiram cerca de 7,14% nos seis meses entre outubro de 2017 e março de 2018, em comparação com o período entre outubro e março do ano anterior, mas o aumento deveu-se apenas a um aumento nos crimes contra o patrimônio, pois os violentos — repito, o alvo de nossa intenção — na verdade caíram em 43% nesse mesmo período. No ano anterior, durante o mesmo período de seis meses, a polícia tinha registrado 44 crimes violentos; esse número despencou para 25 depois de nosso experimento. Fairground foi um dos únicos bairros ao longo da Natural Bridge Avenue que desfrutaram dessa grande redução em crimes violentos.

Nós fizemos isso? Não tenho ideia, embora, a cada Experimento da Intenção de Paz, as evidências de que a consciência coletiva tem o poder de afetar a violência se torne um pouco mais convincente. E, mais uma vez, uma pesquisa feita com meus participantes revelou um profundo efeito espelho em todos.

"Meu relacionamento com minha enteada adolescente teve uma virada incrível — como se ambos interagíssemos com amor, e não com medo — um milagre! Fazia sete anos que a relação estava ruim."

"Aconteceu um verdadeiro milagre. Foi a cura [do relacionamento] entre todos nós, minha mãe e suas filhas, e até uma energia mais suave nos relacionamentos familiares como um todo."

"Meu primo, que estava distante da minha vida, entrou em contato comigo e abriu a comunicação."

"Meu pai me pediu desculpas por me deserdar há um ano e meio."

"Eu estava tendo muita dificuldade com meu novo chefe. Na semana após participar do Experimento da Intenção, súbita e inesperadamente as coisas melhoraram. Agora a diferença no trabalho é como a noite e o dia."

"Meu marido se transformou! Ele está gentil, atencioso e me trata com respeito — esperei muito por essa virada! Até meus amigos notaram que ele está diferente."

"De repente, meu filho, antes afastado de mim, encontrou mais tempo para me telefonar e vir me visitar. Durante vinte anos, fomos praticamente estranhos, mas nosso relacionamento melhorou drasticamente."

"Um relacionamento melhor com minha esposa, que não participou pessoalmente do experimento... Ela me parece estar mais aberta e tende a ficar menos defensiva."

Três quartos dos participantes relataram mudanças extraordinárias: apaixonaram-se mais pela vida, ficaram mais tolerantes, quiseram trabalhar mais pela paz. "Desde então, participei do Projeto Elevar, para ajudar a servir refeições quentes e entregar artigos de higiene, roupas, cobertores e alimentos para pessoas em situação de rua e animais de estimação. Nunca tinha feito algo parecido."

"Comecei a trabalhar numa clínica de artes da cura [...]. Nunca tinha pensado em começar uma carreira na área antes."

"Isso carregou minha bateria espiritual."

Um efeito ainda maior ocorreu entre os participantes do Experimento da Intenção de Paz pelo Oriente Médio que fiz um mês depois, em 9 de novembro daquele ano. Eu mantive contato com Tsipi Raz, cineasta e documentarista israelense, para realizar um Experimento da Intenção por Jerusalém, e, em uma sincronicidade espantosa e fortuita, a data que propusemos para o experimento coincidiu com uma reunião remota em conjunto com o dr. Salah Al-Rashed, produzida em um estúdio que ele havia adquirido no Reino Unido. Ele e Tsipi começaram a se reunir comigo via Skype para planejar um Experimento da Intenção de Paz tanto com participantes árabes quanto israelenses, o que foi possível graças ao engenhoso esquema tecnológico de Salah.

Em um pequeno armazém no interior do sul da Inglaterra, Salah instalou o SmartsWay Studio, com a capacidade tecnológica de criar um fluxo de comunicação bidirecional entre um facilitador sentado no estúdio e plateias em nove lugares diferentes em qualquer parte do mundo. Para essa reunião específica, ele havia colocado câmeras e monitores em salas de conferência de hotéis, todas repletas de árabes, em várias cidades da Arábia Saudita, Kuwait, Abu Dhabi, Omã, Bahrein, Jordânia e Tunísia. Com sua permissão, pedi a Tsipi que a nona câmera e monitor fossem colocados no Gerard Bechar Center em Jerusalém, onde centenas de judeus israelenses estariam reunidos para um evento especial de um dia, culminando com o nosso experimento. As nove salas seriam exibidas na minha tela, e minha imagem estaria visível para os nove públicos, que poderiam assim observar-me conduzindo o experimento. Todo o experimento e suas consequências também seriam transmitidos ao vivo para outros participantes do mundo todo através de meu canal no YouTube.

Todos nós nos reunimos para enviar a intenção à Cidade Velha de Jerusalém. Escolhemos esse lugar como gesto simbólico de paz, pois é o coração espiritual do judaísmo, do cristianismo e do islamismo, um lugar que pertence ao mundo inteiro sem preferência por uma crença, e focalizamos o Portão de Damasco porque ele estava sofrendo mais violências depois que foram postas em prática novas medidas de segurança. Graças à engenhosidade da equipe técnica de Salah, a tecnologia era interativa; eu podia chamar pessoas de qualquer uma das nove plateias e sua tela me seria exibida e aos outros oito locais, e cada grupo era capaz de falar comigo e com as pessoas nas outras oito janelas. "Você não tem ideia de como isto é revolucionário", comentou uma mulher saudita. "Nunca tínhamos visto os israelenses. Aprendemos a acreditar que eles têm chifres saindo da cabeça."

Árabes e judeus estavam chorando e rindo ao perceberem a humanidade comum uns nos outros. Uma mulher de Abu Dhabi disse que teve visões de israelenses dançando com palestinos durante o experimento. Uma mulher de Jerusalém descreveu suas visões de soldados israelenses abraçando árabes, e outra visualizou um casamento em que um árabe dançava com uma judia. "Amo vocês, amo muito vocês", disse Fatima de Jeddah, na Arábia Saudita, aos judeus em Jerusalém, mandando-lhes beijos. "Seu Deus é o meu Deus."

"Amamos você, irmã", disseram algumas pessoas da plateia em Israel.

"É tão forte, é a possibilidade de estarmos conectadas com vocês, nossas irmãs em Amã, Damasco, Irã e em todas as partes", disse Lily, falando em nome de diversos grupos femininos israelenses de paz. "Somos centenas de milhares de mulheres aqui, dizendo 'Chega!'. É tempo de compaixão. É tempo de cura. Gratas, irmãs queridas, somos uma só."

Salah e eu nos olhamos, quase incrédulos. Estávamos vendo verdadeiramente a história desenrolando-se diante de nossos olhos.

A notícia do experimento espalhou-se imediatamente por todo o Oriente Médio. Naquela noite, Salah me mostrou a postagem no Twitter de um proeminente parlamentar do Kuwait, que considerou o experimento um maravilhoso mecanismo para a promoção de relações pacíficas. Como publicado na *Time Out Israel*: "Embora a paz no Oriente Médio não seja nem preta nem branca, são pequenos esforços como este evento de meditação que começam lentamente a fazer uma diferença".

E, depois, tivemos as reações de milhares de nossos participantes no YouTube. Vieram dos Estados Unidos, desde o Brooklyn até Los Angeles, e do Reino Unido, da maior parte da Europa, de países árabes e de Jerusalém, mas também de lugares mais distantes: Austrália, Brasil, Japão, Tailândia, Hungria, Finlândia, Colômbia, África do Sul.

"Enquanto aguardava no YouTube e via todas aquelas pessoas no chat mandando mensagens de amor, paz, cura etc., senti a energia imediatamente", escreveu um participante. "E veja o número de pessoas que estavam lá. E veja onde estavam essas pessoas, eram do planeta todo, isso por si só já foi poderoso, e eu estava quase chorando antes mesmo de começar a transmissão ao vivo."

"Comecei a trabalhar naquela região da Arábia Saudita em 1975, e ouvir árabes-sauditas mandando amor para judeus em Israel me deixou surpreso", escreveu outro. "Estou ciente das culturas restritivas que [...] existem no Oriente Médio, e por isso a coragem [...] demonstrada pelos árabes que participaram publicamente dessa intenção — isso também me comoveu muito."

"Toda a minha percepção do povo do Oriente Médio mudou mesmo [...]. Na maior parte do tempo, só ouvimos falar da violência lá, e por isso foi bom ver rostos e ouvir vozes de pessoas que se importam muito [...] E isto me deu muita esperança, trouxe-a para a realidade, foi algo maior do que minhas preces e expectativas. Sinto-me parte de algo muito maior, muito mais poderoso do que eu."

"Quando você tem essa oportunidade de se sentir não apenas como uma partícula coletiva, mas de saber, em algum nível, que você é uma partícula entre trilhões, isso muda sua perspectiva sobre você mesma e sobre os outros."

Será que reduzimos a violência? Para ser franca, não fiz essa pergunta. Como tivemos apenas a oportunidade de fazer isso durante um único dia e não conforme nosso protocolo de realizar o experimento repetidamente por seis dias, no mínimo, decidimos não examinar quaisquer mudanças na violência. Mesmo assim, o dr. Roger Nelson examinou a saída dos geradores de eventos aleatórios de seu Projeto de Consciência Global para este experimento e o de St. Louis, e descobriu que as máquinas tinham reagido fortemente durante o tempo do experimento, na direção que tomaram em todos os Experimentos da Intenção de Paz anteriores, outra pequena mudança na direção de uma consciência mundial mais coerente.

Mantenho-me esperançosa, como sempre, sobre a nossa capacidade de diminuir o número de mortos e feridos, mas o alvo de nossa intenção não é mais o ponto. O ponto não é a ação, mas sua reação — um efeito cascata de paz no coração dos participantes que poderia, um dia, estender-se para o mundo inteiro. Talvez esses experimentos contenham uma simples máxima: Para resolver uma situação política aparentemente complexa, talvez a maneira mais rápida e mais eficaz de avançar numa zona de guerra não seja através de iniciativas militares, políticas, diplomáticas ou mesmo econômicas. Tudo de que você precisa são pessoas se unindo como um grupo e rezando como uma única pessoa.

Os grupos de Poder dos Oito da Mile Hi continuam a se reunir — e a curar. Ken não sente mais dores no joelho; Diane, que sentiu dor no seio durante várias semanas e agendou uma mamografia, recentemente obteve alta; a própria reverenda Kay, que lidera o grupo e nunca é a receptora, acabou curando seu intestino irritável. Depois que saí de Denver, chegou a hora de liberar essa ferramenta para o mundo. Para aqueles que não têm sete amigos próximos para formar seu próprio grupo de Poder dos Oito, criei um local no meu site (www.lynnemctaggart.com/forum) onde as pessoas podem se procurar ou se unir a grupos virtuais em seu fuso horário. Estou me esforçando para levar o Poder dos Oito a igrejas, organizações, comunidades, práticas de cura de todas as tendências e empresas. Continuo a pedir que nossa comunidade envie Intenções da Semana todos os domingos. Embora muitos dos receptores escolhidos estejam em estágios bem avançados de suas doenças, vários tiveram melhoras — e até curas. Anni, da Áustria, que estava com câncer de mama avançado, acabou de descobrir que a doença desapareceu; a intensa dor na pelve e na perna de Liana Grace Palermo, logo depois de quebrar o cóccix, está 90% melhor; Steven Pacheco, que não conseguia ficar em pé por mais de alguns minutos de cada vez depois de várias lesões nas costas e nos joelhos, está de volta ao trabalho; a mãe de Robert Withers, Mary, que ficou sem fôlego depois de instalar um marcapasso, agora está respirando melhor e sua energia voltou ao normal.

E até os emissores estão experimentando curas. Christina Wolff, artista que estava com dificuldade para pintar, acompanhou fielmente nossas Intenções da Semana na maioria dos domingos, sempre fazendo intenções para aqueles que tínhamos selecionado, apesar da artrite paralisante que estava se desenvolvendo em suas próprias mãos. "Meus dedos começaram a ficar tortos, eu estava em agonia, estavam inchados, assim como os artelhos, quando mexia os dedos eles rangiam, osso contra osso." Algumas semanas depois, ela me escreveu para dizer que a artrite tinha ido embora, graças a seu envolvimento com as intenções semanais. "SIM, CURADA", escreveu. Agora, ela voltou a pintar e cozinhar — tudo que não conseguia fazer antes.

Não escolhi conscientemente este caminho. Descobri este processo basicamente por acaso, mas na maior parte do tempo tenho a sensação de que sou uma espécie de copista, anotando tudo aquilo que o Universo me dita. Sigo medindo, documentando, refinando nossa compreensão das nuances e limites externos desse antigo milagre, oferecendo as provas científicas que são palatáveis para a moderna mente ocidental. Agora que temos a capacidade de conectar audiências ao redor do globo e permitir que interajam, Salah e eu estamos planejando Experimentos da Paz maiores, envolvendo cada continente do planeta. Volta e meia, um leitor me lembra por que faço isso. "Sabe, você está fazendo mais do que 'pesquisas'", escreveu um participante depois do experimento do Oriente Médio, "você está abrindo o coração das pessoas." Continuo a ser a porteira do Poder dos Oito, encarregada de proteger sua integridade, mas, em última análise, o tesouro em seu interior pertence ao mundo. Ele pertence a você e a mim. A cura em grupo é parte natural de seu direito de nascença, uma capacidade com a qual você nasceu e que sempre esteve ali para seu uso, debaixo de seu nariz. Não desperdice este dom. Encontre seu grupo de oito e descubra-o pessoalmente.

PARTICIPE DE EVENTOS TRANSFORMADORES COM LYNNE MCTAGGART

Lynne McTaggart realiza regularmente Experimentos da Intenção ao vivo, envolvendo dezenas de milhares de participantes de muitos países, enviando intenções específicas para a paz e o fim da discórdia ou do sofrimento em áreas específicas ao redor do mundo.

Como este livro descreve, esses experimentos não curam apenas o alvo; curam também os participantes.

Os eventos são sempre gratuitos, e tudo que você precisa fazer é inscrever-se. Para se envolver no próximo evento transformador de vidas, filie-se primeiro à comunidade de Lynne em www.lynnemctaggart.com. Você vai receber avisos com antecedência sobre o próximo Experimento da Intenção e instruções completas sobre como poderá participar. Você também pode ler no site da autora relatórios completos sobre Experimentos da Intenção anteriores.

Como parte da comunidade de Lynne, você também poderá participar das Intenções da Semana, nas quais a comunidade envia uma intenção coletiva para indivíduos com desafios de saúde, e pode conhecer as atividades e resultados de grupos de Poder dos Oito ao redor do mundo.

Você também pode conhecer melhor os cursos de Poder dos Oito, as Masterclasses da Intenção, workshops, retiros e materiais que podem ser baixados.

Se não tiver sete amigos com quem se encontrar regularmente, você pode formar seu próprio grupo virtual de Poder dos Oito visitando www.lynnemctaggart.com/forum.

AGRADECIMENTOS

Este projeto nunca teria saído do papel sem a disposição de diversos cientistas renomados e dezenas de milhares de leitores que participaram daquilo que parecia ser, para um observador comum, uma ideia claramente absurda.

Todas as histórias deste livro foram cuidadosamente documentadas em pesquisas ou relatos pessoais dos próprios participantes. Na maioria dos casos, foram publicados seus nomes verdadeiros, exceto quando alguém, por algum motivo, solicitou que eu usasse um pseudônimo.

Sou mais do que grata pela disposição dos participantes em meus Experimentos da Intenção, workshops, seminários online e comunidade online, inclusive por me permitirem compartilhar suas histórias; principalmente a Todd Voss, por concordar em participar de nosso primeiro Experimento da Intenção com um ser humano. Bênçãos especiais estão reservadas a quem participou de minha Masterclass da Intenção de 2015, por se oferecerem a ser o primeiro grupo bem monitorado de cobaias, e a todos os estudantes da Universidade Life que participaram de nossos experimentos.

Estou em dívida eterna com o dr. Gary Schwartz e seu assistente de laboratório da época, Mark Boccuzzi, com a dra. Melinda O'Connor, com o dr. Konstantin Korotkov, com o dr. Rustum Roy (1924-2010), com a dra. Jessica Utts, com o dr. Robert Jahn e Brenda Dunne, com o dr. Roger Nelson, com o dr. Fritz-Albert Popp (1938-2018), com o dr. Manju Rao, com a dra. Tania Slawecki, com a dra. Stephanie Sullivan e com o dr. Jeffrey Fannin, por doarem generosamente seu tempo e energia para montar e realizar experimentos científicos em benefício de minhas ideias. O dr. Masaru Emoto (1943-2014) tem um lugar especial nesse projeto, por sua audaciosa sugestão de tirarmos esses experimentos do laboratório e levá-los a campo.

Entre tantos anjos que facilitaram a realização desse projeto, incluo o dr. Guy Riekeman, que colocou o departamento de psicologia de sua universidade à minha disposição, e Jim Walsh, a quem agradeço a generosa doação que ajudou a fazer decolar nosso Experimento da Intenção de Paz.

Devo agradecer também a Tani Dhamija, Joy Banerjee e Sameer Mehta por doarem seu tempo, instalações e equipamentos para criar nossos primeiros sites de Experimentos da Paz; e ao dr. Paul Drouin e Alexi Drouin, da Universidade Quântica; e a Jirka Rysavy, da TV Gaia, por proporcionarem as instalações de transmissão para vários Experimentos da Intenção. O dr. Salah Al-Rashed, o dr. Kumar Rupesinghe (1943-2022), Tadzik Greenberg e Carsten Jacobsen foram fundamentais na realização dos dois Experimentos da Intenção de Paz mais importantes; Caitlin e Kyle Whelan ajudaram-me em algumas análises estatísticas e Anya Hubbard nos auxiliou na seleção de diversos alvos experimentais.

Sou grata ao dr. Jeff Levin, a Klaas-Jan Bakker, ao dr. Larry Dossey e ao professor Timothy Darvill, por me aconselharem sobre os efeitos da prece e da cura em diversas tradições, e ao dr. Andrew Newberg, ao dr. Fred Travis e ao dr. Mario Beauregard, por me orientarem sobre a neurociência da meditação e sobre os diversos estados da iluminação e do êxtase.

Agradeço especialmente à assistência editorial e legal de Leslie Meredith, Peter Borland, Daniella Wexler, Mark LaFlaur e Elisa Rivlin na Atria, e a todos que melhoraram o livro de inúmeras maneiras. Estou, como sempre, em dívida para com meu agente Russell Galen, cuja dedicação a mim e ao bem-estar desse projeto não foi nada menos do que espantosa, e a Drew Gerber e todos da Wasabi, por me ajudarem a falar sobre o Poder dos Oito para o mundo. Diversas equipes de minha empresa WDDTY Publishing Ltd têm minha gratidão por se envolverem no desenvolvimento desse projeto. E, finalmente, este livro realmente não teria sido escrito sem meu marido, Bryan Hubbard, e sua orientação e apoio amorosos, mas acima de tudo sua gentil insistência em dizer que essa era uma história que precisava ser contada.

NOTAS

Capítulo 2

p. 36 No decorrer de mais de 2,5 milhões de testes: R. G. Jahn et al., "Correlations of Random Binary Sequences with Pre-stated Operator Intention: A Review of a 12-Year Program", *Journal of Scientific Exploration* 11, n. 3 (1997), pp. 345–67; Dean Radin e Roger Nelson, "Evidence for Consciousness-Related Anomalies in Random Physical Systems", *Foundations of Physics* 19, n. 12 (1989), pp. 1499--1514; Lynne McTaggart, *The Field: The Quest for the Secret Force of the Universe* (Nova York: HarperCollins, 2002), pp. 116-17. (Ed. brasileira: *O campo: A força secreta que move o universo*. São Paulo: Goya, 2023.)

p. 37 William G. Braud (1942-2012), psicólogo e diretor de pesquisas: William Braud e Marilyn Schlitz, "A Methodology for the Objective Study of Transpersonal Imagery", *Journal of Scientific Exploration* 3, n. 1 (1989), pp. 43–63; W. Braud et al., "Further Studies of Autonomic Detection of Remote Staring: Replication,

New Control Procedures and Personality Correlates", *Journal of Parapsychology* 57 (1993), pp. 391–409; M. Schlitz e S. La Berge, "Autonomic Detection of Remote Observation: Two Conceptual Replications", in: D. Bierman (org.), *Proceedings of Presented Papers: 37th Annual Parapsychological Association Convention* (Fairhaven, MA: Parapsychological Association, 1994), pp. 465–78.

p. 37 No auge da epidemia de aids na década de 1980: F. Sicher et al., "A Randomized Double-Blind Study of the Effect of Distant Healing in a Population with Advanced AIDS: Report of a Small Scale Study", *Western Journal of Medicine* 168, n. 6 (1998), pp. 356–63. Para uma descrição completa dos estudos, ver McTaggart, *The Field*, pp. 181–96. (Ed. brasileira: *O campo: A força secreta que move o universo*. São Paulo: Goya, 2023)

p. 37 A organização de Meditação Transcendental, fundada por Maharishi Mahesh Yogi (1918-2008): M. C. Dillbeck et al., "The Transcendental Meditation Program and Crime Rate Change in a Sample of 48 Cities", *Journal of Crime and Justice* 4 (1981), pp. 25–45.

p. 40 Seu grupo de médiuns revelou um índice de acertos de 83%: G. Schwartz et al., "Accuracy and Replicability of Anomalous After-Death Communication Across Highly Skilled Mediums", *Journal of the Society for Psychical Research 65* (2001), pp. 1–25.

p. 42 Popp deu à sua descoberta o título pomposo de "emissões biofotônicas": Para uma descrição completa dos trabalhos anteriores de F. Popp, ver McTaggart, *The Field*, p. 39. (Ed. brasileira: *O campo: A força secreta que move o universo*. São Paulo: Goya, 2023.)

p. 44 Em nosso primeiro teste, tentamos replicar o estudo-piloto: Para um relato completo do primeiro experimento, ver Lynne McTaggart, *The Intention Experiment* (Nova York: Free Press, 2007), p. 177. (Ed. brasileira: *O experimento da intenção: Usando o pensamento para mudar sua vida e o mundo*. Rio de Janeiro: Rocco, 2010)

Capítulo 3

p. 60 Desta vez, alguns cientistas já haviam percorrido uma trilha antes de nós: B. R. Grad, "A Telekinetic Effect on Plant Growth", *International Journal of Parapsychology*, 5 (1963), pp. 117–33; B. R. Grad, "A Telekinetic Effect on Plant Growth II. Experiments Involving Treating of Saline in Stopped Bottles", *International Journal of Parapsychology* 6 (1964), pp. 473–98; S. M. Roney-Dougal e J. Solfvin, "Field Study of Enhancement Effect on Lettuce Seeds: Their Germination Rate, Growth and Health", *Journal of the Society for Psychical Research* 66 (2002), pp. 129–43; S. M. Roney-Dougal e J. Solfvin. "Field Study of an Enhancement Effect on Lettuce Seeds — Replication Study", *Journal of Parapsychology* 67, n. 2 (2003), pp. 279–98.

p. 65 A qualidade e os ritmos das emissões mudaram significativamente: E. P. A. Van Wijk e R. Van Wijk, "The Development of a Bio-Sensor for the State of Consciousness in a Human Intentional Healing Ritual", *Journal of International Society of Life Information Science* 20, n. 2 (2002), pp. 694–702.

p. 66 Esta foi a primeira tentativa do Experimento da Intenção: G. E. Schwartz et al., "Effects of

Distant Group Intention on the Growth of Seedlings", Emerging Paradigms at the Frontiers of Consciousness and UFO Research, 27º Encontro Anual da Sociedade de Exploração Científica, 25-28 jun. 2008, Boulder, CO.

p. 67 Uma vez conectadas: Considera-se que a não localidade foi provada pelos experimentos de Alain Aspect et al. em Paris em 1982. Ver A. Aspect et al., "Experimental Tests of Bell's Inequalities Using Time-Varying Analyzers", *Physical Review Letters* 49 (1982), pp. 1804–7; e A. Aspect, "Bell's Inequality Test: More Ideal Than Ever", *Nature* 398 (1999), pp. 189–90.

p. 67 Alguns estudos com cristais e algas sugerem: Ver Lynne McTaggart, *The Bond: Connecting Through the Space Between Us* (Nova York: Free Press, 2011), Capítulo 1.

Capítulo 4

p. 71 Kirlian fez afirmações grandiosas sobre essa luz: S. D. Kirlian e V. K. Kirlian, "Photography and Visual Observation by Means of High-Frequency Currents", *Journal of Scientific and Applied Photography* 6 (1964), pp. 397–403.

p. 71 Já havia escrito cinco livros sobre o assunto: Os trabalhos mais importantes de Korotkov sobre o assunto foram *Human Energy Field: Study with GDV Bioelectrography* (Paramus, NJ: Backbone Publishing Company, 2002) e *Aura and Consciousness — New Stage of Scientific Understanding* (São Petersburgo: Divisão de São Petersburgo do Ministério da Cultura da Rússia, Unidade de Publicações Estatais "Kultura", 1999).

p. 71 Por volta de 2007, o dispositivo de GDV estava sendo amplamente usado como ferramenta geral de diagnóstico: L. W. Konikiewicz e L. C. Griff, *Bioelectrography — A New Method for Detecting Cancer and Body Physiology* (Harrisburg, PA: Leonard's Associates Press, 1982); G. Rein, "Corona Discharge Photography of Human Breast Tumour Biopsies", *Acupuncture & Electro-Therapeutics Research* 10 (1985), pp. 305–308; K. Korotkov, "Stress Diagnosis and Monitoring with New Computerized 'Crown-TV' Device", *Journal of Pathophysiology* 5 (1998), 227; K. Korotkov et al., "Assessing Biophysical Energy Transfer Mechanisms in Living Systems: The Basis of Life Processes", *Journal of Alternative and Complementary Medicine* 10, n. 1 (2004), pp. 49–57; P. Bundzen et al., "New Technology of the Athletes' Psycho-Physical Readiness Evaluation Based on the Gas-Discharge Visualisation Method in Comparison with Battery of Tests", "SIS-99" Proceedings, International Congress, St. Petersburg, Rússia, 1999, pp. 19–22; P. V. Bundzen et al., "Psychophysiological Correlates of Athletic Success in Athletes Training for the Olympics", *Human Physiology* 31, n. 3 (2005), pp. 316–23; K. Korotkov et al., "Assessing Biophysical Energy Transfer Mechanisms in Living Systems: The Basis of Life Processes", *Journal of Alternative and Complementary Medicine* 10, n. 1 (2004), pp. 49–57.

p. 72 Fora da Rússia, milhares de profissionais da saúde estavam usando suas máquinas: Clair A. Francomano, MD, Wayne B. Jonas, MD, e Ronald A. Chez, Proceedings: Measuring the Human Energy Field: State of the Science, The Gerontology Research Center, National

Institute of Aging, National Institutes of Health, Baltimore, MD, 17-18, abr. 2002.

p. 72 Apesar de ele apreciar notoriedade que adquiriu com essas aplicações práticas: S. Kolmakow et al., "Gas Discharge Visualization Technique and Spectrophotometry in Detection of Field Efffects", Mechanisms of Adaptive Behavior, *Abstracts of International Symposium*, São Petersburgo (1999), p. 79. Além disso, diversas entrevistas com K. Korotkov datadas de março de 2006.

p. 73 Korotkov escreveu um livro sobre suas descobertas: (Ver Korotkov, *Aura and Consciousness*, na primeira nota da página 41, acima.)

p. 74 Dois físicos italianos do Instituto de Física Nuclear de Milão: E. Del Giudice, G. Preparata e G. Vitiello, "Water as a Free Electric Dipole Laser", *Physical Review Letters* 61, n. 9 (1988).

p. 74 Como observaram cientistas russos: L. P. Semikhina e V. F. Kiselev, "Effect of Weak Magnetic Fields on the Properties of Water and Ice", *Soviet Physics Journal* 31, n. 5, (1988), pp. 351–54, trad. de Zavedenii, *Fizika* n. 5 (1988), pp. 13–17; S. Sasaki et al., "Changes of Water Conductivity Induced by Non-Inductive Coil", *Society for Mind-Body Science* 1 (1992), p. 23.

p. 74 e mais recentemente, Luc Montagnier, laureado com o prêmio Nobel: C. Cardella et al., "Permanent Changes in the Physico-Chemical Properties of Water Following Exposure to Resonant Circuits", *Journal of Scientific Exploration* 15, n. 4 (2001), pp. 501–18; L. Montagnier et al. "DNA Waves and Water", *Journal of Physics: Conference Series* 306, n. 1 (2011), 012007; L. Montagnier et al., "Electromagnetic Signals Are Produced by Aqueous Nanostructures Derived from Bacterial DNA

Sequences", *Interdisciplinary Sciences: Computational Life Sciences*. 1 (2009), pp. 81–90. Também, I. Bono et al., "Emergence of the Coherent Structure of Liquid Water", *Water* 4 (2012), pp. 510–32.

p. 75 Seu equipamento foi capaz de distinguir, por exemplo, diferenças infinitesimais: K. Korotkov, "Aura and Consciousness", *Journal of Alternative and Complementary Medicine* 9, n. 1 (2003), pp. 25–37; K. Korotkov et al., "The Research of the Time Dynamics of the Gas Discharge Around Drops of Liquid", *Journal of Applied Physics* 95, n. 7 (2004), pp. 3334–38.

p. 76 O dr. Emoto ficou muito conhecido por uma série de experimentos informais: Masaru Emoto, *The Hidden Messages in Water* (Nova York: Atria Books, 2005).

p. 76 Por mais estranho que parecesse seu trabalho: D. I. Radin et al., "Effect of Distant Intention on Water Crystal Formation", *Explore* 2, n. 5 (set./out. 2006), pp. 408–11; D. I. Radin et al., "Water Crystal Replication Study", *Journal of Scientific Exploration* 22, n. 4 (2008), pp. 481–93.

p. 48 Chegaram a desafiar certas leis newtonianas: O título completo do principal tratado de Newton é *Philosophiae Naturalis Principia Mathematica*, um nome que faz um aceno às suas implicações filosóficas, embora seja referida habitualmente em inglês como *The Principia*.

Capítulo 5

p. 88 Muitos pesquisadores ainda se baseiam no primeiro arqueólogo de Stonehenge: W. Stukeley, *Stonehenge, a Temple Restor'd to the British Druids*. Londres: Impresso para W. Innys e R. Manby, 1740. 12, como citado em http://www.voicesfromthedawn.com/stonehenge/

p. 89 "O propósito todo de Stonehenge é que era uma Lourdes pré-histórica": H. Wilson, "The Healing Stones: Why Was Stonehenge Built?", 17 fev. 2011. Site de História da BBC, www.bbc.co.uk/history/ancient/british_prehistory/healing_stones.shtml; além disso, entrevista do autor com Timothy Carvill, 26 jan. 2016.

p. 90 Lenda arturiana da Távola Redonda: Manly P. Hall, *The Secret Teachings of All Ages: An Encyclopedia Outline of Masonic, Hermetic, Qabbalistic and Rosicrucian Symbolical Philosophy* (Nova York: TarcherPerigee, 2003), pp. 584–91.

p. 91 Várias outras práticas ofereciam alguns paralelos com a internet psíquica: Entrevista com Jan-Klaas Bakker, 7 out. 2016.

p. 91 Muitos livros da Bíblia, como Atos, Esdras e Jonas: Especificamente, estas seções: Atos 13:1–23, Esdras 8:22–23 e Jonas 3:6–10, como indicado em *Seven Benefits of Praying Together*, do dr. Jonathan Oloyede, http://www.methodist.org.uk/media/646259/dd-explore-devotion-sevenbenefitsofprayingtogether-0912.pdf. Para o material sobre S. Teresa de Ávila, ver Mario Beauregard e Denyse O'Leary, *The Spiritual Brain: A Neuroscientist's Case for the Existence of the Soul* (Londres: HarperOne, 2007), p. 284.

p. 92 Enquanto estudava o uso de grupos de prece no cristianismo: C. Spurgeon, "The Church on Its Knees: Unleashing the Power of United Prayer", como reproduzido em http://www.keepbelieving.com/sermon/the-church-on-its-knees-unleashing-the-power-of-united-prayer.

p. 92 A versão autorizada da Bíblia do Rei Jaime: Aqui e em outros lugares deste livro, refiro-me a R.

Carroll e S. Prickett (orgs.). *The Bible: Authorized King James Version with Apocrypha*, Oxford University Press, 2008.

p. 93 Em outro lugar, foi traduzido como "com uma mente e com uma paixão": C. Spurgeon, "The Church on Its Knees"; para todas as traduções gregas de *homothumadon*, estou em dívida com http://biblehub.com/greek/3661.htm.

p. 93 Albert Barnes (1798-1870), pastor presbiteriano americano e estudioso da Bíblia do século 19: Aqui e em outros pontos deste capítulo, estou em dívida com http://www.studylight.org/commentaries por essa completa seleção dos comentários mais notáveis sobre Atos e *homothumadon*; A. Barnes, "Commentary on Acts 1:14", *Notes on the New Testament* (Grand Rapids, MI: Baker Books, 2001); http://www.studylight.org/commentaries/acc/acts-1.html.1870.

p. 94 Rezar dessa maneira pode até ter aproximado mais os apóstolos: R. Jamieson, A. R. Fausset, e D. Brown, "Commentary on Acts 1:14." *Commentary Critical and Explanatory on the Whole Bible.* V. 3, CreateSpace Independent Publishing Platform (16 fev. 2017); www.studylight.org/commentaries/fju/acts-1.html. P. 1871–78.

p. 94 Matthew Poole (1624-1679), teólogo não conformista inglês: M. Poole, "Commentary on Acts 1:14." M. Poole, *Annotations upon The Holy Bible: Wherein The Sacred Text Is Inserted, and Various Readings Annexed, Together With the Parallel Scriptures*, Arkose Press, 2015; http://www.studylight.org/commentaries/mpc/acts-1.html. 1685.

p. 95 O clérigo britânico, decano de Canterbury e arquidiácono: "Commentary on Acts 1:14." "Cambridge

Greek Testament for Schools and Colleges"; http://www.studylight.org/commentaries/cgt/acts-1.html.

p. 95 Mais recentemente, Peter Pett, ministro batista aposentado e professor universitário: P. Pett, Commentary on Acts 1:4, *Peter Pett's Commentary on the Bible*; http:// www.studylight.org/commentaries/pet/acts-1.html.

p. 95 O ministro presbiteriano e ex-capelão do Senado norte-americano Lloyd John Ogilvie (1930-2019): Lloyd John Ogilvie, *Drumbeat of Love* (Waco, TX: Word Books, 1976), pp. 19–20.

p. 95 Como congregações, não podemos ser capacitados até que tenhamos uma só mente e um só coração: Ogilvie, *Drumbeat*, 20.

p. 96 Se for assim, uma palavra que aparece é *kahda*: Matthew Black, *An Aramaic Approach to the Gospels and Acts* (Peabody, MA: Hendrickson Publishing, 1967), p. 10.

p. 96 Em Lucas (9:1), Jesus dá a seus apóstolos "poder e autoridade: Lucas (9:1–2) e Mateus (10:1) e (10:8).

p. 96 Em Atos, uma "multidão da cidade": Atos dos Apóstolos (5:16).

p. 96 Em seu comentário, Adam Clarke (1782-1832), estudioso bíblico e metodista britânico, também falou do *homothumadon*: A. Clark, "Commentary on Acts 2:4", *The Adam Clarke Commentary*; http://www.studylight.org/ commentaries/acc/acts-2.html.

p. 96 Pensei nas palavras de Clarke: http://www.studylight.org/commentaries/ acc/acts-2.html.

p. 97 Consultei a palavra do grego bíblico *ekklésia*: Carroll e Prickett, *Bible*, op. cit. Para definições de *ekklésia*: http://biblehub.com/greek/1577.htm.

Capítulo 6

p. 100 Quando a organização da MT estendeu o estudo: M. C. Dillbeck et al., "The Transcendental Meditation Program and Crime Rate Change in a Sample of 48 Cities", *Journal of Crime and Justice* 4 (1981), pp. 25–45.

p. 100 Eles também puderam demonstrar que: J. Hagelin et al., "Effects of Group Practice of the Transcendental Meditation Program on Preventing Violent Crime in Washington, DC: Results of the National Demonstration Project, June–July 1993", *Social Indicators Research* 47, n. 2 (1999), pp. 153-201.

p. 100 A organização chegou até a tentar reduzir o conflito no Oriente Médio: W. Orme-Johnson et al., "International Peace Project in the Middle East: The Effects of the Maharishi Technology of the Unified Field", *Journal of Conflict Resolution* 32 (1988), pp. 776-812.

p. 108 Apesar dessas primeiras incursões, em 2008 ainda não havia término à vista: "Sri Lanka's Return to War: Limiting the Damage", Asia Report, n. 146 (20 fev. 2008): http://.refworld.org/pdfid/47bc2e5c2.pdf.

Capítulo 7

p. 115 Os rebeldes tâmeis, por sua vez, repeliram um avanço do exército: Paul Tighe, "Sri Lanka Battles Tamil Rebels in Land, Air and Sea Attacks", Bloomberg.com (18 set. 2008): http://ourlanka.com/srilankanes/sri-lanka-battles-tamil-rebels-in-land-air-and-sea-attacks-bloomberg.com.htm.

p. 117 Afinal, o exército do governo do Sri Lanka havia aumentado em cerca de: *Sarath Kumara*, "Fighting intensifies as Sri Lankan army advances on LTTE stronghold", 29 de setembro de 2008, World Socialist Website, http://www.wsws.org/en/articles/2008/09/sril-s29.html.

Capítulo 8

p. 123 É o momento, como escreveu Santa Teresa de Ávila: T. Butler-Bowdon, *50 Spiritual Classics: Timeless Wisdom from 50 Great Books of Inner Discovery, Enlightenment and Purpose* (Londres: Nicolas Brealey, 2005), p. 255; M. Beauregard and D. O'Leary, *The Spiritual Brain: A Neuroscientist's Case for the Existence of the Soul* (Londres: HarperOne, 2007), p. 191.

p. 124 O livro *Um curso em milagres* refere-se a ele: *The Course in Miracles*, Londres: Arksana, 1985, p. 280. (Ed. brasileira: *Um curso em milagres*. São José de Rio Preto: Mera, 1995.)

p. 125 No final de sua vida, o psicólogo Abraham Maslow (1908--1970) voltou sua atenção: A. Maslow, *Religions, Values, and Peak-Experiences* (Stellar Books, 2014), p. 33.

p. 125 A maioria das experiências místicas inclui um componente profundamente físico: dr. Andrew Newberg e Mark Robert Waldman, *How Enlightenment Changes Your Brain: The New Science of Transformation* (Londres: Hay House, 2016), p. 40.

p. 128 Ele teve a sensação de fazer parte de um imenso campo de força: Para uma descrição completa da epifania de Edgar Mitchell, ver Lynne McTaggart, *The Field: The Quest for the Secret Force of the Universe* (Nova York: HarperCollins, 2002), pp. 6-7. (Ed. brasileira, *O campo: a força secreta que move o universo*. São Paulo: Goya, 2023).

p. 129 Em seu *The Varieties of Religious Experience*, William James descreveu: William James, *The Varieties of Religious Experience* (Nova York: New American Library, 1958, p. 67 (Ed. brasileira: *As variedades da experiência religiosa: um estudo sobre a natureza humana*. São Paulo: Cultrix, 2027), citado por Andrew M. Greeley, *Ecstasy: A Way of Knowing* (Englewood Cliffs, NJ: Prentice Hall, 1974), pp. 8-9.

p. 132 Na visão de Greeley, cada um que passa por esse estado: A. Greeley, *The Sociology of the Paranormal* (Beverly Hills, CA: Sage Publications, 1975), conforme citado em J. Levin e L. Steele, "The Transcendent Experience: Conceptual, Theoretical, and Epidemiologic Perspectives", *Explore* 1, n. 2 (2005), pp. 89–101.

Capítulo 9

p. 135 Mas a Iluminação é outra coisa: Andrew Newberg, MD, e Mark Robert Waldman, *How Enlightenment Changes Your Brain: The New Science of Transformation* (Londres: Hay House, 2016), p. 43.

p. 135 Newberg descobriu que sentimentos como calma, unidade e transcendência: Andrew Newberg, *Why God Won't Go Away* (Nova York: Ballantine, 2001), p. 103.

p. 136 "No momento em que experimentaram a sensação de unidade ou perda do si mesmo": Newberg e Waldman, *Enlightenment*, p. 53.

p. 136 "A pessoa", escreveu Newberg depois: Newberg e Waldman, *Enlightenment*, p. 52.

p. 137 Em última análise, os meditadores e as freiras em oração experimentaram: Newberg, *Why God Won't Go Away*, pp. 118–19.

p. 137 “Normalmente, há um diálogo constante”: Newberg e Waldman, *Enlightenment*, p. 94.

p. 137 Ampliando-o “até ele ser percebido pela mente”: Newberg, *Why God Won't Go Away*, pp. 121–22.

p. 137 Ele se distancia dos materialistas estritos: Newberg, *Why God Won't Go Away*, pp. 126–27.

p. 138 Teria o estado alterado sido provocado pela música que coloquei: K. Livingston, “Religious Practice, Brain, and Belief”, *Journal of Cognition and Culture* 5 (2005), pp. 1–2.

p. 139 Os membros da igreja descrevem a experiência como se as palavras: Andrew Newberg, MD, e Mark Robert Waldman, *Why We Believe What We Believe: Uncovering Our Biological Need for Meaning, Spirituality, and Truth* (Nova York: Free Press, 2006), p. 195.

p. 140 Tal como em seus estudos anteriores, Newberg descobriu uma queda súbita da atividade do lobo frontal: *Why God Won't Go Away*, pp. 200-205.

p. 141 Em seu livro clássico *Mysticism*, Evelyn Underhill escreve: Evelyn Underhill, *Mysticism* (Nova York: E. P. Dutton, 1912). (Ed. brasileira: *Misticismo: Estudo sobre a natureza e o desenvolvimento da consciência espiritual dos ser humano*. Curitiba: Grande Loja da Jurisdição de Língua Portuguesa, 2008.)

p. 141 Do ponto de vista neurológico, como Newberg o descreve: Newberg e Waldman, *Enlightenment*, p. 91.

Capítulo 10

p. 151 Certa vez, o dr. Andrew Newberg realizou uma pesquisa com mais de 2 mil pessoas: Andrew Newberg, MD, e Mark Robert Waldman, *How Enlightenment Changes Your Brain: The New Science of Transformation* (Londres: Hay House, 2016), p. 91.

p. 152 Como escreveu Abraham Maslow, é assim "que o mundo se parece": Conforme citado em J. Levin e L. Steele, "The Transcendent Experience: Conceptual, Theoretical, and Epidemiologic Perspectives", *Explore* 1, n. 2 (2005), pp. 89-101.

p. 152 Andrew Greeley descobriu que as pessoas que passaram por uma experiência mística: Andrew M. Greeley, *Ecstasy: A Way of Knowing* (Englewood Cliffs, NJ: Prentice Hall, 1974).

p. 152 Newberg também descobriu evidências de que pessoas que experimentaram: Newberg, *Why God*, p. 108; Newberg e Waldman, *Enlightenment*, pp. 64–65.

p. 152 Com efeito, num estudo, pacientes com câncer terminal que se submeteram: E. C. Kast, "Attenuation of Anticipation: A Therapeutic Use of Lysergic Acid Diethylamide", *Psychiatry Quarterly* 41 (1967), pp. 646-57.

p. 152 A literatura científica contém muitos estudos de caso de pacientes: J. Levin e L. Steele, "The Transcendent Experience".

Capítulo 11

p. 155 Na tradição hindu, o objetivo do ioga (união): J. Levin e L. Steele, "The Transcendent Experience: Conceptual, Theoretical, and Epidemiologic Perspectives", *Explore* 1, n. 2 (2005): pp. 89-101.

p. 156 Como observou a ativista Barbara Ehrenreich: Barbara Ehrenreich (1941-2022): *Dancing in the Streets: A History of Collective Joy* (Londres: Granta Books, 2007), p. 108. (Ed. brasileira: *Dançando nas ruas: uma história do êxtase coletivo*. Rio de Janeiro: Record, 2010.)

p. 156 Até mesmo rituais de grupos seculares, como os usados em acampamentos: G. Harris, "Healing in Feminist Wicca", in L. L. Barnes and S. S. Sered (orgs.), *Religion and Healing in America* (Nova York: Oxford University Press, 2005), pp. 258-61.

p. 156 Deborah Glik, professora de Ciências da Saúde da Comunidade na Universidade da Carolina do Sul: D. C. Glik, "Symbolic, Ritual and Social Dynamics of Spiritual Healing", *Social Science & Medicine*, 27 n. 11 (1988), pp. 1197-1206.

p. 156 Ted Kaptchuk, diretor do Programa em Estudos Placebo: Ambas as citações de T. J. Kaptchuk, "Placebo Studies and Ritual Theory: A Comparative Analysis of Navajo, Acupuncture and Biomedical Healing", *Philosophical Transactions of the Royal Society* B 366 (2011), pp. 1849-58.

p. 157 Esses tipos de prática são tão poderosos e eficazes, escreveu: Kaptchuk, "Placebo Studies".

p. 157 Portanto, remover as pessoas de seu ambiente cotidiano: Robbie Davis-Floyd, "Research Paper on Rituals", inédito, citando: Eugene G. d'Aquili et al., *The Spectrum of Ritual: A Biogenetic Structural Analysis* (Nova York: Columbia University Press, 1979).

p. 158 De fato, Kaptchuk afirma que os efeitos placebo: Kaptchuk, "Placebo Studies."

p. 159 "Quando os indivíduos estão reunidos, sua proximidade gera uma espécie de eletricidade": E. Durkheim, *Les Formes Élémentaires de la Vie Religieuse* (Paris: F. F. Alcan, 1915), conforme citado em R. Fischer et al., "The Fire-Walker's High: Affect and Physiological Responses in an Extreme Collective Ritual", *PLoS One* 9, n. 2 (2014): e88358.

p. 159 Durkheim também argumenta que depois que um indivíduo experimenta esse estado: Conforme notado por J. Haidt et al., "Hive Psychology, Happiness, and Public Policy", *Journal of Legal Studies* 37, n. S2 (junho de 2008): S133-S156.

p. 160 Os cientistas concluíram que um ingrediente importante na associação: S. Tewari et al., "Participation in Mass Gatherings Can Benefit Well-Being: Longitudinal and Control Data from a North Indian Hindu Pilgrimage Event", *PLoS One* 7, no. 10 (2012), DOI: 10.1371/journal.pone.0047291.

p. 160 Os nativos maoris relatam que sentem a "euforia do caminhante do fogo": Fischer et al., "The Fire-Walker's High".

p. 160 Até eventos coletivos que usam sons repetitivos como tambores: B. Bittman et al., "Composite Effects of Group Drumming Music Therapy on Modulation of Neuroendocrine-Immune Parameters in Normal Subjects", *Alternative Therapies in Health and Medicine* 7, n. 1 (2001), pp. 38-47.

p. 161 Segundo o dr. Stanley Krippner, professor de psicologia: S. Krippner *in* Marilyn Schlitz et al., *Consciousness & Healing: Integral Approaches to Mind- Body Medicine* (Atlanta, GA: Elsevier, 2005), p. 179.

p. 162 A Consciência Cósmica se espalha para a vida cotidiana: F. Travis, "Transcendental Experiences during Meditation Practice", *Annals of Nova York Academy of Science: Advances in Meditation Research: Neuroscience and Clinical Applications* 1307 (2014): pp. 1-8; F. Travis e J. Shaw, "Focused Attention, Open Monitoring and Automatic Self-Transcending: Categories to Organize Meditations from Vedic, Buddhist and Chinese Traditions", *Consciousness and Cognition* 19 (2010), pp. 1110-19.

p. 162 Agir em sincronia, envolver-se em uma declaração de intenção comum: P. Reddish et al., "Let's Dance Together: Synchrony, Shared Intentionality and Cooperation", *PLos One* 8, n. 8 (2013), DOI: 10.1371/journal.pone.0071182; S. S. Wiltermuth e C. Heath, "Synchrony and Cooperation", *Psychological Science* 20, n. 1 (2009), pp. 1–5, DOI: 10.1111/j.1467-9280.2008.02253.x.

p. 162 Harvey Whitehouse, titular da cadeira de antropologia social da Universidade de Oxford: Q. D. Atkinson e H. Whitehouse, "The Cultural Morphospace of Ritual Form", *Evolution and Human Behavior* 32, n. 1 (2011), pp. 50-62.

p. 163 Por exemplo, em pesquisas examinando o nível de estresse: M. P. Aranda, "Relationship Between Religious Involvement and Psychological Well-Being: A Social Justice Perspective", *Health and Social Work* 33, n. 1 (2008), pp. 9–21; M. P. Aranda et al., "The Protective Effect of Neighborhood Composition on Increasing Frailty Among Older Mexican Americans: A Barrio Advantage?", *Journal of Aging and Health* 23, n. 7 (2011), pp. 1189-1217.

p. 164 Em sua pesquisa sobre muitas crenças religiosas, Jeff Levin descobriu: J. Levin, "How Faith Heals: A Theoretical Model", *Explore* 5, n. 2 (2009), pp. 77-96.

p. 165 Muitos especialistas em experiência mística concordam: J. Levin, entrevista com o autor, 2 set. 2015; Beauregard e O'Leary, *The Spiritual Brain*, 291.

p. 165 Maslow diz que aqueles que passam por esta experiência sentem invariavelmente: Maslow, *Religion, Values, and Peak-Experiences* (Stellar Classics, 1964); E. Underhill, *Mysticism*.

p. 165 O guru indiano Sri Aurobindo (1872-1950) afirmou certa vez que trazer até o indivíduo a "supramente":

S. Aurobindo e Kamaladevi R. Kunkolienker, "From 'Mind' to 'Supermind': A Statement of Aurobindonian Approach", The Paideia Project On-line, Twentieth World Congress of Philosophy (Boston, MA, 10-15 de agosto de 1998); www.bu.edu/wcp/Papers/Mind/MindKunk.htm.

p. 166 A perfeita sensação de integração, simbolizada por um círculo gigantesco: D. Meintel e G. Mossière, "Reflections on Healing Rituals, Practices and Discourse in Contemporary Religious Groups", *Ethnologies* 33, n. 1 (2011), pp. 19-32.

p. 167 Pessoas que conseguem confiar nos demais a ponto de serem vulneráveis desfrutam de melhorias na função imunológica: J. W. Pennebaker, "Writing about Emotional Experiences as a Therapeutic Process", *Psychological Science* 8 (1997), pp. 162–66; J. W. Pennebaker e M. E. Francis, "Cognitive, Emotional, and Language Processes in Disclosure", *Cognition and Emotion* 10, n. 6 (1996), pp. 601–26, como referido por J. Levin, "How Faith Heals: A Theoretical Model".

p. 167 Pennebaker também estudou a dinâmica social da abertura: H. Dienstfrey, "Disclosure and Health: An Interview with James W. Pennebaker", *Advances in Mind-Body Medicine* 15, n. 3 (1999), pp. 161-63.

Capítulo 12

p. 175 Vários experimentos de laboratório tinham demonstrado: Carroll B. Nash, "Test of Psychokinetic Control of Bacterial Mutation", *Journal of the American Society for Psychical Research* 78 (1984), pp. 145-52.

p. 176 A água é um anarquista químico, comportando-se como nenhum outro líquido da natureza: E. Stanley, "Liquid Water: A Very Complex Substance", *Pramana Journal of Physics* 53, n. 1 (1999), pp. 53-83.

p. 176 É a maior parte daquilo de que somos feitos (os humanos são compostos por 70% de água): A Universidade Londres South Bank tem uma ótima análise do comportamento anárquico da água: www.lsbu.ac.uk/water.

p. 177 Rusty e seus coautores sintetizaram todas as pesquisas correntes: R. Roy et al. "The Structure of Liquid Water: Novel Insights from Materials Research: Potential Relevance to Homeopathy", *Materials Research Innovations* 9, n. 4 (2005), pp. 1433-075X.

p. 178 "Essa gama de ligações muito fracas": Correspondência por e-mail com R. Roy, primavera de 2009.

p. 179 Estudos canadenses mostraram que, quando a água usada para irrigar plantas: B. Grad, "Dimensions in 'Some Biological Effects of the Laying on of Hands' and Their Implications", in: H. A. Otto e J. W. Knight (eds.), *Dimension in Wholistic Healing: New Frontiers in the Treatment of the Whole Person* (Chicago: Nelson- Hall, 1979), pp. 199-212.

p. 180 e pesquisas russas demonstraram que quando a cura é enviada a uma amostra de água: L. N. Pyatnitsky e V. A. Fonkin, "Human Consciousness Influence on Water Structure", *Journal of Scientific Exploration* 9, n. 1 (1995), p. 89.

p. 182 Quando decidiu usar este equipamento, Rusty inspirou-se: L. Zuyin, *Scientific Qigong Exploration* (Malvern, PA: Amber Leaf Press, 1997), como relatado por R. Roy et al., "The Structure of Liquid Water: Novel Insights".

Capítulo 13

p. 188 A planta de crescimento mais lento foi regada pelo frasco: B. Grad, "The 'Laying on of Hands': Implications for Psychotherapy, Gentling and the Placebo Effect", *Journal of the Society for Psychical Research* 61, n. 4 (1967), pp. 286-305.

p. 188 A análise estatística desses números mostrou uma significância limítrofe: A análise estatística de nossos resultados foi ($p < 0,07$), que atinge uma significância limítrofe porque $p < 0,05$ é o mínimo considerado estatisticamente significativo.

p. 191 Havia um precedente para o uso de pensamentos para afetar o pH: W. Tiller et al., *Conscious Acts of Creation: The Emergence of a New Physics* (Walnut Creek, CA: Pavior Publishing, 2001), p. 175, 216.

Capítulo 14

p. 202 Dez meses depois, Lissa publicou seu livro: L. Wheeler, *Engaging Resilience: Heal the Physical Impact of Emotional Trauma* (Charleston, SC: CreateSpace, 2017).

p. 216 " A maioria dos desvios é negativa", ele me escreveu: O Projeto de Consciência Global de Nelson apresenta uma análise completa de nossos resultados: http://teilhard.global-mind.org/intention.110911-18.html.

Capítulo 15

p. 226 Mahatma Gandhi (1869-1948), que acreditava que todas as religiões "eram tão queridas quanto nossos parentes próximos": M. Gandhi, citado em http://

www.mkgandhi.org/my_ religion/01definition_ of_religion.htm.

p. 227 "Não estamos falando de exercícios superficiais de formação de equipes": Ruth Braunstein et al., "The Role of Bridging Cultural Practices in Racially and Socioeconomically Diverse Civic Organizations", *American Sociological Review* 79, n. 4 (ago. 2014), pp. 705-25.

Capítulo 17

p. 244 Em meu livro *The Bond*, escrevo sobre a descoberta do neurocientista italiano Giacomo Rizzolatti: V. Gallese et al., "Action Recognition in the Premotor Cortex", *Brain* 119, n. 2 (1996), pp. 593-609.

p. 244 "A região do cérebro que controla o movimento dos dedos de um violinista ": M. Ricard et al., "Mind of the Meditator", *Scientific American* (nov. 2014), pp. 39-45.

p. 245 Como descobri quando escrevi sobre isto em *O experimento da intenção*: McTaggart, *The Intention Experiment*, p. 70. (Ed. brasileira: *O experimento da intenção: Usando o pensamento para mudar sua vida e o mundo*. Rio de Janeiro: Rocco, 2010.)

p. 246 Nesta velocidade, as ondas cerebrais também começam a se sincronizar em todo o cérebro: McTaggart, *Intention Experiment*, p. 71.

p. 246 Como demonstrou a pesquisa de Davidson com os monges: A. Lutz et al., "Long-Term Meditators Self-Induce High-Amplitude Gamma Synchrony during Mental Practice", *Proceedings of the National Academy of Science* 101, n. 46 (2004), pp. 16369-73.

p. 247 Depois de apenas uma única semana de meditação compassiva: S. Leiberg et al., "Short-Term

Compassion Training Increases Prosocial Behavior in a Newly Developed Prosocial Game", *PLoS One* 6, n. 3 (2011), DOI:10.1371/journal.pone.0017798.

p. 248 Em diversos casos, o cérebro de seus ouvintes começa a evidenciar uma "reação de ressonância": Entrevista com M. Beauregard, 14 out. 2015.

p. 249 Robert Cialdini, psicólogo que deu aulas na Universidade do Arizona: R. B. Cialdini et al., "Reinterpreting the Empathy-Altruism Relationship: When One into One Equals Oneness", *Journal of Personality and Social Psychology* 73, n. 93 (1997), pp. 481-94.

Capítulo 18

p. 253 Durante os oito anos seguintes, ele ficou sem sintomas: George é um pseudônimo, mas sua história foi documentada por Candy Gunther Brown, professora associada de Estudos Religiosos da Universidade de Indiana e publicada em seu livro *Testing Prayer: Science and Healing* (Cambridge, MA: Harvard University Press, 2012).

p. 254 Embora sua cura não tenha sido tão imediata ou dramática: R. Clark, *Changed in a Moment* (Mechanicsburg, PA: Apostolic Network of Global Awakening, 2010).

p. 255 "Parece, então, que rezar é mais eficaz do que receber as orações": S. O'Laoire, "An Experimental Study of the Effects of Distant, Intercessory Prayer on Self-Esteem, Anxiety and Depression", *Alternative Therapies on Health and Medicine* 3, n. 6 (1997), pp. 19-53.

p. 256 Ao final de seu estudo, descobriu que seus voluntários estavam: K. Pellimer, "Environmental

Volunteering and Health Outcomes over a 20-Year Period", *Gerontologist* 50 (2010), pp. 594-602.

p. 256 Quando defrontados com situações estressantes no futuro: M. J. Poulin e E. A. Holman, "Helping Hands, Healthy Body? Oxytocin Receptor Gene and Prosocial Behavior Interact to Buffer the Association between Stress and Physical Health", *Hormones and Behavior* 63, n. 3 (2013), pp. 510–17; M. J. Poulin, "Volunteering Predicts Health among Those Who Value Others: Two National Studies", *Health Psychology* 33, n. 2 (2014), pp. 120–29; M. Poulin et al., "Giving to Others and the Association between Stress and Mortality", *American Journal of Public Health* 103, n. 9 (2013), pp. 1649-55.

p. 257 Como o padre O'Laoire descobriu, dirigir sua atenção: N. Mor e J. Winquist, "Self-Focused Attention and Negative Affect: A Meta-Analysis", *Psychological Bulletin* 128, n. 4 (2002), pp. 638-62.

p. 257 Em um estudo com americanos idosos, aqueles que davam: W. M. Brown et al., "Altruism Relates to Health in an Ethnically Diverse Sample of Older Adults", *Journal of Gerontology Series B: Psychological Sciences and Social Sciences* 60, n. 3 (maio de 2005), pp. P143-52.

p. 257 E de todos os comportamentos de enfrentamento religioso relacionados com uma melhor saúde mental: H. G. Koenig, "Religious Coping and Health Status in Medically Ill Hospitalized Older Adults", *Journal of Nervous and Mental Disease* 186 (1998), pp. 513-21.

p. 257 Pesquisas da Universidade Stanford, na Califórnia, com residentes mais velhos: D. Oman et al., "Volunteerism and Mortality among the Community-

Dwelling Elderly", *Journal of Health Psychology* 4, n. 3 (1999), pp. 301-16.

p. 258 De fato, aqueles dispostos a dar seu tempo ou dinheiro: The Saguaro Seminar: Civic Engagement in America, "Social Capital Community Benchmark Survey", Kennedy School of Government, Harvard University, ago. 2000; https://www.hks.harvard.edu/saguaro/communitysurvey/docs/survey_instrument.pdf.

p. 258 Quando as pessoas que se oferecem como voluntários são entrevistadas: A. Luks, "Helper's High: Volunteering Makes People Feel Good, Physically and Emotionally", *Psychology Today* (out. 1988).

Capítulo 19

p. 266 Dacher Keltner, psicólogo da Universidade da Califórnia em Berkeley: Dacher Keltner, *Born to Be Good: The Science of a Meaningful Life* (Nova York: W. W. Norton, 2009).

p. 268 Uma análise mais profunda dos resultados revelou uma coisa ainda mais fascinante: Keltner, *Born to Be Good*, pp. 232-5.

p. 269 Depois desse exercício simples, como revelou uma bateria de testes: C. Hutcherson et al., "Loving-Kindness Meditation Increases Social Connectedness", *Emotions* (out. 2008), pp. 720-28.

p. 269 David Hamilton, antigo pesquisador médico e autor: ver David Hamilton, *Why Kindness Is Good for You* (Londres: Hay House, 2010).

p. 270 Entretanto, essas citocinas reduziram-se acentuadamente: M. Clodi et al., "Oxytocin Alleviates the Neuroendocrine and Cytokine Response to

Bacterial Endotoxin in Healthy Men", *American Journal of Physiology, Endocrinology and Metabolism* 295, n. 3 (2008); pp. E686–91; também Hamilton, *Kindness*, 90.

p. 270 A oxitocina tem até um papel marcante na transformação de células-tronco indiferenciadas: Hamilton, *Kindness*, 108.

p. 271 "Quando os *Burners* dão de si mesmos e trabalham [na] cura": F. Gauthier, "Les HeeBeeGeeBee Healers au Festival Burning Man. Trois Récits de Guérison", *Ethnologies* 33, n. 1 (2011), pp. 191-217.

p. 272 Se você tiver de escolher entre um caminho e outro: B. L. Fredrickson et al., "A Functional Genomic Perspective on Human Well-Being", *Proceedings of the National Academy of Science* 110, n. 33 (2013), pp. 13684–89.

p. 272 Cientistas do Boston College descobriram isso: P. Arnstein et al., "From Chronic Pain Patient to Peer: Benefits and Risks of Volunteering", *Pain Management in Nursing* 3, n. 3 (2002), pp. 94-103.

p. 273 Viu-se que aqueles que se reúnem regularmente em igrejas para rezar juntos: H. G. Koenig et al., "The Relationship between Religious Activities and Blood Pressure in Older Adults", *International Journal of Psychiatry in Medicine* 28 (1998), pp. 189-213.

p. 273 desfrutam de sistemas imunológicos bem mais fortes: H. G. Koenig et al., "Attendance at Religious Services, Interleukin-6, and Other Biological Parameters of Immune Function in Older Adults", *International Journal of Psychiatry in Medicine* 27 (1997), pp. 233-50.

p. 273 passam bem menos tempo em hospitais: H. G. Koenig e D. B. Larson, "Use of Hospital Services, Religious Attendance, and Religious Affiliation", *Southern Medical Journal* 91 (1998), pp. 925-32.

p. 273 e têm um terço menos de probabilidade de morrer, mesmo quando todos os outros fatores são controlados: D. Oman e D. Reed, "Religion and Mortality among the Community- Dwelling Elderly", *American Journal of Public Health* 88 (1998), pp. 1469-75.

p. 273 Os cientistas acreditam que aqueles que agora estão na casa dos 20 anos: R. Hummer et al., "Religious Involvement and U.S. Adult Mortality", *Demography* 36 (1999), pp. 273-85.

p. 273 Um estudo revelou que aqueles que viviam em um kibutz religioso: J. D. Kark et al., "Does Religious Observance Promote Health? Mortality in Secular vs Religious Kibbutzim in Israel", *American Journal of Public Health* 86 (1996), pp. 341-46.

p. 274 Índices elevados de IL são marcadores de uma das doenças degenerativas: H. G. Koenig et al., "Attendance at Religious Services."

p. 274 Embora esses estudos tenham significância estatística, empalideceram: C. G. Brown et al., "Study of the Therapeutical Effects of Proximal Intercessory Prayer (STEPP) on Auditory and Visual Impairments in Rural Mozambique", *Southern Medical Journal* 103 (2010), pp. 864-69.

p. 198 O inferno não são os outros. O inferno é pensar que o outro existe: Bryan Hubbard, *The Untrue Story of You* (Londres: Hay House, 2014).

Capítulo 21

p. 303 "Quando uma pessoa resolve buscar a Iluminação através de uma prática específica": Andrew Newberg, MD, e Mark Robert Waldman, *How*

Enlightenment Changes Your Brain: The New Science of Transformation (Londres: Hay House, 2016), p. 91.

p. 305 Com esses sujeitos, e, na verdade, na maioria dos casos de prece contemplativa: Newberg e Waldman, *Enlightenment*, p. 120.

p. 307 Áreas inteiras dos dois cérebros criam padrões sincronizados: U. Lindenberger et al., "Brains Swinging in Concert: Cortical Phase Synchronization While Playing Guitar", *BMC Neuroscience* 10, n. 22 (2009): doi: 10.1186/1471-2202-10-22.

p. 307 A mesma equipe estudou guitarristas que improvisavam: V. Müller et al., "Intra- and Inter-Brain Synchronization during Musical Improvisation on the Guitar", *PLoS One* 8, n. 9 (2013), e73852.

p. 307 Outros cientistas da Universidade de Lancaster no Reino Unido: E. Filho, "The Juggling Paradigm: A Novel Social Neuroscience Approach to Identify Neuropsychophysiological Markers of Team Mental Models", *Frontiers in Psychology* 8 (2015), p. 799.

p. 309 "Mudanças no estado funcional do corpo humano": K. Korotkov, "Electrophotonic Analysis of Complex Parameters of the Environment and Psycho-Emotional State of a Person", *WISE Journal* 4, n. 3 (2015), pp. 49-56.

p. 320 O antropólogo francês Laurent Denizeau: L. Denizeau, "Soirées miracles et guérisons", *Ethnologies* 33, n. 1 (2011), pp. 75-93.

p. 320 Nesse sentido, a doença é não apenas uma provação pessoal: Agradeço a Jean Hudon, que trabalha com minha editora francesa, Ariane, pela ajuda na tradução deste trecho.

BIBLIOGRAFIA

AKNIN, L. B. et al. "Prosocial Spending and Well-Being: Cross-Cultural Evidence for a Psychological Universal." *Journal of Personality and Social Psychology*, v. 104, n. 4, 2013, pp. 635-652.

ALLEN, K. N.; WOZNIAK, D. F. "The Integration of Healing Rituals in Group Treatment for Women Survivors of Domestic Violence." *Social Work in Mental Health*, v. 12, n. 12, 2014, pp. 52-68.

ALSPACH, J. G. "Harnessing the Therapeutic Power of Volunteering." *Critical Care Nurse*, v. 34, n. 6, 2014, pp. 11-14.

ARANDA, M. P. "Relationship Between Religious Involvement and Psychological Well-Being: A Social Justice Perspective." *Health and Social Work*, v. 33, n. 1, 2008, pp. 9-21.

ARANDA, M. P. et al. "The Protective Effect of Neighborhood Composition on Increasing Frailty Among Older Mexican Americans: A Barrio Advantage?" *Journal of Aging and Health*, v. 23, n. 7, 2011, pp. 1189-1217.

ARNSTEIN, P. et al. "From Chronic Pain Patient to Peer: Benefits and Risks of Volunteering." *Pain Management in Nursing*, v. 3, n. 3, 2002, pp. 94-103.

ASPECT, A. "Bell's Inequality Test: More Ideal Than Ever." *Nature*, v. 398, 1999, pp. 189-190.

ASPECT, A. et al. "Experimental Tests of Bell's Inequalities Using Time-Varying Analyzers." *Physical Review Letters*, v. 49, 1982, pp. 1804-1807.

ATKINSON, Q. D.; WHITEHOUSE, H. "The Cultural Morphospace of Ritual Form." *Evolution and Human Behavior*, v. 32, n. 1, 2011, pp. 50-62.

BARNES, A. *Acts and Romans*. v. 10 de *Notes on the New Testament*. Heritage Edition. Grand Rapids, MI: Baker Books, 2001.

BARNES, L. L.; SERED, S. S. (org.). *Religion and Healing in America*. Nova York: Oxford University Press, 2005.

BEAUREGARD, M.; O'LEARY, D. *The Spiritual Brain: A Neuroscientist's Case for the Existence of the Soul*. Londres: HarperOne, 2007.

BEISCHEL, J.; SCHWARTZ, G. E. "Anomalous Information Reception by Research Mediums Demonstrated Using a Novel Triple-Blind Protocol." *Explore*, v. 3, 2007, pp. 23-27.

BHAT, R. K. et al. "Correlation of Electrophotonic Imaging Parameters With Fasting Blood Sugar in Normal, Prediabetic, and Diabetic Study Participants." *Journal of Evidence-Based Complementary & Alternative Medicine*, 2016, pp. 1-8.

BITTMAN, B. et al. "Composite Effects of Group Drumming Music Therapy on Modulation of Neuroendocrine-

-Immune Parameters in Normal Subjects." *Alternative Therapies in Health and Medicine*, v. 7, n. 1, 2001, pp. 38-47.

BLACK, M. *An Aramaic Approach to the Gospels and Acts*. Peabody, MA: Hendrickson Publishing, 1967.

BONO, I. et al. "Emergence of the Coherent Structure of Liquid Water." *Water*, v. 4, 2012, pp. 510-532.

BRAUD, W.; SCHLITZ, M. "A Methodology for the Objective Study of Transpersonal Imagery." *Journal of Scientific Exploration*, v. 3, n. 1, 1989, pp. 43-63.

BRAUD, W.; SHAFER, D.; ANDREWS, S. "Further Studies of Autonomic Detection of Remote Staring: Replication, New Control Procedures, and Personality Correlates." *Journal of Parapsychology*, v. 57, 1993, pp. 391-409.

BRAUNSTEIN, R. et al. "The Role of Bridging Cultural Practices in Racially and Socioeconomically Diverse Civic Organizations." *American Sociological Review*, v. 79, n. 4, ago. 2014, pp. 705-725.

BROWN, C. G. et al. "Study of the Therapeutical Effects of Proximal Intercessory Prayer (STEPP) on Auditory and Visual Impairments in Rural Mozambique." *Southern Medical Journal*, v. 103, 2010, pp. 864-869.

BROWN, C. G. *Testing Prayer: Science and Healing*. Cambridge, MA: Harvard University Press, 2012.

BROWN, W. M. et al. "Altruism Relates to Health in an Ethnically Diverse Sample of Older Adults." *Journal of Gerontology Series B: Psychological Sciences and Social Sciences*, v. 60, n. 3, 2005, pp. P143-P152.

BUNDZEN, P. V. et al. "Psychophysiological Correlates of Athletic Success in Athletes Training for the

Olympics." *Human Physiology*, v. 31, n. 3, 2005, pp. 316-323.

BUNDZEN, P. et al. "New Technology of the Athletes' Psycho-Physical Readiness Evaluation Based on the Gas-Discharge Visualisation Method in Comparison with Battery of Tests." In: INTERNATIONAL CONGRESS, São Petersburgo, Russia, 1999. *Proceedings...* São Petersburgo, Rússia, 1999, pp. 19-22.

BURKERT, W. *Ancient Mystery Cults*. Cambridge, MA: Harvard University Press, 1987.

BURL, A. *A Guide to the Stone Circles of Britain, Ireland, and Brittany*. New Haven, CT: Yale University Press, 2005.

BUTLER-BOWDEN, T. *50 Spiritual Classics: Timeless Wisdom from 50 Great Books of Inner Discovery, Enlightenment and Purpose*. Londres: Nicholas Brealey, 2015, p. 255.

CARDELLA, C. et al. "Permanent Changes in the Physico-Chemical Properties of Water Following Exposure to Resonant Circuits." *Journal of Scientific Exploration*, v. 15, n. 4, 2001, pp. 501-518.

CHAPLIN, M. "Water Structure and Science". Disponível em: https://water.lsbu.ac.uk/water/. Acesso em: 18 mar. 2025.

CIALDINI, R. B. et al. "Reinterpreting the Empathy-Altruism Relationship: When One into One Equals Oneness." *Journal of Personality and Social Psychology*, v. 73, n. 93, 1997, pp. 481-494.

CLARK, R. *Changed in a Moment*. Mechanicsburg, PA: Apostolic Network of Global Awakening, 2010.

CLODI, M. et al. "Oxytocin Alleviates the Neuroendocrine and Cytokine Response to Bacterial Endotoxin in Healthy

Men." *American Journal of Physiology — Endocrinology and Metabolism*, v. 295, 2008, pp. W686-W691.

CORUH, B. et al. "Does Religious Activity Improve Health Outcomes? A Critical Review of the Recent Literature." *Explore*, v. 1, n. 3, 2005, pp. 186-191.

COURSE IN MIRACLES, A. Londres: Arksana, 1985. [Ed. brasileira: *Um curso em milagres*. São José de Rio Preto: Mera, 1995.]

CRISIS GROUP. "Sri Lanka's Return to War: Limiting the Damage." *Asia Report*, n. 146, 20 fev. 2008. Disponível em: http://www.refworld.org/pdfid/47bc2e5c2.pdf. Acesso em: 18 mar. 2025.

CRONE, N. E. et al. "High-Frequency Gamma Oscillations and Human Brain Mapping with Electrocorticography." *Progress in Brain Research*, v. 159, 2006, pp. 275-295.

DAVIDSON, R. J.; HARRINGTON, A. *Visions of Compassion: Western Scientists and Tibetan Buddhists Examine Human Nature*. Nova York: Oxford University Press, 2002.

DAVIS-FLOYD, R. "Research Paper on Rituals." (Inédito, citando EUGENE G. d'AQUILI et al. *The Spectrum of Ritual: A Biogenetic Structural Analysis*. Nova York: Columbia University Press, 1979.)

DEL GIUDICE, E. et al. "Water as a Free Electric Dipole Laser." *Physical Review Letters*, v. 61, n. 9, 1988, pp. 1085-1088. [Ed. brasileira: *Um curso em milagres*. São José de Rio Preto: Mera, 1995.]

DENIZEAU, L. "Soirées miracles et guérisons." *Ethnologies*, v. 33, n. 1, 2011, pp. 75-93.

DIENSFREY, H. "Disclosure and Health: An Interview with James W. Pennebaker." *Advances in Mind Body Medicine*, v. 15, 1999, pp. 161-163.

DILLBECK, M. C. et al. "The Transcendental Meditation Program and Crime Rate Change in a Sample of 48 Cities." *Journal of Crime and Justice*, v. 4, 1981, pp. 25-45.

DOSSEY, L. "Healing Research: What We Know and Don't Know." *Explore*, v. 4, n. 6, 2008, pp. 341-352.

DURKHEIM, E. *Les formes élémentaires de la vie religieuse*. Paris: Alcan, 1912.

EASTERLING, D.; FOY, C. G. "Social Capital Community Benchmark Report." Winston-Salem, NC: Wake Forest University School of Medicine, Department of Social Sciences & Health Policy, 2006.

EHRENREICH, B. *Dancing in the Streets: A History of Collective Joy*. Londres: Granta Books, 2007. [Ed. brasileira: *Dançando nas ruas*. Rio de Janeiro: Record, 2010.]

EICHER, D. J.; SPRINGER, S. C. "Effects of a Prayer Circle on a Moribund Premature Infant." *Alternative Therapies in Health and Medicine*, v. 5, n. 3, 1999, pp. 115-120.

EMOTO, M. *The Hidden Messages in Water*. Nova York: Atria, 2005. [Ed. brasileira: *HADO Mensagens ocultas na água*. São Paulo: Cultrix, 2006.]

FEATHER, R. *The Secret Initiation of Jesus at Qumran: The Essene Mysteries of John the Baptist*. Londres: Watkins Publishing, 2006.

FILHO, E. "The Juggling Paradigm: A Novel Social Neuroscience Approach to Identify Neuropsychophysiological Markers of Team Mental Models." *Frontiers in Psychology*, v. 8, 2015, p. 799.

FISCHER, R. et al. "The Fire-Walker's High: Affect and Physiological Responses in an Extreme Collective Ritual." *PLoS One*, v. 9, 2014, p. e88355.

FJORBACK, L. O.; WALACH, H. "Meditation Based Therapies — A Systematic Review and Some Critical Observations." *Religions*, v. 3, 2012, pp. 1-18.

FRANCOMANO, C. A.; JONAS, W. B. *Proceedings: Measuring the Human Energy Field: State of the Science*. Editado por Chez, R. A. Baltimore, MD: The Gerontology Research Center, National Institute of Aging, National Institutes of Health, 17-18 abr. 2002.

FREDRICKSON, B. L. et al. "A Functional Genomic Perspective on Human Well- Being." *Proceedings of the National Academy of Science*, v. 110, n. 33, 2013, pp. 13684-13689.

FULL, G. E. et al. "Meditation-Induced Changes in Perception: An Interview Study with Expert Meditators (Sotapannas) in Burma." *Mindfulness*, v. 4, n. 1, 2013, pp. 55-63.

GALLESE, V. et al. "Action Recognition in the Premotor Cortex." *Brain*, v. 119, n. 2, 1996, pp. 593-609.

GAUTHIER, F. "Les HeeBeeGeeBee Healers au Festival Burning Man. Trois Récits de Guérison." *Ethnologies*, v. 33, n. 1, 2011, pp. 191-217.

GLIK, D. C. "Symbolic, Ritual and Social Dynamics of Spiritual Healing." *Social Science & Medicine*, v. 27, n. 11, 1988, pp. 1197-1206.

______. "Psychosocial Wellness among Spiritual Healing Participants." *Social Science & Medicine*, v. 22, n. 5, 1986, pp. 579-586.

GRAD, B. "The 'Laying on of Hands': Implications for Psychotherapy, Gentling and the Placebo Effect."

Journal of the Society for Psychical Research, v. 61, n. 4, 1967, pp. 286-305.

______. "Dimensions in 'Some Biological Effects of the Laying on of Hands' and Their Implications." In: OTTO, H. A.; KNIGHT, J. W. *Dimensions in Wholistic Healing: New Frontiers in the Treatment of the Whole Person*. Chicago: Nelson-Hall, p. 2, 1979.

______. "A Telekinetic Effect on Plant Growth." *International Journal of Parapsychology*, v. 5, 1963, pp. 117-133.

GREELEY, A. M. *Ecstasy: A Way of Knowing*. Englewood Cliffs, NJ: Prentice Hall, 1974.

______. *The Sociology of the Paranormal*. Beverly Hills, CA: Sage Publications, 1975, conforme citado por J. LEVIN; L. STEELE. "The Transcendent Experience: Conceptual, Theoretical, and Epidemiologic Perspectives." *Explore*, v. 1, n. 2, 2005, pp. 89-101.

HAGELIN, J. et al. "Effects of Group Practice of the Transcendental Meditation Program on Preventing Violent Crime in Washington, DC: Results of the National Demonstration Project, June-July 1993." *Social Indicators Research*, v. 47, n. 2, 1999, pp. 153-201.

HAIDT, J. et al. "Hive Psychology, Happiness, and Public Policy." *Journal of Legal Studies*, v. 37, n. S2, 2008, pp. S133-156.

HALL, M. P. *The Secret Teachings of All Ages: An Encyclopedia Outline of Masonic, Hermetic, Qabbalistic and Rosicrucian Symbolical Philosophy*. Nova York: Tarcher/Penguin, 2003.

HAMILTON, D. R. *Why Kindness Is Good for You*. Londres: Hay House, 2010.

HARRIS, G. "Healing in Feminist Wicca." In: BARNES, L. L.; SERED, S. S. (org.). *Religion and Healing in America*. Nova York: Oxford University Press, 2005.

HART, C.; HONG, S. "Trajectories of Volunteering and Self-Esteem in Later Life: Does Wealth Matter?" *Research on Aging*, v. 35, n. 5, 2013, pp. 571-590.

HARUNG, H. S.; TRAVIS, F. "Higher Mind-Brain Development in Successful Leaders: Testing a Unified Theory of Performance." *Cognitive Processing*, v. 13, n. 2, 2012, pp. 171-181.

HEATON, D. P.; TRAVIS, F. "Consciousness, Empathy, and the Brain." In: PAVLOVICH, K.; KRAHNKE, K. (ed.). *Organizing Through Empathy*. Oxford, Reino Unido: Routledge, 2013.

HINDS, A. *The Complete Sayings of Jesus*. Londres: Forgotten Books, 2008.

Holy Bible: The Authorized King James Version with Apocrypha. Oxford University Press, 2008.

HUBBARD, B. *The Untrue Story of You*. Londres: Hay House, 2014.

HUMMER, R. et al. "Religious Involvement and U.S. Adult Mortality." *Demography*, v. 36, 1999, pp. 273-285.

HUTCHERSON, C. et al. "Loving-Kindness Meditation Increases Social Connectedness." *Emotions*, 2008, pp. 720-728.

HUTCHERSON, C. A. et al. "The Neural Correlates of Social Connection." *Cognitive, Affective, and Behavioral Neuroscience*, v. 15, n. 1, 2015, pp. 1-14.

JAHN, R. G. et al. "Correlations of Random Binary Sequences with Pre-stated Operator Intention: A Review of a

12-Year Program." *Journal of Scientific Exploration*, v. 11, n. 3, 1997, pp. 345-367.

JAMES, W. *The Varieties of Religious Experience: A Study in Human Nature*. Nova York: Longmans, Green and Co., 1902.

JAMIESON, R. et al. *Commentary Critical and Explanatory on the Whole Bible: The New Testament: From Matthew to Second Corinthians*. v. 3. Charleston, SC: CreateSpace, 2017.

JANTOS, M.; KIAT, H. "Prayer as Medicine: How Much Have We Learned?" *Medical Journal of Australia*, suplemento 10, 2007, pp. S51-S53.

JONAS, W. B.; CRAWFORD, C. C. *Healing Intention and Energy Medicine: Science, Research Methods, and Clinical Implications*. Londres: Churchill Livingston, 2003.

KAPTCHUK, T. J. "Placebo Studies and Ritual Theory: A Comparative Analysis of Navajo, Acupuncture and Biomedical Healing." *Philosophical Transactions of the Royal Society B*, v. 366, 2011, pp. 1849-1858.

KARK, J. D. et al. "Does Religious Observance Promote Health? Mortality in Secular vs Religious Kibbutzim in Israel." *American Journal of Public Health*, v. 86, 1996, pp. 341-346.

KAST, E. C. "Attenuation of Anticipation: A Therapeutic Use of Lysergic Acid Diethylamide." *Psychiatry Quarterly*, v. 41, 1967, pp. 646-657.

KELTNER, D. *Born to Be Good: The Science of a Meaningful Life*. Nova York: W. W. Norton, 2009.

KIRLIAN, S. D.; KIRLIAN, V. K. "Photography and Visual Observation by Means of High-Frequency Currents."

Journal of Scientific and Applied Photography, v. 6, 1964, pp. 397-403.

KOENIG, H. G. et al. "The Relationship between Religious Activities and Blood Pressure in Older Adults." *International Journal of Psychiatry in Medicine*, v. 28, 1998, pp. 189-213.

______. "Attendance at Religious Services, Interleukin-6, and Other Biological Parameters of Immune Function in Older Adults." *International Journal of Psychiatry in Medicine*, v. 27, 1997, pp. 233-250.

______. "Religious Coping and Health Status in Medically Ill Hospitalized Older Adults." *Journal of Nervous and Mental Disease*, v. 186, 1998, pp. 513-521.

KOENIG, H. G. *The Healing Power of Faith: How Belief and Prayer Can Help You Triumph Over Disease*. Nova York: Simon & Schuster, 1999.

______. *Medicine, Religion and Health: Where Science and Spirituality Meet*. Conshohocken, PA: Templeton Press, 2008.

KOENIG, H. G.; LARSON, D. B. "Use of Hospital Services, Religious Attendance, and Religious Affiliation." *Southern Medical Journal*, v. 91, 1998, pp. 925-932.

KOENIG, H. G.; AL SHOHAIB, S. *Health and Well-Being in Islamic Societies: Background, Research, and Applications*. Suíça: Springer International Publishing, 2014.

KOK, B. E.; FREDRICKSON, B. L. "Upward Spirals of the Heart: Autonomic Flexibility, as Indexed by Vagal Tone, Reciprocally and Prospectively Predicts Positive Emotions and Social Connectedness." *Biological Psychology*, v. 85, n. 3, 2010, pp. 432-436.

KOLMAKOW, S. et al. "Gas Discharge Visualisation Technique and Spectrophotometry in Detection of Field Effects." Mechanisms of Adaptive Behavior, Abstracts of International Symposium, São Petersburgo, Rússia, 1999.

KONIKIEWICZ, L. W.; GRIFF, L. C. *Bioelectrography — A New Method for Detecting Cancer and Body Physiology*. Harrisburg, PA: Leonard's Associates Press, 1982.

KOROTKOV, K. G. "Stress Diagnosis and Monitoring with New Computerized 'Crown-TV' Device. *Journal of Pathophysiology*, v. 5, 1998, pp. 227.

______. *Aura and Consciousness — New Stage of Scientific Understanding*. São Petersburgo, Divisão de São Petersburgo do Ministério da Cultura da Rússia, Unidade de Publicações Estatais "Kultura", 1999.

______. *Human Energy Field: Study with GDV Bioelectrography*. Paramus, NJ: Backbone Publishing, 2002.

______. "New Conceptual Approach to Early Cancer Detection." *Mind and Physical Reality* [em russo], v. 3, n. 1, 1998, pp. 51-58, 1998.

______. Aura and Consciousness. *Journal of Alternative and Complementary Medicine*, v. 9, n. 1, pp. 25-37, 2003.

______. "Experimental Research of Human Body Activity after Death." Universidade Federal de São Petersburgo SPITMO (São Petersburgo, Rússia), 2014.

______. "Science of Measuring Energy Fields: A Revolutionary Technique to Visualize Energy Fields of Humans and Nature." In: ROSCH, P. (org.). *Bioelectromagnetic and Subtle Energy Medicine*. Boca Raton, FL: CRC Press, 2015.

______. "Electrophotonic Analysis of Complex Parameters of the Environment and Psycho-Emotional State of a Person." *WISE Journal*, v. 4, n. 3, 2015, pp. 49-56.

KOROTKOV, K. et al. "Assessing Biophysical Energy Transfer Mechanisms in Living Systems: The Basis of Life Processes." *Journal of Alternative and Complementary Medicine*, v. 10, n. 1, 2004, pp. 49-57.

______. "The Research of the Time Dynamics of the Gas Discharge Around Drops of Liquid." *Journal of Applied Physics*, v. 95, n. 7, 2004, pp. 3334-3338.

KOSS-CHIOINO, J. "Spiritual Transformation and Healing: Is Altruism Integral?" In: VAKOCH, D. A. (org.). *Altruism in Cross-Cultural Perspective*. Nova York: Springer, 2013.

KULDEEP, K. et al. "Effect of Yoga Based Techniques on Stress and Health Indices Using Electro Photonic Imaging Technique in Managers." *Journal of Ayurveda and Integrative Medicine*, v. 7, 2016, pp. 119-123.

KUNKOLIENKER, K. R. "From 'Mind' to 'Supermind': A Statement of Aurobindonian Approach." *The Paideia Project On-line*, Twentieth World Congress of Philosophy, Boston, MA, 10-15 ago. 1998. Disponível em: https://www.bu.edu/wcp/Papers/Mind/MindKunk.htm. Acesso em: 18 mar. 2025.

LEIBERG, S. et al. "Short-Term Compassion Training Increases Prosocial Behavior in a Newly Developed Prosocial Game." *PLoS One*, v. 6, n. 3, 2011. doi: 10.1371/journal.pone.0017798.

LEVIN, J. "How Prayer Heals: A Theoretical Model." *Alternative Therapies in Health and Medicine*, v. 2, n. 1, 1996, pp. 66-73.

______. "Spiritual Determinants of Health and Healing: An Epidemiologic Perspective on Salutogenic Mechanisms." *Alternative Therapies*, v. 9, n. 6, 2003, pp. 48-57.

______. "Esoteric Healing Traditions: A Conceptual Overview." *Explore*, v. 4, n. 2, 2008, pp. 101-112.

______. "Bioenergy Healing: A Theoretical Model and Case Series." *Explore*, v. 4, n. 3, 2008, pp. 201-209.

______. "How Faith Heals: A Theoretical Model." *Explore*, v. 5, n. 2, 2009, pp. 77-96.

LEVIN, J. S.; VANDERPOOL, H. Y. "Is Frequent Religious Attendance Really Conducive to Better Health? Toward an Epidemiology of Religion." *Social Science & Medicine*, v. 24, n. 7, 1987, pp. 589-600.

LEVIN, J.; STEELE, L. "The Transcendent Experience: Conceptual, Theoretical, and Epidemiologic Perspectives." *Explore*, v. 1, n. 2, 2005, pp. 89-101.

______. "On the Epidemiology of 'Mysterious' Phenomena." *Alternative Therapies in Health and Medicine*, v. 7, n. 1, 2001, pp. 64-66.

LEWIS, H. S. *The Mystical Life of Jesus*. San Jose, CA: Grand Lodge of the English Language Jurisdiction, AMORC, 2006.

______. *The Secret Doctrines of Jesus*. San Jose, CA: Grand Lodge of the English Language Jurisdiction, AMORC, 2006.

LINDENBERGER, U. et al. "Brains Swinging in Concert: Cortical Phase Synchronization While Playing Guitar." *BMC Neuroscience*, v. 10, n. 22, 2009. doi: 10.1186/1471-2202-10-22.

LIVINGSTON, K. "Religious Practice, Brain, and Belief." *Journal of Cognition and Culture*, v. 5, 2005, pp. 1-2.

LUKS, A. "Helper's High: Volunteering Makes People Feel Good, Physically and Emotionally." *Psychology Today*, out. 1988.

LUTZ, A. et al. "Long-Term Meditators Self-Induce High-Amplitude Gamma Synchrony during Mental Practice." *Proceedings of the National Academy of Science*, v. 101, n. 46, 2004, pp. 16369-16373.

______. "Attention Regulation and Monitoring in Meditation." *Trends in Cognitive Sciences*, v. 12, n. 4, 2008, pp. 163-169.

______. "Regulation of the Neural Circuitry of Emotion by Compassion Meditation: Effects of Meditative Expertise." *PLoS One*, v. 3, n. 3, 2008.

MASLOW, A. H. *Religions, Values, and Peak-Experiences.* Stellar Books, 2014.

MCDONOUGH-MEANS, S. I. et al. "Fostering a Healing Presence and Investigating Its Mediators." *Journal of Alternative and Complementary Medicine*, v. 10, suplemento 1, 2004, pp. S25-41.

MCTAGGART, L. *The Field: The Quest for the Secret Force of the Universe.* Nova York: HarperCollins, 2002. [Ed. brasileira: *O campo: a força secreta que move o universo.* São Paulo: Goya, 2023.]

______. *The Intention Experiment: Using Your Thoughts to Change Your Life and the World.* Nova York: Free Press, 2007. [Ed. brasileira: *Experimento da intenção: Usando o pensamento para mudar sua vida e o mundo.* Rio de Janeiro: Rocco, 2010.]

______. *The Bond: Connecting Through the Space Between Us.* Nova York: Free Press, 2011.

MEINTEL, D.; MOSSIÈRE, G. "Reflections on Healing Rituals, Practices and Discourse in Contemporary Religious Groups." *Ethnologies*, v. 33, n. 1, 2011, pp. 19-32.

MEYER, M. W. *The Ancient Mysteries: A Sourcebook of Sacred Texts*. Nova York: HarperCollins, 1987.

MOLL, J. et al. "Human Fronto-Mesolimbic Networks Guide Decisions about Charitable Donation." *Proceedings of the National Academy of Sciences*, v. 103, n. 42, 2006, pp. 15623-15628.

MONROE, K. R. *The Heart of Altruism: Perceptions of a Common Humanity*. Princeton, NJ: Princeton University Press, 1996.

MONTAGNIER, L. et al. "DNA Waves and Water." *Journal of Physics: Conference Series*, v. 306, n. 1, 2011, pp. 012007.

______. "Transduction of DNA Information through Water and Electromagnetic Waves." *Electromagnetic Biology and Medicine*, v. 34, n. 2, 2015, pp. 106-112.

______. "Electromagnetic Signals Are Produced by Aqueous Nanostructures Derived from Bacterial DNA Sequences." *Interdisciplinary Sciences: Computational Life Sciences*, v. 1, 2009, pp. 81-90.

MOR, N.; WINQUIST, J. "Self-Focused Attention and Negative Affect: A Meta-Analysis." *Psychological Bulletin*, v. 128, n. 4, 2002, p. 638-662.

MÜLLER, V. et al. "Intra- and Inter-Brain Synchronization during Musical Improvisation on the Guitar." *PLoS One*, v. 8, n. 9, 2013, p. e73852.

NASH, C. B. "Test of Psychokinetic Control of Bacterial Mutation." *Journal of the American Society for Psychical Research*, v. 78, n. 2, 1984, pp. 145-152.

NEWBERG, A. *Why We Believe What We Believe: Uncovering Our Biological Need for Meaning, Spirituality, and Truth*. Nova York: Free Press, 2006.

______. *Why God Won't Go Away*. Nova York: Ballantine, 2001.

NEWBERG, A.; WALDMAN, M. R. *How Enlightenment Changes Your Brain: The New Science of Transformation*. Londres: Hay House, 2016.

O'LAOIRE, S. "An Experimental Study of the Effects of Distant, Intercessory Prayer on Self-Esteem, Anxiety and Depression." *Alternative Therapies on Health and Medicine*, v. 3, n. 6, 1997, pp. 19-53.

OGILVIE, L. J. *Drumbeat of Love: The Unlimited Power of the Spirit as Revealed in the Book of Acts*. Waco, TX: Word Books, 1976.

OLINER, S. P. *Do Unto Others: How Altruism Inspires True Acts of Courage*. Boulder, CO: Westview Press, 2003.

OLOYEDE, J. *Seven Benefits of Praying Together*. Londres: The Methodist Church in Britain, [n.d.].

OMAN, D.; REED, D. "Religion and Mortality among the Community-Dwelling Elderly." *American Journal of Public Health*, v. 88, n. 10, 1998, pp. 1469-1475.

OMAN, D. et al. "Volunteerism and Mortality among the Community-Dwelling Elderly." *Journal of Health Psychology*, v. 4, n. 3, 1999, pp. 301-316.

ORME-JOHNSON, W. et al. "International Peace Project in the Middle East: The Effects of the Maharishi

Technology of the Unified Field." *Journal of Conflict Resolution*, v. 32, 1988, pp. 776-812.

PANNECK, J. "The Ritual Use of Ayahuasca: The Healing Effects of Symbolic and Mythological Participation." ______Psychedelic Press Journal.

PEARCE, J. C. *The Biology of Transcendence: A Blueprint of the Human Spirit*. Rochester, VT: Park Street Press, 2002.

______. *The Death of Religion and the Rebirth of Spirit: A Return to the Intelligence of the Heart*. Rochester, VT: Park Street Press, 2007.

PELLIMER, K. et al. "Environmental Volunteering and Health Outcomes over a 20-Year Period." *Gerontologist*, v. 50, 2010, pp. 594-602.

PENNEBAKER, J. W. "Writing about Emotional Experiences as a Therapeutic Process." *Psychological Science*, v. 8, 1997, pp. 162-166.

PENNEBAKER, J. W.; FRANCIS, M. E. "Cognitive, Emotional, and Language Processes in Disclosure." *Cognition and Emotion*, v. 10, n. 6, 1996, pp. 601-626.

PILIAVIN, J. A.; SIEG, E. "Health Benefits of Volunteering in the Wisconsin Longitudinal Study." *Journal of Health and Social Behavior*, v. 48, n. 4, 2007, pp. 450-464.

POOLE, M. *Annotations upon The Holy Bible: Wherein the Sacred Text Is Inserted, and Various Readings Annexed, Together with the Parallel Scriptures*. Welwyn, Hertfordshire, UK: Arkose Press, 2015.

POULIN, M. J. "Volunteering Predicts Health among Those Who Value Others: Two National Studies." *Health Psychology*, v. 33, n. 2, 2014, pp. 120-129.

POULIN, M. et al. "Giving to Others and the Association

between Stress and Mortality." *American Journal of Public Health*, v. 103, n. 9, 2013, pp. 1649-1655.

POULIN, M. J.; HOLMAN, E. A. "Helping Hands, Healthy Body? Oxytocin Receptor Gene and Prosocial Behavior Interact to Buffer the Association between Stress and Physical Health." *Hormones and Behavior*, v. 63, n. 3, 2013, pp. 510-551.

PYATNITSKY, L. N.; FONKIN, V. A. "Human Consciousness Influence on Water Structure." *Journal of Scientific Exploration*, v. 9, n. 1, 1995, pp. 89-105.

RADIN, D.; NELSON, R. "Evidence for Consciousness-Related Anomalies in Random Physical Systems." *Foundations of Physics*, v. 19, n. 12, 1989, pp. 1499-1514.

RADIN, D. I. et al. "Double-Blind Test of the Effects of Distant Intention on Water Crystal Formation." *Explore*, v. 2, n. 5, set./out. 2006, pp. 408-411.

______. "Water Crystal Replication Study." *Journal of Scientific Exploration*, v. 22, n. 4, 2008, pp. 481-493.

REDDISH, P. et al. "Let's Dance Together: Synchrony, Shared Intentionality and Cooperation." *PLOS One*, v. 8, n. 8, 2013. doi: 10.1371/journal.pone.0071182.

REIN, G. "Corona Discharge Photography of Human Breast Tumour Biopsies." *Acupuncture & Electro-Therapeutics Research*, v. 10, 1985, pp. 305-308.

RICARD, M. *Altruism: The Power of Compassion to Change Yourself and the World*. Londres: Atlantic Books, 2013.

RICARD, M. et al. "Mind of the Meditator." *Scientific American*, nov. 2014, pp. 39-45.

______. "Neuroscience Reveals the Secrets of Meditation's Benefits." *Scientific American*, nov. 2014.

RONEY-DOUGAL, S. M.; SOLFVIN, J. "Field Study of an Enhancement Effect on Lettuce Seeds — Replication Study." *Journal of Parapsychology*, v. 67, n. 2, 2003, pp. 279-298.

______. "Field Study of Enhancement Effect on Lettuce Seeds: Their Germination Rate, Growth and Health." *Journal of the Society for Psychical Research*, v. 66, 2002, pp. 129-143.

ROY, R. "A Contemporary Materials Science View of the Structure of Water." Symposium on Living Systems/ Materials Research, Boston, MA, 28 nov. 2004.

ROY, R. et al. "The Structure of Liquid Water; Novel Insights from Materials Research; Potential Relevance to Homeopathy." *Material Research Innovations*, v. 9, n. 4, 2005.

SAGUARO SEMINAR: Civic Engagement in America. "Social Capital Community Benchmark Survey". Kennedy School of Government, Harvard University, ago. 2000.

SÄNGER, J. et al. "Directionality in Hyperbrain Networks Discriminates Between Leaders and Followers in Guitar Duets." *Frontiers of Human Neuroscience*, v. 4, n. 7, 2013, p. 234.

SASAKI, S. et al. "Changes of Water Conductivity Induced by Non-Inductive Coil. "*Society for Mind-Body Science*, v. 1, p. 23, 1992.

SAUER, S. et al. "Spirituality: An Overlooked Predictor of Placebo Effects?" *Philosophical Transactions of the Royal Society of London, Series B, Biological Sciences*, v. 366, n. 1572, 2011, pp. 1838-1848.

SCHLITZ, M.; BRAUD, W. "Distant Intentionality and Healing: Assessing the Evidence." *Alternative Therapies in Health and Medicine*, v. 3, n. 6, 1997, pp. 62-73.

SCHLITZ, M.; LEWIS, N. "Directed Prayer & Conscious Intention: Demonstrating the Power of Distant Healing." In: TAGLIAFERRI, M.; COHEN, I.; TRIPATHY, D. (ed.). *Breast Cancer Beyond Convention: The World's Foremost Authorities on Complementary and Alternative Medicine Offer Advice on Healing*. Nova York: Atria Books, 2002.

SCHLITZ, M.; AMOROK, T. *Consciousness & Healing: Integral Approaches to Mind-Body Medicine*. Atlanta, GA: Churchill Livingstone/Elsevier, 2005.

SCHLITZ, M.; LA BERGE, S. "Autonomic Detection of Remote Observation; Two Conceptual Replications." In: BIERMAN, D. (org.). *Proceedings of Presented Papers: 37th Annual Parapsychological Association Convention [Amsterdam]*. Fairhaven, MA: Parapsychological Association, 1994, pp. 465-478.

SCHWARTZ, G. et al. "Accuracy and Replicability of Anomalous After-Death Communication Across Highly Skilled Mediums." *Journal of the Society for Psychical Research*, v. 65, 2001, pp. 1-25.

______. "Effects of Distant Group Intention on the Growth of Seedlings." Emerging Paradigms at the Frontiers of Consciousness and UFO Research, Society of Scientific Exploration 27th Annual Meeting, 25-28 jun., 2008, Boulder, CO.

______. "Consciousness, Spirituality and Post-Materialist Science: An Empirical and Experiential Approach." In: MILLER, L. J. (ed.). *The Oxford Handbook of Psychology and Spirituality*. Nova York: Oxford University Press, 2011.

SCHWARTZ, S.; DOSSEY, L. "Nonlocality, Intention, and Observer Effects in Healing Studies: Laying a Foundation for the Future." *Explore*, v. 5, n. 5, 2010, pp. 295-307.

SEMIKHINA, L. P.; KISELEV, V. F. "Effect of Weak Magnetic Fields on the Properties of Water and Ice." *Soviet Physics Journal*, v. 31, n. 5, 1988, pp. 351-354.

SEPPALA, E. "Compassionate Mind, Healthy Body." *Greater Good: The Science of a Meaningful Life*, 24 jul. 2013.

SICHER, F. et al. "A Randomized Double-Blind Study of the Effect of Distant Healing in a Population with Advanced AIDS: Report of a Small Scale Study." *Western Journal of Medicine*, v. 168, n. 6, 1998, pp. 356-363.

SIEGEL, D. J. *The Mindful Brain: Reflection and Attunement in the Cultivation of Well-Being*. Nova York: W. W. Norton, 2007.

SIMMONDS-MOORE, C. (org.). *Exceptional Experience and Health: Essays on Mind, Body, and Human Potential*. Jefferson, NC: McFarland & Company, 2012.

SPURGEON, C. "The Church on Its Knees: Unleashing the Power of United Prayer". Disponível em: https://www.keepbelieving.com/sermon/the-church-on-its-knees-unleashing-the-power-of-united-prayer/. Acesso em: 18 mar. 2025.

STANLEY, E. "Liquid Water: A Very Complex Substance." *Pramana Journal of Physics*, v. 53, n. 1, 1999, pp. 53-83.

SUROWIECKI, J. *The Wisdom of Crowds: Why the Many Are Smarter Than the Few and How Collective Wisdom Shapes Business, Economies, Societies, and Nations*. Londres: Abacus, 2004.

SZEKELY, E. B. (trad.). *The Gospel of the Essenes: The Unknown Book of the Essenes / Lost Scrolls of the Essene Brotherhood*. Saffron Walden, UK: C. W. Daniel Co., 2002.

TEWARI, S. et al. "Participation in Mass Gatherings Can Benefit Well-Being: Longitudinal and Control Data from a North Indian Hindu Pilgrimage Event." *PLOS One*, v. 7, n. 10, 2012. doi:10.1371/journal.pone.0047291.

THAUT, M. H. et al. "Temporal Entrainment of Cognitive Functions: Musical Mnemonics Induce Brain Plasticity and Oscillatory Synchrony in Neural Networks Underlying Memory." *Annals of the New York Academy of Sciences*, v. 1060, 2005, pp. 243-254.

THOMAS, K. *Religion and the Decline of Magic*. Londres: Penguin, 1971.

TIGHE, P. "Sri Lanka Battles Tamil Rebels in Land, Air and Sea Attacks." *Bloomberg.com*, 18 set. 2008. Disponível em: http://www.bloomberg.com/apps/news?pid=newsarchive&sid=aq0MUmQ01f6o. Acesso em: 6 maio 2025.

TILLER, W. et al. *Conscious Acts of Creation: The Emergence of a New Physics*. Walnut Creek, CA: Pavior Publishing, 2001.

TILLER, W. A.; DIBBLE, W. E. Jr. "New Experimental Data Revealing an Unexpected Dimension to Materials Science and Engineering." *Materials Research Innovations*, v. 5, 2001, pp. 21-34.

TRAVIS, F. "Transcendental Experiences during Meditation Practice." *Annals of New York Academy of Science:*

Advances in Meditation Research: Neuroscience and Clinical Applications, v. 1307, 2014, pp. 1-8.

TRAVIS, F.; SHAW, J. "Focused Attention, Open Monitoring and Automatic Self-Transcending: Categories to Organize Meditations from Vedic, Buddhist and Chinese Traditions." *Consciousness and Cognition*, v. 19, 2010, pp. 1110-1119.

TRAVIS, F. et al. "Moral Development, Executive Functioning, Peak Experiences and Brain Patterns in Professional and Amateur Classical Musicians: Interpreted in Light of a Unified Theory of Performance." *Consciousness and Cognition*, v. 20, n. 4, 2011, pp. 1256-1264.

UNDERHILL, E. *Mysticism: A Study in Nature and Development of Spiritual Consciousness*. Nova York: E. P. Dutton, 1912.

VAN WIJK, E. P. A.; VAN WIJK, R. "The Development of a Bio-Sensor for the State of Consciousness in a Human Intentional Healing Ritual." *Journal of the International Society of Life Information Science (ISLIS)*, v. 20, n. 2, 2002, pp. 694-702.

VAN WIJK, R.; VAN WIJK, E. "The Search for a Biosensor as a Witness of a Human Laying on of Hands Ritual." *Alternative Therapies in Health and Medicine*, v. 9, n. 2, 2003, pp. 48-55.

VAN WILLIGEN, M. "Differential Benefits of Volunteering Across the Life Course." *Journal of Gerontology Series B: Psychological Sciences and Social Sciences*, v. 55, n. 5, 2000, pp. S308-318.

WILLIAMS, D. R.; STERNTHAL, M. J. "Spirituality, Religion and Health: Evidence and Research Directions."

Medical Journal of Australia, suplemento 10, 2007, pp. S47-S50.

WILSON, H. "The Healing Stones: Why Was Stonehenge Built?" 17 de fevereiro de 2011. BBC History. Disponível em: http://www.bbc.co.uk/history/ancient/british_prehistory/healing_stones.shtml. Acesso em: 6 maio 2025.

WILTERMUTH, S. S.; HEATH, C. "Synchrony and Cooperation." *Psychological Science*, v. 20, n. 1, 2009, pp. 1-5.

WOOTTON, D. *The* Invention *of Science: A New History of the Scientific Revolution*. Londres: Penguin, 2015.

YAKOVLEVA, E. G. et al. "Identifying Patients with Colon Neoplasias with Gas Discharge Visualization Technique." *Journal of Alternative and Complementary Medicine*, v. 21, n. 11, 2015, pp. 720-724.

______. "Engineering Approach to Identifying Patients with Colon Tumors on the Basis of Electrophotonic Imaging Technique Data." *Open Biomedical Engineering Journal*, v. 2, 2016, pp. 72-80.

ÍNDICE REMISSIVO

C

D

W

X

Y